Oper aktuell
Die Bayerische Staatsoper
2003/2004

Abbildungen auf dem Umschlag:
Vorderseite: *Saul* (Georg Friedrich Händel)
Premiere am 28. April 2003
Szene mit David Daniels (David) und dem
Chor der Bayerischen Staatsoper
Rückseite: *Siegfried* (Richard Wagner)
Premiere am 3. November 2002
Szene mit Stig Andersen (Siegfried)
Fotos: Wilfried Hösl

© 2003 Gesellschaft zur Förderung der Münchner Opern-Festspiele e.V.
Alle Rechte vorbehalten
Verlag: Stiebner Verlag GmbH
Printed in Germany
ISSN: 1431-8318
ISBN: 3-8307-1664-8

Oper aktuell
Die Bayerische Staatsoper 2003/2004

Anläßlich der Münchner Opern-Festspiele 2003
herausgegeben von der Gesellschaft
zur Förderung der Münchner Opern-Festspiele
mit der Intendanz der
Bayerischen Staatsoper

Inhaltliche Konzeption
Hanspeter Krellmann

stiebner

Das Nationaltheater in München im März 2003 mit der angrenzenden Baustelle der Maximilianshöfe und dem künftigen Probengebäude der Bayerischen Staatsoper am Marstallplatz. Luftbildaufnahme: Klaus Leidorf

Inhalt

Essays

Hanspeter Krellmann
Gegen.Welten — 11

Jürgen Schläder
Staats-Opern
Münchens 350jährige Geschichte
im Spiegel ihrer Opernhäuser — 12

Monika Woitas
Oper aus dem Geist des Absolutismus
Zu den Anfängen des Musiktheaters
in München — 21

Katharina Meinel
Ein Herrscher-Denkmal
Zur Eröffnung des Cuvilliés-Theaters
vor zweihundertfünfzig Jahren — 31

*

Hanspeter Krellmann
Welt von oben
Klaus Leidorfs Luftarchäologie — 37

*

Hanspeter Krellmann
Auf Zeit oder für die Ewigkeit?
Die Praxis der Auftragsvergabe am Beispiel
der Bayerischen Staatsoper — 40

Hella Bartnig
Von der Fähigkeit zu trauern
Händels Oper *Rodelinda* – Gedanken
über den Wert von Empfindsamkeit — 50

Dieter Rexroth
Lichtgestalt der jungen Szene
Ein Portrait des Komponisten Jörg Widmann — 58

Matthias Gaertner
Geschlechtlichkeit und Erneuerung
Der Schrecken des Immerweitermachens — 66

Nike Wagner
»Es riß.«
Die unruhige Geschichte des Münchner *Rings* — 75

*

Hanspeter Krellmann
Stonehenge – hölzern
Zu Rudolf Wachters Bildmonumenten — 86

*

Hans A. Neunzig
Die Opferrolle der Frau
Von Monteverdi über Schostakowitsch
und Britten bis Jörg Widmann — 95

Karl Pörnbacher
Magie von Wort und Musik
Der Orpheus-Mythos, seine Quellen
und Ausprägungen — 104

Hans Joachim Kreutzer
Gesangsszenen
Unvorgreifliche Bemerkungen zu
Schuberts Liedauffassung — 114

Uwe Schweikert
Unsterbliche Geliebte
Musik als Projektion der Biographie
bei Beethoven, Wagner, Janáček und Berg — 124

Kurt Malisch
Menschliche Stimme und Kunstgesang
Stimmlagen, Stimmfächer, Stimmgattungen:
Entwicklungen und Bewertungen — 135

Die besondere Geschichte
Thomas Kunst
Gedicht unter Glas — 144

Die Münchner
Opern-Festspiele 2003　151

Rückblick auf die Spielzeit 2002/2003　171

Premieren　172
Bayerisches Staatsballett　180
Ballettwoche 2003　181
Akademiekonzerte　184
Kammerkonzerte　184
XX/XXI – Neue Kammermusik　190
Sonderkonzerte　190
Liederabende　191
Einführungsveranstaltungen　194
Aufführungsstatistik 2002/2003　195

Vorschau auf die Spielzeit 2003/2004　201

Premieren　202
Bayerisches Staatsballett　204
Akademiekonzerte　205
Kammerkonzerte　205
XX/XXI – Neue Kammermusik　206
Sonderkonzerte　206
Liederabende　207
Einführungsveranstaltungen　207
Macht der Gefühle –
350 Jahre Oper in München　210

Hans Zehetmair
(Kultur-)Politik erfordert Weitsicht　212

Gesellschaft zur Förderung der
Münchner Opern-Festspiele　214

Autoren des Buches　218

Impressum　220

Blick in den Zuschauerraum des Münchner Nationaltheaters von der westlichen Engelsloge aus

Essays

Hanspeter Krellmann

Gegen.Welten

Druck erzeugt Gegendruck, Angriff Gegenangriff, Meinung Gegenmeinung. Dem Ereignis, der Entwicklung stellen sich Gegenströmungen, Gegenaspekte entgegen: Ein Prozeß der Rückläufigkeit setzt ein – einer *Gegen*läufigkeit, um beim Begriff zu bleiben.

Der Welt, in der wir leben, also unserer Welt ist eine Gegenwelt implizit. Das Wissen darum ist dem Unbewußten eingelagert. »Gegenwelt« als Begriff und auch die Worte »gegen Welt« verlangen Definitionen. Ähnliche Wortzusammensetzungen sind leichter zu dechiffrieren: Lauf und Gegenlauf erstreben entgegengesetzte Zielpunkte; Gegensinn provoziert dem Sinn Zuwiderwirkendes bis zur Sinnleere, ja Sinnlosigkeit. Die Gegenwelt – im Unterschied dazu – ist keine entleerte, sondern eine andere, eine neue Welt. Sie mag die alte spiegeln oder sich von ihr unterscheiden – beide sind Welt an sich.

Theater – als Beispiel angeführt –, also auch Oper, ist immer Gegenwelt: abgehoben vom realen Sein, dieses jedoch reflektierend, kommentierend, erweiternd. Das vollzieht sich mal spielerisch-artifiziell, mal vor dem Hintergrund moralischer Kategorien. Das Publikum hat für die differenten Spielarten subjektiv erklärbare Vorlieben entwickelt. Entweder beharrt es konsequent auf einer von ihnen, oder es wechselt die möglichen Positionen, was für alle Beteiligten lohnender ist. Die Schreibweise *Gegen.Welten*, modisch delikat gesetzt, meint Komplexeres. *Welten* wirkt weitsichtiger als »Welt«. Leibniz' »bestmögliche aller Welten« bezeichnet beide zugleich. Unsere kleine Welt ist weiter aufteilbar in Welten – seit jeher und heute mehr denn je. Keine von ihnen ist mit der anderen identisch: Quantitäten und Qualitäten politischer, ökonomischer, gesellschaftlicher, kultureller Art unterscheiden jede von der anderen.

Dann *Gegen*. Nicht durch einen Bindestrich an Welt angebunden, sondern durch einen Punkt von ihr geschieden, meint diese Kombination dreierlei: die Errichtung einer gespiegelten Welt im vertrauten Koordinatensystem, aber mit ausgewechselten Vorzeichen (das heißt: spiegelverkehrt); generelle Gegenpositionen, mithin Antihaltungen, die in Beziehung zur real existierenden Welt gebracht werden (was zu Friktionen führt); oder es meint etwas so bisher nicht Dagewesenes – ohne traditionalistische Relikte und nur nach Maßgabe der freien Phantasie entworfen. Musiktheater realisiert jedes für sich oder alle drei auf ein Mal. Dazu prädestiniert es seine illusionistische Zurichtung: Handelnde singen, um sich konkret auszudrücken; Handlung ereignet sich breithingelagert in Zeiträumen, einzig getragen von Musik.

Gegen.Welten – das große Thema, dem musikalisch gebundenen Theater gemäß, weil dazu bestimmt, diese dramatische Form auszuschöpfen und mit ihr nie ausgehende Fragen an die Welt zu stellen.

Jürgen Schläder

Staats-Opern

Münchens 350jährige Geschichte im Spiegel ihrer Opernhäuser

Die Kunstform Oper war stets ein kostspieliges Vergnügen, für Produzenten wie für Zuschauer. Die Finanzierung des Spielbetriebs durch die öffentliche Hand erscheint deshalb im musikalischen Theater selbstverständlicher als in anderen Kulturbereichen. Staatliche Alimentierung verleiht den Opernschaffenden die Gewißheit, programmatische Ideen und ästhetische Standards ohne Erfolgs- oder gar Gewinndruck realisieren und bewahren zu können. Der gesteigerten öffentlichen Aufmerksamkeit ist die Oper wegen ihres auffälligen Repräsentationscharakters ohnehin sicher, und in der Kritik steht sie, seit sie existiert. Oper war und ist Faszination und Ärgernis zugleich. Ohne staatliches Mäzenatentum ist diese Kunstform freilich kaum denkbar, denn nirgends in Europa konnten sich die wenigen privatwirtschaftlichen Organisationen eines Opernbetriebs dauerhaft etablieren. Die Historie offenbart eine geradezu unverbrüchliche Verknüpfung von musikalischem Theater und Staat.

Die Gefahren dieser strukturellen Eigentümlichkeit treten freilich ebenso deutlich zutage wie ihre Vorzüge: Nicht selten hat der Staat den Repräsentationscharakter der Oper für sich vereinnahmt und die charakteristischen Wirkungsweisen des musikalischen Theaters für seine Zwecke, bisweilen skrupellos, instrumentalisiert. Vor allem in der frühen Operngeschichte finden sich für diese typischen Symbiosen zwischen Oper und Staat zahlreiche Beispiele, weil die Kunstform als Erfindung der herrschenden Klasse im Frühabsolutismus wie selbstverständlich dieser Klasse zur programmatischen Selbstdarstellung diente. Der Zusammenhang von Kunstform und gesellschaftlicher Funktion fand jedoch schon im 17. Jahrhundert seinen Niederschlag – nicht nur in den Produktionen und ihren thematischen Akzenten auf der Bühne, sondern in gleicher Weise auch in der Gründung von theatralen Institutionen, mithin in einer unverkennbaren architektonischen Repräsentation. Sie charakterisiert bis heute die Ambitionen der Träger von Opernproduktionen: In Theaterbauten spiegelt sich der Wille zur kulturellen Selbstdarstellung.

Die 350jährige Geschichte der Oper in München offenbart diese Aspekte eines spezifischen Kulturbetriebs in exemplarischer Form. Oper war in der bayerischen Residenz vom ersten Tag ein Anliegen des Staates. Daran hat sich bis heute nichts geändert. In der Münchner Operngeschichte findet sich keine nennenswerte Alternative zur staatlichen Verantwortung. Freilich spiegeln die Krisenmomente dieser ungewöhnlich langen und dauerhaften Entwicklung auch einen singulären Ausgleich der Interessen zwischen Staat und Gesellschaft, seit dem 19. Jahrhundert explizit zwischen Staat und Bürgerschaft. Nicht oppositionelle Konzepte charakterisieren die oftmals schwierigen und vor allem finanziell folgenschweren Entscheidungen, sondern Konsens der gesellschaftlichen Gruppierungen in den (kultur)politischen Zielen. Die jüngere Operngeschichte Münchens liefert für diese Eigentümlichkeit einige prägnante Beispiele, bis hin zur wirtschaftlich wie kulturpolitisch als eklatant antizyklisch empfundenen Wiederherstellung des Prinzregententheaters.

Das frühe Interesse für die innovative Kunstform des musikalischen Theaters in Verbindung mit einer programmatischen Institutionalisierung durch einen nur für diese Kunstform eingerichteten Theaterbau, so früh wie sonst nirgends in Deutschland, sowie die Kontinuität der wirtschaftlichen und künstlerischen Strukturen verleihen der Münchner Operngeschichte eine bemerkenswerte Einmaligkeit. Nicht nur in Deutschland, sondern in ganz Europa findet sich kein zweites Beispiel dieser Art. Gleichermaßen singulär ist die Geschichte der Bauten, in denen der Staat in München Oper präsentierte, weil sie die über dreieinhalb Jahrhunderte hinweg unveränderten Entscheidungsstrukturen bayerischer Kulturpolitik in herausgehobenen historischen Momenten spiegelt: Oper fungierte in München stets als repräsentativste Form der staatlichen Selbstdarstellung, nach innen wie nach außen, und offenbarte in den auffälligen Impulsen der Neubauten oder Rekonstruktionen stets antizyklischen Charakter. Das Schwinden politischer Bedeutung oder der Wunsch nach gesteigerter politischer Einflußnahme wurde durch kulturelle Akzente kompensiert beziehungsweise formuliert, und die notwendigen finanziellen Engagements standen durchweg im Widerspruch zur aktuellen wirtschaftlichen Lage des Staatshaushalts. Das Ergebnis freilich bestätigte die Entscheidungen nachträglich stets als richtig im Sinne der kulturpolitischen Intentionen: Von den fünf historischen Häusern, in denen man in München Oper spielte, dienen noch vier in ihrer (rekonstruierten) Originalgestalt der ursprünglichen Funktion. Auch dies ist singulär in Europa.

Schon Kurfürst Maximilian I. hatte mit sicherem Gespür für repräsentative Einrichtungen die außenpolitische Bedeutung eines Opernhauses erkannt. Die Kasse des Hofes hielt nach dem Dreißigjährigen Krieg wahrlich keine Ressourcen für kulturelle Extravaganzen bereit. Die notwendige Minderung der Ausgaben führte zu schmerzlichen Einschnitten auch im Kuluretat. Noch vor seinem Tod dekretierte Maximilian die Reduzierung der einstmals hochgerühmten Hofkapelle auf vierzehn besoldete Stellen. Gleichwohl veranlaßte er in seinem letzten Regierungsjahr den Umbau eines alten Kornspeichers am Salvatorplatz zum Opernhaus, um seine aus Savoyen stammende Schwiegertochter mit allen Ehren und mit den repräsentativen Merkmalen eines kulturell blühenden und starken Bayern empfangen zu können.

Im Februar 1651 wiederholte man in München die Vermählung des Erbprinzen Ferdinand Maria mit Henriette Adelaide von Savoyen, die acht Wochen zuvor im Turiner Dom gefeiert worden war. Möglicherweise gab man damals bereits im St. Georgsaal in der Münchner Residenz eine fünfstündige Oper. Das Szenarium zu dieser Theateraufführung ist erhalten, nicht jedoch Text und Musik, so daß sich nicht mit letzter Sicherheit von einer Oper sprechen läßt. Der Anstoß zum glanzvollen Import modernster italienischer Kultur war jedoch folgenreich: Noch im April desselben Jahres begann man mit den baulichen Maßnahmen für das Opernhaus, die freilich durch den plötzlichen Tod des Kurfürsten im September zum Erliegen kamen. Haus und theatrales Festarrangement

Der Max-Joseph-Platz in München mit der Residenz (links) und dem Nationaltheater (Mitte). Gemälde von Heinrich Adam, 1839

für die Ankunft der savoyischen Prinzessin im Juni 1652 in München blieben Torso. Das Trauerjahr erzwang einen Aufschub der von Maximilian geplanten kulturellen Demonstration von Weltläufigkeit und politischem Ansehen.

Doch die nächste Gelegenheit zur Realisation der Pläne ergab sich bald. Als Kaiser Ferdinand III. im Sommer 1653 auf der Durchreise zum Reichstag nach Regensburg in München Station machte, beeindruckte man ihn mit einer Aufführung von *L'arpa festante*, der ersten mit Quellen nachweisbaren Oper in München. Des Kaisers Schwester, die Kurfürstinwitwe Maria Anna, kannte nur zu genau das wirkungsvolle Geschäft der politischen Repräsentation, indem sie dem mächtigen Bruder die Stärke der eigenen Dynastie in einer modernen kulturellen Darbietung vorführte.

In den folgenden Monaten trat der Münchner Hof mit dem in Regensburg residierenden Kaiser in einen unverkennbaren kulturellen Wettstreit. Ferdinand III. ließ in Regensburg durch den prominenten italienischen Baumeister Giovanni Burnacini ein großes Interimstheater aufbauen, in dem zweitausendfünfhundert Menschen Platz fanden. Da mochte man in München nicht zurückstehen und besann sich auf die Pläne für das Opernhaus, dessen Zuschauerraum bereits fertiggestellt war. Nach Vollendung der Bühnenkonstruktion war das Theater am Salvatorplatz zwar ein wenig kleiner in seinen Abmessungen als das Repräsentationstheater Burnacinis in Regensburg, dafür aber technisch besser ausgestattet. Und nach der gründlichen Überarbeitung der technischen Einrichtungen, die man schon nach der ersten Opernaufführung im neuen Haus vornahm, verfügte der Münchner Hof nicht nur über das erste freistehende Opernhaus Deutschlands, sondern auch über ein Haus mit der neuesten italienischen Technik: acht Kulissengassen mit Kulissengestellen, die zur besonders raschen Verwandlung auf Wagen in der Unterbühne standen, ein Flugwerk und eine Versenkung. Dazu eine absolute Spezialität: die Abriegelung der Bühne nach der sechsten Gasse durch einen Graben, in dem man aufwendige Auftritte von Gefährten aller Art oder auch begehbare Querdekorationen zeigen konnte.

Auf diesem Theater ließ sich Oper in spektakulären Inszenierungen aufführen, die durch ihren repräsentativen Gestus die machtpolitischen Ambitionen Bayerns im Konzert der europäischen Mächte unterstrichen. Immerhin meldete Kurfürst Ferdinand Maria mit der singulären dreiteiligen Festveranstaltung des sogenannten Kurbayerischen Freudenfestes zur Geburt des Erbprinzen Max Emanuel 1662 seine Ambitionen auf die Wiener Kaiserwürde an. Für die überschaubaren Kosten von knapp achttausend Gulden hatte man in München ein Opernhaus der Extraklasse erstellt, das dank der umsichtigen Finanzpolitik des Kurfürsten nun auch bezahlbar war. Fast hundertfünfzig Jahre tat das Salvatortheater seine Dienste, ehe Max IV. Joseph, der spätere König Max I., am 1. Februar 1802 den Abbruchbefehl wegen Einsturzgefahr gab. Als Zentrum der Theaterkultur begründete das Salvatortheater eine über Jahrhunderte reichende Münchner Institution. Die Geschichte des Hauses ist in Europa ohne Beispiel.

Zum Zeitpunkt des Abbruchs verfügte München freilich mit dem Cuvilliés-Theater über einen exzellenten Repräsentationsbau, den man völlig zu Recht als Juwel des Rokoko bezeichnete. An Pracht und Eleganz fand sich in der zweiten Hälfte des 18. Jahrhunderts kaum ein zweites Theater wie der Neubau in der Residenz, der zugleich auch die Gefahren für die architektonische Struktur des Hofzentrums bannte. Der Residenzbrand von 1750 war nämlich vom Kostüm- und Dekorationslager des Saaltheaters im St. Georgsaal ausgegangen und hatte auch dieses kleine Theater für die intimen höfischen Festveranstaltungen völlig zerstört. Die Lösung, das neue Theater ohne eigentliche Außenfront in den Baukomplex der Residenz zu integrieren, verknüpfte die gewünschte Bequemlichkeit des Hofes mit den erforderlichen repräsentativen Aspekten, denen ein modernes Hoftheater Mitte des 18. Jahrhunderts zu entsprechen hatte.

Der Entschluß zum Bau des neuen Theaters fiel freilich in einer politisch wie ökonomisch bedenklichen Situation, nur wenige Jahre nach dem Frieden zu Füssen von 1745, in dem Kurfürst Maximilian III. Joseph allen Ambitionen auf die Kaiserwürde entsagen mußte. Der politischen Bedeutungslosigkeit setzte man in München einen unübersehbaren kulturellen Akzent entgegen, der innen- wie außenpolitische Wirkung zeigen sollte. Das finanzielle Desaster fing der Kurfürst durch eine geschickte Vertragspolitik unter Mithilfe von Kaiserin Maria Theresia ab. Er schloß 1746 mit den Seemächten einen Subsidienvertrag, der ihm für die Gestellung von fünftausend Soldaten – Max III. Joseph beorderte zur kosmetischen Verbesserung der Vertragsbedingungen vornehmlich protestantische ›Ausländer‹ in dieses Hilfskorps, um nicht als skrupelloser Verkäufer von Landeskindern darzustehen – jährlich 240tausend fl. aus England in die Hofkasse spülte und die üblichen Staatseinnahmen etwa verdoppelte. Dieser Subsidienvertrag wurde 1750 um zwei Jahre verlängert, so daß er, ungewöhnlich genug, über sechs Jahre hinweg in Friedenszeiten galt. Aus den zusätzlichen Einnahmen seit 1750 finanzierte Max III. Joseph den Bau des Cuvilliés-Theaters.

Dem bemerkenswerten antizyklischen Verhalten, in Zeiten finanzieller Engpässe erhöhte Staatsausgaben für kulturelle Repräsentation zu produzieren, verband sich eine ebenso auffällige Mißachtung ökonomischer Grundsätze. Der Betrieb des Cuvilliés-Theaters kostete bei jeder Opernvorstellung und bei jedem Hoffest doppelt so viel wie im Salvatortheater, obgleich dieser alte Bau vierzehn Logen und entsprechende Parkettplätze mehr für Besucher bot. Auch arbeitete die Bühnentechnik im Salvatortheater geschmeidiger als im neuen Hoftheater, so daß die Entscheidung leicht fiel, alle kleineren Opernproduktionen und vor allem die Bearbeitungen des unterhaltenden französischen und italienischen Repertoires bis in die 1770er Jahre hinein im Salvatortheater zu spielen. Das Cuvilliés-Theater blieb der repräsentativen Hofoper vorbehalten.

In der Struktur der Entscheidungsgründe weist der Befehl zum Bau des Nationaltheaters, des attraktivsten und prominentesten Repräsentationsbaus in der Münchner Innenstadt, auffällige Parallelen mit der Errichtung des Cuvilliés-Theaters auf. Auch König Max I. kompensierte schwindende politische Bedeutung mit einem geradezu provokanten kulturellen Akzent und entschied sich für einen sündhaft teuren Theaterbau in Zeiten äußerst angespannter Finanzlage. Der Krieg an der Seite Frankreichs gegen Österreich hatte Bayern im ersten Jahrzehnt des 19. Jahrhunderts schwere menschliche Verluste zugefügt und Kosten in Höhe von 22 Millionen Gulden, also etwa den doppelten Staatshaushalt eines Jahres, verursacht. Die Gebietsregelungen und Reparaturzahlungen nach dem Frieden von Schönbrunn verliefen für das junge Königreich völlig anders als erwartet. Max I. mußte Südtirol an Italien abtreten, was trotz des Gebietsgewinns in Berchtesgaden und Salzburg für ihn persönlich einen herben Verlust bedeutete. Der am 28. Februar 1810 in Paris von ihm und Napoleon unterzeichnete Vertrag leitete, wie sich herausstellen sollte, die politische Trennung Bayerns von Frankreich ein. Zwei Tage vor Vertragsunterzeichnung, als die Regelungen gewiß getroffen und bekannt waren, übermittelte Montgelas nach München den Befehl zum Bau des Nationaltheaters – nach dem Vorbild des Pariser Odéon, aber um tausend Plätze größer als das französische Vorbild und somit für die kleine Residenzstadt München mit gut fünfzigtausend Einwohnern völlig überdimensioniert. Gleiches galt für die Kosten, die mit mehr als 1,9 Millionen Gulden knapp zwanzig Prozent eines Jahresetats umfaßten.

Daß die Münchner Bevölkerung in diesem stolzen Bauwerk den Sinn erkannte, den ihm sein Erbauer König Max I. zu geben gedachte, offenbaren die Reaktionen zur Einweihung, in denen der unverhohlene Stolz darüber durchklang, daß der König der Stadt und den Menschen wahrlich ein Nationaltheater geschenkt habe. Den vornehmlich repräsentativen und kulturpolitischen Aspekt verstand man sehr wohl. Um so größer war die Trauer über die erste Zerstörung dieses in Deutschland damals an Größe und technischer Ausstattung einzigartigen Theaters durch einen Brand schon vier Jahre später. In einem seltenen Beispiel spontaner Zusammenar-

Das Gärtnerplatztheater in München. Stich von K. Gunkel

beit zwischen Hof und Stadt finanzierten die Münchner den Wiederaufbau des Nationaltheaters. König Max I. gewährte das Privileg für die Erhebung eines Bierpfennigs, also einer zweckgebundenen Verbrauchssteuer.

Der Versuch, die immensen Kosten für den Bau des Nationaltheaters über einen Aktienfonds zu erwirtschaften, war in diesem ersten Fall bereits gründlich fehlgeschlagen. Schon ein Jahr nach Baubeginn war das angesammelte Kapital verbraucht, so daß der König nach Beendigung des napoleonischen Rußlandfeldzugs, an dem sich Bayern mit großen Soldatenkontingenten zu beteiligen hatte, die Aktien zurückkaufen und die Finanzierung des Theaterbaus komplett in die Verantwortung des Hofes und somit der Staatskasse übernehmen mußte.

Nach der Jahrhundertmitte machten Münchner Bürgerkreise eine vergleichbare Erfahrung, als sie 1865, mit königlichem Privileg ausgestattet, das Theater am Gärtnerplatz als Aktien-Volks-Theater gründeten. Das Unternehmen stand trotz eines anvisierten Aktienkapitals von sechshunderttausend fl. von Anbeginn auf schwacher finanzieller Basis und fallierte nach nicht einmal sieben Jahren. Im Zuge der Versteigerungen von Grundstück, Haus und Inventar griff König Ludwig II. resolut ein und brachte das Haus in Staatsbesitz – zunächst ein Jahr als Pächter, in dem er das Unternehmen doppelsinnig als Königliches Volkstheater arbeiten ließ, dann als Königliches Theater am Gärtnerplatz, das es bis auf ein Interim in den 1920er Jahren im Wittelsbacher Ausgleichsfonds bis heute blieb.

Erneut war der Staat eingesprungen, um eine privatwirtschaftlich organisierte Theaterunternehmung durch Alimentation am Leben zu erhalten und die programmatischen wie ästhetischen Standards zu sichern. Von Ludwig II. ist die liberale Einsicht überliefert, seiner Hauptstadt dürfe der Besitz eines würdigen Volkstheaters nicht länger vorenthalten werden.

Kulturpolitische, repräsentative und vor allem ökonomische Aspekte lieferten unter gewandelten wirtschaftlichen Rahmenbedingungen die Entscheidungsgründe für die letzte Neugründung eines Münchner Opernhauses, des Prinzregententheaters im Jahre 1901. Hofintendant Ernst von Possart wollte mit der Kopie des Bayreuther Festspielhauses einen unverkennbaren kulturellen Akzent setzen und der Residenz endlich das Ansehen Bayreuths verleihen, aber auch die leeren Kassen füllen: Der inzwischen aufblühende Fremdenverkehr versprach erhebliche zusätzliche Einnahmen durch sommerliche Festspiele. Die Repräsentationsfunktionen eines staatlichen Theaterbaus wurden erstmals durch moderne Überlegungen zur gezielten wirtschaftlichen Investition erweitert. Daß man den geplanten Neubau auch für eine handfeste Grundstücksspekulation bei der Arrondierung der Stadtteile Bogenhausen und Haidhausen instrumentalisierte, war den Überlegungen des Hoftheaterintendanten sicher nicht abträglich.

Puristen standen Possarts Überlegungen ablehnend gegenüber, allen voran Thomas Mann, der den ungewöhnlichen Eingriff des Staates in kulturelles und zugleich wirtschaftliches Leben in einem fragmentarischen Essay mit dem Titel *Glanz und Macht um 1910* geißelte: »[Bayreuth] sollte ein nationaler Kunsttempel mit freiem Eintritt werden, und es wurde ein Rendezvous des reichen Pöbels aus aller Welt, eine internationale Sensation mit zwanzig Mark Entrée, mit Festspielpreisen für Wohnung und Essen, mit Fremdenindustrie für das stille Städtchen. Von dieser Korruption des Ideals gingen die ›Schöpfer‹ des Prinzregententheaters bereits stillschweigend aus. Grundstücksspekulationen und Fremdenindustrie waren da schon im Stillen das Primäre. Das Prinzregententheater wäre bestenfalls ein Plagiat [von Bayreuth] gewesen; es war etwas viel Ordinäreres.«

Thomas Manns Bilanz spiegelt eine ästhetische Haltung, die die finanziellen und organisatorischen Aspekte von Theater mit hochmütiger Verachtung straft. Daß man mit einem Theater auch Geld verdienen wollte, war für Thomas Mann ein Gedanke, der sein Ideal von Richard Wagners Kunst im Kern beschädigte. Noch um die Jahrhundertwende erwartete man freilich von einem Hoftheaterintendanten auch in München die Erwirtschaftung von Gewinnen. Ernst von Possart wurde, wie sein Vorgänger Karl von Perfall, entlassen, als das Defizit zu sehr anstieg. Als der neue Intendant Albert von Speidel zur Kostenersparnis den jährlichen Rhythmus der Festspiele durch Pausenjahre unterbrechen wollte, erntete er wütende Proteste der damals schon blühenden Fremdenverkehrswirtschaft. »Eine solche Maßnahme würde für unsere Stadt eine enorme, schlechterdings nicht wieder gut zu machende Schädigung bedeuten«, hieß es in einer Denkschrift zu Speidels Entscheidung. Die Münchner Festspiele galten vor dem Ersten Weltkrieg als bedeutender Wirtschaftsfaktor, den allen voran der Staat nicht verkennen durfte. Sie lockten kaufkräftige Reisende aus Europa und Übersee nach München, das zu Beginn des 20. Jahrhunderts, noch vor Berlin, der führende städtische Anziehungspunkt des Deutschen Reichs war.

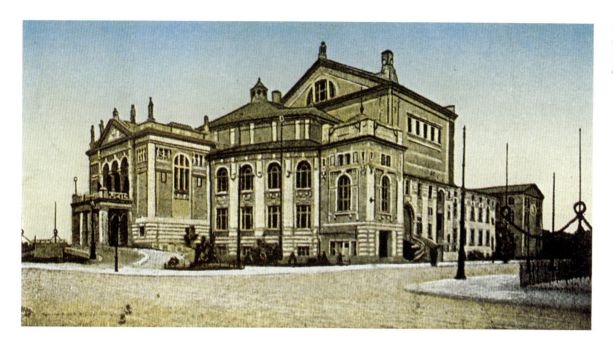

Das Prinzregententheater in München zur Zeit der Entstehung

Thomas Manns Polemik traf trotz ihrer realitätsfremden Einstellung einen wesentlichen Aspekt der Gründung des Hauses. Das Prinzregententheater steht für die Geschichte einer komplexen Idee des Nationaltheaters und Richard Wagners Vision einer Theaterreform durch festliche Mustervorstellungen, vermischt mit der Entwicklung Münchens zur Großstadt und daraus resultierenden geschäftlichen Interessen. Immerhin hatte sich die Stadt durch Eingemeindungen und Bauboom zwischen 1885 und 1900 auf fünfhunderttausend Einwohner nahezu verdoppelt. Theaterbauten und der Kulturbetrieb waren Teil einer Wirtschaftsstrategie geworden, deren Zielen sich auch der staatliche Träger von Kultureinrichtungen nicht verschließen konnte. Die Verflechtung von staatlichen und privatwirtschaftlichen Interessen offenbart sich an der Finanzierung dieses Theaterneubaus: Da der Prinzregent, nach dem das Theater benannt ist, als Protektor der Bayreuther Festspiele fungierte, war die Hofverwaltung nur bereit, Possarts Projekt im Einvernehmen mit Cosima Wagner, der Leiterin der Bayreuther Festspiele, zu fördern. Mitte der 1890er Jahre scheiterte Possarts Projekt noch an dieser Bedingung, denn auch Cosima Wagner hatte die wirtschaftliche und kulturrepräsentative Gefahr durch ein Münchner Festspielhaus nach dem Vorbild Bayreuths erkannt. Erst Jahre später, als sich private Geldgeber zum Bau entschlossen, wurde der Plan realisiert. Ideeller Kern des Projekts blieb freilich unverändert die äußerst attraktive Repräsentation von Opern- und Festkultur in einem Festspielhaus nach weltberühmtem Vorbild.

Gerade die Geschichte des Prinzregententheaters spiegelt die einzigartige Verantwortung des bayerischen Staates für seine Münchner Opernhäuser und das bemerkenswerte Zusammenspiel zwischen Staat und Gesellschaft. Die Wiederherstellung des Hauses in den Maßen und Funktionen des Jahres 1901, also die Besinnung auf historische Werte und deren programmatische Erhaltung, bildete in den 1990er Jahren die konsequente Fortsetzung der bayerischen Kulturpolitik nach dem Zweiten Weltkrieg. Cuvilliés-Theater und Nationaltheater im historischen Zustand wiederherzustellen, läßt sich nur als ausdrückliches Bekenntnis zur Geschichte und Tradition bayerischer Opernpflege begreifen. Im ersten Fall, der zwangsläufig verbunden war mit dem kostspieligen Bau eines neuen Residenztheaters, ohne den das Cuvilliés-Theater in seiner historischen Dimension kaum hätte rekonstruiert werden können, beschwor der Staat einen ungewöhnlich heftigen öffentlichen Disput über die finanziellen Anstrengungen herauf, der den Charakter eines handfesten Skandals annahm. Zur Vermeidung ähnlicher Auswüchse bei der Rekonstruktion des Nationaltheaters trat mit dem Verein »Freunde des Nationaltheaters« eine Bürgerinitiative auf den Plan, die erhebliche Finanzmittel aus privater Hand aktivierte, um dem Freistaat die Entscheidung für die Wiederherstellung des populärsten Repräsentationsbaus unter den Münchner Opernhäusern zu erleichtern. Nicht anders funktionierte das Zusammenspiel zwischen Staat und (privater) Gesellschaft bei der Rekonstruktion des Prinzregententheaters, denn die von Staatsintendant August Everding gesammelten Millionenbeträge aus privater Hand waren finanzielle Grundlage und moralische Verpflichtung für den Freistaat, die erheblichen restlichen Kosten für das Bauvorhaben zuzuschießen.

Die antizyklische Verhaltensweise ist auch hier unverkennbar: In wirtschaftlich schwierigen Zeiten, in denen Mitte der 1990er Jahre Städte und Bundesländer ihre Theater schlossen und abwickelten, investierte Bayern in ein neues, wiedererstandenes Opernhaus. Die Maxime des bayerischen Finanzministers Hans Kraus, der 1948 konstatierte, der »traditionelle Ruf des Münchner Theaterlebens [beruhe] von jeher auf den erstrangigen Leistungen der Münchner Staatsoper«, wirkt in der Rückschau nach einem halben Jahrhundert wie eine kulturpolitische Prophezeiung: »Die Oper wird es daher sein, deren künstlerische Entwicklung, soweit irgend möglich, gefördert und gesteigert werden sollte.« Recht hat er gehabt.

Monika Woitas

Oper aus dem Geist des Absolutismus

Zu den Anfängen des Musiktheaters in München

Prologo

»Nicht die geringste ursach/ warumb die Jugent in die unzucht und geilheit gerathet/ seind die Comedien/ Spektackel und Schawspiel«[1] lautet das harsche Urteil des Ägidius Albertinus, seines Zeichens Jesuit und Hofprediger Maximilians I., dessen Tiraden gegen alle Arten von »Schawspiel« zumindest in Grundzügen die Meinung des Kurfürsten widerspiegeln dürften. Musik und Theater (in Form von Jesuitendramen) haben unter der Regentschaft Maximilians vor allem der Verherrlichung Gottes und der moralischen Belehrung der Menschen zu dienen, während Darbietungen zur bloßen Unterhaltung und Repräsentation als Ausdruck weltlicher Eitelkeiten auf ein Minimum zu beschränken sind. Und verglichen mit dem Gesamtetat des kurfürstlichen Haushalts kommt den Ausgaben hierfür tatsächlich ein verschwindend geringer Anteil zu, was über das Desinteresse Maximilians an derlei Veranstaltungen vielleicht noch mehr aussagt als die eingangs zitierte Kritik des Hofpredigers oder das Repertoire der Hofkapelle, die alle modernen Einflüsse geflissentlich zu ignorieren versucht.[2]

Ausgerechnet dieser Maximilian I., der den »vanitäten« weltlicher Vergnügungen wie »überflüssigem essen und trinckhen, spilen, zu vilen jagen, Ritterspilen und anderen kurtzweilen«[3] so ablehnend gegenübersteht, muß als eigentlicher Begründer der Münchner Oper angesehen werden. Geht doch die Aufführung einer nicht näher bezeichneten »comoedia in musica« 1651 ebenso auf sein Konto wie der Umbau des Kornspeichers neben der Salvatorkirche zum Theater, den er – gleichsam als flankierende Maßnahme – im gleichen Jahr in Auftrag gibt. Anlaß für diese erstaunlichen Aktivitäten des Kurfürsten ist die anstehende Vermählung seines Sohnes Ferdinand Maria mit der savoyischen Prinzessin Henriette Adelaide. Der

Kurfürst Maximilian I. von Bayern

Kurfürst Ferdinand Maria von Bayern und seine Gemahlin Henriette Adelaide von Savoyen. Gemälde von Sebastiano Bombelli, 1666

Turiner Hof aber gilt als Heimstatt einer hochentwickelten Fest- und Theaterkultur – was Maximilian sozusagen unter Zugzwang setzt. Schließlich will man nicht hinter den Inszenierungen des Grafen Filippo d'Aglié zurückstehen, von denen die bayerischen Gesandten in den höchsten Tönen berichten und deren Ideenreichtum zeitweise selbst die Feste des französischen Hofes in den Schatten stellt.[4]

Der unerwartete Tod Maximilians noch im gleichen Jahr bringt allerdings diese hochfliegenden Pläne zur Etablierung einer Theater- und Festkultur europäischen Formats rasch wieder zum Erliegen und wirkt sich vor allem auch auf die Atmosphäre bei Hofe aus. Jene Sittenstrenge, die das kulturelle Leben in München über Jahrzehnte geprägt hat, scheint nun erneut die Oberhand zu gewinnen. Henriette Adelaide, in direkter Linie von den Medici abstammend und über ihre Mutter Cristina mit dem französischen Königshaus verwandt, kommt im wahrsten Sinn des Wortes aus einer anderen Welt und stößt mit ihrer Begeisterung für Theater und Tanz zunächst auf Unverständnis und entschiedene Ablehnung, wie wir aus einem Brief der jungen Kurfürstin an ihre Mutter vom 1. Mai 1657 erfahren. Über ihren Beichtvater hatte man Henriette Adelaide demnach zu verstehen gegeben, daß ihr Faible für Tanz und Theater in München fehl am Platz sei: »Er sagt, ich werde mich in diesen Landen verhaßt machen und könne eine Zuneigung nur dann erwarten, wenn ich nicht so freizügig wäre. Er wünscht nicht, daß ich irgendein Ballett schaffe, nicht einmal aus Zeitvertreib tanze. Es sei nicht schicklich für eine Prinzessin zu tanzen.«[5] Daß die tänzerische Erziehung des Adels an den maßgeblichen Höfen in Italien und Frankreich seit geraumer Zeit ebenso zur Selbstverständlichkeit zählt wie die Auftritte der Regenten und auch Regentinnen in symbolträchtigen Inszenierungen – davon und vom damit implizierten politischen Potential von Oper und Ballett will man in München noch nichts wissen. Allerdings sollte dieser Dornröschenschlaf nicht mehr lange andauern, und die künstlerischen Ambitionen der Kurfürstin können mit der Zeit immer umfassender realisiert werden.

Atto Primo (1653 bis 1662)

Den dokumentarisch nachweisbaren Beginn der Münchner Operngeschichte markiert die 1653 im St.-Georgs-Saal der Residenz zur Aufführung gelangte Festoper *L'arpa festante*. Daß es sich hier bereits um eine aufwendigere Inszenierung gehandelt haben muß, geht aus Rechnungen für Dekorationen und Kostüme sowie dem Tagebuch des Grafen Kurz hervor, der immerhin eine Spieldauer von fünf Stunden, prachtvolle Ausstattung und viermaligen Dekorationswechsel erwähnt.[6] Und mit Giovanni Battista Maccioni, der in den Akten als Harfenist und Hofkaplan der Kurfürstin geführt wird, ist uns zumindest der Name des Autors überliefert.

Seinen endgültigen Durchbruch erlebt das Musiktheater in München allerdings erst ein Jahr später mit der Eröffnung des Salvatortheaters. Nach dreijähriger Baupause öffnet das vom Münchner Architekten Schinnagl geplante und errichtete Haus endlich seine Pforten – um sie nach der Aufführung der Pastorale *La Ninfa Ritrosa* aufgrund bühnentechnischer Mängel jedoch gleich wieder zu schließen. Nachdem die für barocke Opernpracht so wesentliche Bühnentechnik mit Hilfe italienischer Spezialisten auf den neuesten Stand gebracht wurde, kann die Münchner Oper schließlich 1657 mit *L'Oronte*, einer Komposition des neuen Hofkapellmeisters Johann Kaspar Kerll, glanzvoll wieder eröffnet werden.

In diesen vier Jahren hatte sich die Situation am Münchner Hof unter dem Einfluß Henriette Adelaides grundlegend gewandelt und damit Anschluß an die kulturell wie politisch tonangebenden Höfe in Wien und vor allem Versailles erhalten. Theater – ob in Form einer Oper, als Ballett oder als inszeniertes Turnier – war binnen kürzester Zeit vom moralisch verwerflichen oder zumindest bedenklichen Spektakel zum Aushängeschild des Herrscherhauses mutiert. Folgerichtig erhöht sich nicht nur der finanzielle Aufwand, auch Form und Funktion der Auf-

Ausschnitt aus Hofkistlermeister Jakob Sandtners Modell der Stadt München von 1571. Es zeigt in Parallelstellung zur Kirche St. Salvator den Baukörper des Kornspeichers mit dem großflächigen steilen Satteldach. Dieser Kornstadel, »Haberkasten« genannt, wurde unter Kurfüst Ferdinand Maria zu einem Opernhaus umgebaut.

führungen ändern sich und mit ihnen Ausbildung und soziale Stellung der Ausführenden. Den Platz von Wandertruppen und Gauklern, deren Darbietungen in erster Linie der privaten Unterhaltung des Fürsten gedient hatten, nehmen nun fest angestellte und mitunter hoch bezahlte Künstler von meist internationalem Rang ein, die nicht selten auch als Erzieher und Vertraute der Fürsten fungieren und ein entsprechend hohes Ansehen genießen. Hatte sich Henriette Adelaide bei ihrer Ankunft noch einer regelrechten Phalanx von Vorurteilen gegenüber gesehen, gehört es nun zu den Selbstverständlichkeiten höfischer Bildung, daß die Angehörigen des Adels und allen voran die Mitglieder der Fürstenfamilie in den Aufführungen mitwirken. So tanzt Henriette Adelaide die Rolle der Nymphe Lilla in *La Ninfa Ritrosa*, führt zusammen mit ihrem Gatten in der abschließenden Passacaglia des Turnierspiels *Mercurio e Marte* den Reigen der Hofgesellschaft an oder tritt mit ihren Hoffräulein regelmäßig in den mitunter von ihr selbst entworfenen Balletten auf.[7]

Die Etablierung einer speziellen Spielstätte inmitten der Stadt unterstreicht diesen Sinneswandel, werden doch damit Oper und Ballett aus dem exklusiven Bereich der höfischen Residenz herausgelöst und unübersehbar zum öffentlich-repräsentativen Ereignis aufgewertet. In den folgenden Jahren kommt es dann zu einer interessanten gattungsspezifischen Differenzierung der Spiel-

Der Zuschauerraum im Opernhaus am Salvatorplatz München

orte wie der Aufführungspraxis: Ballette und Hofbälle finden meist in den Räumlichkeiten der Residenz statt, da ein öffentlicher Bühnenauftritt Henriettes und ihrer »Hoffraylen« bei aller Liberalisierung weiterhin als unschicklich gegolten hätte; Opern hingegen werden vornehmlich im Salvatortheater aufgeführt, wobei neben professionellen Sängern und Tänzern auch die männlichen Angehörigen des Adels sowie Studenten des St.-Gregori-Hauses mitwirken[8]. Die musikalisch-choreographisch gestalteten Turnierspiele schließlich erhalten im Innenhof der Residenz beziehungsweise ab 1661 im neu erbauten Turnierhaus am Hofgarten ihren adäquaten Rahmen, wobei hier der Fürst selbst, sekundiert von Familienangehörigen und hochrangigen Mitgliedern seines Hofes, zu Pferde oder zu Fuß in den unterschiedlichsten Rollen agiert.

Was im Hause Wittelsbach demnach erst durch die Heirat Ferdinand Marias mit Henriette Adelaide initiiert wird, hatte man bei den Habsburgern und Bourbonen schon längst als hochwirksames Mittel politischer Einflußnahme erkannt und entsprechend gefördert. Vor allem in Frankreich nutzt man das auf Verschmelzung von Rezitation, Tanz, Musik und Bühneneffekten basierende Ballet de cour seit Katharina de Medici und Heinrich IV. als ideales Instrument zur Legitimation des Herrschaftsanspruchs. Bereits im *Ballet Comique de la Reine* 1581 wird das dunkle Reich der Zauberin Circe durch das

Kurfürst Maximilian II. Emanuel von Bayern

direkte Eingreifen des Königs besiegt, der damit ganz unmißverständlich als Heilsbringer und Garant eines nunmehr anbrechenden Goldenen Zeitalters auftritt, dessen Machtanspruch niemand mehr in Frage stellt. Die hier bereits angelegte Metaphorik des heilbringenden Lichtes, das die Mächte der Dunkelheit vernichtet, kulminiert zwei Generationen später im Auftritt des jugendlichen Ludwig XIV. im *Ballet de la Nuit* 1653: Die strahlende Erscheinung des Sonnengottes Apoll macht nicht nur den soeben errungenen Sieg über die politischen Gegner der Fronde sinnfällig, Ludwig XIV. mutiert auch außerhalb der Bühne zum »Roi Soleil«, der jenseits aller Kritik steht – ein absoluter Herrscher im wahrsten Sinn des Wortes.

Atto Secondo (1662 bis 1679)

Auch in München ist der Versuch einer solchen Imagebildung zu beobachten. Bereits die Feiern zur Geburt Max Emanuels 1662 zeigen sich nicht nur stilistisch auf der Höhe der Zeit, auch die in den Darbietungen präsentierte Botschaft ist eindeutig: Der Oper *Fedra incoronata,* in deren Prolog die versammelte Götterschar des Olymp den Thronfolger preist, folgt das Turnierspiel *Antiopa Giustificata,* in dem der Kurfürst als König Solon höchstselbst die Ehre der von Theseus betrogenen Amazonenkönigin Antiopa verteidigt; den Abschluß bildet schließlich – auf einer Bühne in der Isar präsentiert – das Feuerwerksdrama *Medea vendicativa,* das die Beherrschung der Elemente durch den Souverän symbolträchtig thematisiert.

Zur adäquaten Präsentation dieser von Kerll in Musik gesetzten Trias hatte man eigens den venezianischen Architekten und Bühnenbildner Francesco Santurini verpflichtet, der bis 1669 für die Fest- und Operninsze-

nierungen verantwortlich zeichnen sollte – ein Aufwand, der sich gelohnt hat. München gelingt es nämlich, mit diesem »Churbayrischen Frewdenfest« in puncto Festkultur Zeichen zu setzen und kurzfristig gar die Führungsrolle in Europa zu übernehmen: Paris wird erst zwei Jahre später in den verschwenderisch gestalteten und detailliert dokumentierten *Plaisirs de l'Isle enchantée* in Versailles ein vergleichbar angelegtes Spektakel vorweisen können, gefolgt vom Wiener Hofe, der mit Marc Antonio Cestis Prunkoper *Il Pomo d'oro* (1666) und der Eröffnung des von Burnacini erbauten neuen Opernhauses »Auf der Cortina« 1668 in den Wettbewerb um die eindrucksvollste Selbstinszenierung der Fürstenhäuser eintreten wird.

In München sorgt derweil Henriette Adelaide für eine gründliche Tanz- und Musikausbildung ihrer Kinder, die 1669 in *La casa d'acquario* der Öffentlichkeit präsentiert werden. Für Inszenierung und Choreographie dieses Ballet de cour zeichnet mit dem neu engagierten Jacques Rodier ein Ballettmeister verantwortlich, der sein Handwerk an der 1661 gegründeten Académie Royale de Danse in Paris bei niemand Geringerem als Pierre Beauchamps, dem Tanzmeister Ludwigs XIV., erlernt hat.

Der siebenjährige Max Emanuel tritt dabei als »Amor-Guerriero« in einem Szenario voller astrologisch-mythologischer Anspielungen auf, die den künftigen Kurfürsten als Garanten einer glücklichen Zukunft in Szene setzen.

Atto Terzo (1680 bis 1691)

Ihre Fortsetzung erfährt diese Initiation dann im Jahr 1680, in dem gleich zwei dynastische Ereignisse von europäischer Tragweite ins Haus stehen. Maria Anna Christina, die ältere Schwester Max Emanuels, heiratet im März den Dauphin, was mit der Aufführung einer für München bearbeiteten Cesti-Oper (*La dori ovvero La schiava fedele*) im Salvatortheater und einem Ballett (*Il litigio del cielo e della terra*) im Herkulessaal der Residenz begangen wird. Im Juli hingegen erreicht Max Emanuel die Volljährigkeit und kann somit nur ein Jahr nach dem Tod seines Vater (1679) die Regentschaft von seinem Onkel übernehmen, wobei zwei mit allem verfügbaren Prunk inszenierte Werke des amtierenden Hofkapellmeisters Ercole Bernabei zur Aufführung gelangen: die Turnierkantate *Giulio Cesare ricrovato* und die Oper *L'Ermione*. Wie schon bei Bernabeis Vorgänger Kerll sind auch hier nur die Libretti des Hofpoeten Ventura Terzago erhalten, ergänzt durch einige Bühnenbildentwürfe und Chronistenberichte, die immerhin einen gewissen Eindruck von der Pracht dieser Ereignisse vermitteln. Die enge Verflechtung von Oper und Politik wird vor allem im Schlußbild der *Ermione* deutlich, in dem Jupiter selbst den als Ganymed auftretenden jungen Kurfürsten der versammelten Gesellschaft mit den Worten präsentiert: »Dein Name wird die Welt umkreisen und wird immer unsterblich bleiben.«[9] Das anschließende Solo Ganymeds löst begeisterte Vivat-Rufe aus und leitet schließlich zum obligatorischen Grand Ballet über, das die Grenzen zwischen mythologischem Bühnengeschehen und politischer Gegenwart endgültig aufhebt und den Fürsten als Initiator und Mittelpunkt allen Handelns bestätigt.

Die Parallele zum Auftritt des französischen »Roi Soleil« ist unübersehbar – allerdings kann der Symbolwert Ganymeds mit dem wesentlich eindrücklicheren Emblem der Sonne kaum konkurrieren. Vor allem fehlt am Münchner Hof ein Kardinal Mazarin, dessen strategisches Vorgehen wesentlich zur gelungenen Imagebildung Ludwigs XIV. beigetragen hat. Die hierfür notwendige Institutionalisierung von Kunst und Wissenschaft wird von Seiten der Wittelsbacher eher halbherzig betrieben, und das Prinzip der »Repraesentatio Majestatis« bleibt weitgehend auf die spektakuläre Inszenierung von Opern, Turnierspielen und Hofbällen beschränkt.

Mit durchaus vergleichbarem Charisma und Talenten ausgestattet wie der französische König gelingt es Max Emanuel daher nicht, ein auch nur annähernd vergleichbares Image aufzubauen. Denn der auf den Schlachtfeldern vor Wien (1683) und Belgrad (1688) erworbene Beiname »Türkenbezwinger« impliziert keinen umfassenden Machtanspruch im Sinne des Absolutismus. So ist es das ambivalente Bild vom tollkühnen, leidenschaftlichen und verschwenderischen Lebemann,

Hofkapellmeister in München; von links: Ercole Bernabei, Johann Kaspar Kerll, Agostino Steffani

welches sich in den Köpfen der Zeitgenossen wie der Nachwelt festsetzt. Jenseits derartiger Klischees ist allerdings nicht zu leugnen, daß Bayern unter der Regentschaft Max Emanuels zumindest zeitweise im Konzert der Großmächte mitspielt.[10]

So unglücklich, ja tragisch dieser Versuch in politischer Hinsicht auch enden sollte – Kunst und Kultur profitieren vom Großmachtstreben des Kurfürsten, das anfangs durchaus Aussicht auf Erfolg zu haben scheint. Denn 1685 kommt es nach langwierigen Verhandlungen zur Hochzeit mit Erzherzogin Maria Antonia, einer Tochter Kaiser Leopolds I., womit der bayerische Kurfürst nunmehr Ansprüche auf das spanische Erbe und damit auf eine der wohl begehrtesten Königskronen Europas erheben kann. Entsprechend wird diese politisch bedeutsame Verbindung zunächst in Wien, dann in München in Szene gesetzt: Im Turnierhaus am Hofgarten gibt man die Turnierkantate *Erote ed Anerote*, in der Max Emanuel, seine Brüder und Angehörige des Hofes selbst mitwirken; es folgt die Festoper *Ascanio* im erneut umgebauten Salvatortheater, das dem aktuellen Baustil wie dem neuen politischen Rang entsprechend durch die venezianischen Stararchitekten Domenico und Gasparo Mauro eine hochbarocke Innenausstattung samt großzügig gestalteter Fürstenloge erhalten hat. Die Musik beider Werke stammt wiederum von Ercole Bernabei. Eröffnet werden die Feierlichkeiten jedoch mit der Festoper *Servio Tullio* aus der Feder von Agostino Steffani, der als Vertrauter Max Emanuels immer häufiger auch in diplomatischer Mission unterwegs sein und schließlich gar als Bischof politische Karriere machen wird.[11] In musikalischer wie theatraler Hinsicht erreicht die Münchner Oper hier ihr wohl höchstes Niveau, wobei stilgeschichtlich die Synthese italienischer und französischer Einflüsse besonders beachtenswert scheint – ein Einfluß, der sich in den folgenden Jahren kontinuierlich verstärken sollte.

Epilogo

Als der Kurfürst 1691 seine Statthalterschaft in Brüssel antritt, versinkt München erneut in jenen provinziellen Dämmerschlaf, aus dem es 1653 so plötzlich erwacht war. Erst mit der Rückkehr Max Emanuels aus dem Exil in Frankreich (1715) erblüht die Musik- und Theaterkultur wieder zu neuem Leben.

Die umfangreichen Feiern zur Hochzeit des Kurprinzen Karl Albrecht mit Maria Amalia von Österreich, einer Tochter Kaiser Joseph I., scheinen 1722 nahtlos an die »Frewdenfeste« der Jahre 1662 und 1680 anzuknüpfen; die Staatseinnahmen eines ganzen Jahres werden geopfert, um die kulturelle wie politische Größe Kurbayerns mit Nachdruck unter Beweis zu stellen.[12] Angesichts der Veränderungen, die der spanische Erbfolgekrieg für das Kräfteverhältnis in Europa mit sich gebracht hat, scheint dieser Aufwand nun allerdings in keinerlei Verhältnis mehr zur tatsächlichen politischen Bedeutung des Kurfürsten zu stehen. Denn Max Emanuel war mittlerweile vom geschickt taktierenden Akteur und umworbenen Bündnispartner zur mehr oder minder hilflosen Schachfigur im Spiel der Großmächte geworden. Daran änderte auch eine noch so großartige Inszenierung letztlich wenig.

So reflektiert die Münchner Operngeschichte in ihren Anfängen jene politisch wie kulturell gleichermaßen bedeutsamen und folgenreichen Veränderungen, deren Beginn der Westfälische Frieden von 1648 markiert. Das durch den Dreißigjährigen Krieg wirtschaftlich wie künstlerisch um Jahrzehnte zurückgeworfene Mitteleuropa kann nun Anschluß an jene Entwicklungen gewinnen, die in der Entfaltung einer reichhaltigen Opernszene ihren zeitgemäßen Ausdruck finden. Während allerdings in den öffentlichen Opernhäusern der oberitalienischen Handelsmetropolen ein selbstbewußtes Bürgertum den Ton angibt, wird das Musiktheater in den Monarchien und Fürstentümern nördlich der Alpen rasch zum Inbegriff einer »Repraesentatio Majestatis«, die primär der Verherrlichung und Bestätigung des absoluten Souveräns dient. Mit seinem wirkungsvollen Auftritt als Sonnenkönig avanciert Ludwig XIV. zum Inbegriff dieses neuen Herrschertypus, wobei sein umfassender Machtanspruch wesentlich durch eine raffiniert angelegte Kulturpolitik gestützt wird, in der dem Theater eine zentrale Rolle zukommt. Die noch aus mittelalterlichem Feudaldenken stammende Bündnisidee des »Heiligen römischen Reiches deutscher Nation« hingegen erweist sich zunehmend als überholt. Auch wenn man noch längere Zeit an der Institution des (gewählten) Kaisers festhält – realpolitisch orientieren sich die meisten Fürsten bereits am macchiavellistischen Ideal Ludwigs.

Der um 1650 einsetzende Aufschwung in Sachen Musiktheater kann also nicht nur als überfällige Reaktion auf das Ende eines verheerenden und lähmenden Krieges gesehen werden. Immerhin sollte der soeben erst geschlossene Friede nicht allzu lange anhalten, sondern in eine ganze Reihe von Kriegen um die Vorherrschaft in Europa münden. Die rasch ansteigende Opernproduktion und deren institutionelle Absicherung stehen vielmehr in unmittelbarem Zusammenhang mit der Durchsetzung des Absolutismus als Staatsform. Vor diesem Hintergrund erscheint es auch nicht weiter verwunderlich, daß gerade in jenen Ländern musiktheatrale Formen der Repräsentation überproportional in Erscheinung treten, deren Fürsten nach einer Königskrone und damit nach größerer Unabhängigkeit vom Kaiser streben: Dresden, Berlin und nicht zuletzt München avancieren so binnen kürzester Frist zu kulturellen Zentren mit eigenen Opernhäusern und einer stetig ansteigenden Produktion prestigeträchtiger Großereignisse. Die entscheidenden Schlachten werden eben nicht mehr nur auf dem Felde, sondern zunehmend auch auf den Bühnen der Residenzen ausgefochten. Prachtbauten, Kunstsammlungen, Hoffeste, vor allem aber verschwenderisch inszenierte Theaterspektakel unterschiedlichster Couleur sollen von der Größe des Herrschers künden und so dessen Machtanspruch nach innen wie nach außen propagieren. Opern, Ballette, Feuerwerksdramen oder Triumphzüge sind damit weit mehr als bloße Unterhaltung für Hof und Untertanen. Sie werden zu wichtigen Instrumenten im Dienste der Politik, deren virtuosen Einsatz Ludwig XIV. wie kein anderer beherrscht. Max Emanuels Versuch, es dem Sonnenkönig gleichzutun, muß, politisch gesehen, zwar als gescheitert gelten. Aus künstlerischer Sicht aber hat dieser Versuch München immerhin ein Opernhaus von europäischem Rang beschert und die Wittelsbacher-Residenz zu einem Zentrum barocker Festkultur gemacht, die den Metropolen Wien und Paris zumindest zeitweise durchaus das Wasser reichen konnte.

---

[1] Ägidius Albertinus, Haußpolicey, 7. Theil (1602), zit. nach: Hans E. Valentin u. a. (Hg.), Die Wittelsbacher und ihre Künstler in acht Jahrhunderten, München 1989, S. 208.

[2] Vgl. Horst Leuchtmann, Die Maximilianeische Hofkapelle, in: Hubert Glaser (Hg.), Um Glauben und Reich. Kurfürst Maximilian I. Beiträge zur Bayerischen Geschichte und Kunst 1573–1657, München 1980, S. 364–375.

[3] Aus dem Reisebericht des Philipp Hainhofer (Christian Häutle, Die Reisen des Augsburgers nach Eichstätt, München und Augsburg in den Jahren 1611, 1612 und 1613. Zum ersten Male herausgegeben und erläutert, München 1881), zit. nach: Horst Leuchtmann, Die Maximilianeische Hofkapelle, a. a. O., S. 373 (Anm. 6).

[4] Vgl. Margaret MacGowan/Sibylle Dahms, Filippo d'Aglié, in: MGG Personenteil, Bd.1, Kassel u. a. 1999, Sp. 193–195; ferner: Mercedes Viale Ferrero, Feste delle Madame Reali di Savoia, Turin 1969.

[5] Gaudenzio Claretta, Adelaide di Savoia, Duchessa di Baviera, Torino 1877, S. 116; dt. zit. nach: Pia und Pino Mlakar, Unsterblicher Theatertanz. 300 Jahre Ballettgeschichte der Oper in München. Band I: Von den Anfängen um 1650 bis 1860, Wilhelmshaven 1992, S. 23.

[6] Vgl. Diarium des Oberhofmeisters Graf Maximilian Kurz, in: Gertrud Löwenfelder, Die Bühnendekorationen am Münchner Hoftheater von den Anfängen der Oper bis zur Gründung des Nationaltheaters, 1651 bis 1778. Ein Beitrag zur Münchner Theatergeschichte, Diss. Masch. München 1955, S. 7.

[7] Zur Pflege von Tanz und Ballett unter Henriette Adelaide vgl. Mlakar, a. a. O., S. 15ff.

[8] Die Studenten der von Herzog Albrecht V. gegründeten Stiftung mußten sich »bei den Palethen zu Hof gebrauchen lassen« – gegen eine Gage von 20 fl. Vgl. Fr. M. Rudhart, Geschichte der Oper am Hofe zu München, Freising 1865, S. 53f.

[9] Textbuch zu *L'Ermione* (Bayer. Staatsbibliothek), dt. zit. nach: Mlakar, a. a. O., S. 48.

[10] Vgl. hierzu v. a. Karl Ottmar Freiherr von Aretin, Die Politik des Kurfürsten Max Emanuel und die europäischen Mächte, in: Hubert Glaser (Hg.), Kurfürst Max Emanuel. Bayern und Europa um 1700. Band I: Zur Geschichte und Kunstgeschichte der Max-Emanuel-Zeit, München 1976, S. 35–50.

[11] Vgl. Gerhard Croll, Musik und Politik. Steffani-Opern in München, Hannover und Düsseldorf, in: Alberto Colzani u. a. (Hg.), Die italienische Barockoper, ihre Verbreitung in Italien und Deutschland (Beiträge zum 5. Internationalen Symposium über italienische Musik im 17. Jahrhundert, Loveno di Menaggio 1993), Como 1995, S. 33–42.

[12] Vgl. Christina Schulze, Kunst und Politik am Hofe Max Emanuels: die Hochzeit Karl Albrechts mit Maria Amalia (1722), in: Hans-Michael Körner/Jürgen Schläder (Hg.), Münchner Theatergeschichtliches Symposium 2000, München 2000, S. 54–73.

Katharina Meinel

Ein Herrscher-Denkmal

Zur Eröffnung des Cuvilliés-Theaters vor zweihundertfünfzig Jahren

Was tun, wenn die Staatskassen leer sind und die Schulden schwer auf einem Land lasten? Die Historie fiskalischer Notlagen hält verschiedene Antworten bereit, wobei die Streichung von Geldern für die Kultur offenbar zu den primären Reflexen in Krisensituationen zählt.

Ganz anders in Bayern Mitte des 18. Jahrhunderts. In einer von großen außen- und wirtschaftspolitischen Problemen geprägten Zeit gibt Kurfürst Maximilian III. Joseph, kurz nachdem er 1745 von seinem Vater Karl Albrecht die Regierungsgeschäfte übernommen hat, den Auftrag zum Neubau eines Hoftheaters in der Wittelsbachischen Residenzstadt München. Die Entscheidung Max III., trotz drohenden Staatsbankrotts und bitterer Armut in weiten Teilen der Bevölkerung den Baumeister François Cuvilliés d.Ä. mit dem Entwurf einer neuen Bühne zu beauftragen, bedarf der Erklärung, zumal München mit dem Salvatortheater bereits seit 1657 ein barockes Opernhaus besitzt. Aufgrund mehrfacher Renovierungen muß sich das angejahrte Theater in einem guten, funktionsfähigen Zustand befunden haben, wofür auch die Tatsache spricht, daß das Gebäude selbst nach der Fertigstellung des Cuvilliés-Theaters bis 1799 in Betrieb bleibt.

Darüber hinaus verfügt der Hof über weitere Theaterräume innerhalb der Residenz wie den St.-Georgs-Saal, in dem nach einer Aufführung französischer Schauspieler im März 1750 Feuer ausbricht, was einen verheerenden Großbrand in der Residenz nach sich zieht. Dieser Brand liefert Max III. die Begründung für die Notwendigkeit eines Theaterneubaus. Das Gebäude sollte nicht in den Schloßkomplex integriert werden, sondern nur für das höfische Publikum durch einen Gang von der Residenz aus erreichbar sein. Für den Neubau wird der Platz des heutigen Neuen Residenztheaters ausersehen. (Erst nach der Zerstörung des Cuvilliés-Theaters im Zweiten Weltkrieg wird mit Hilfe der in Sicherheit verbrachten Innenraumverkleidung das Cuvilliés-Theater oder Alte Residenztheater im sogenannten Apothekenstock der Residenz, also an ganz anderer Stelle, wieder aufgebaut.)

Doch Maximilians feuerpolizeiliche Argumentation, ein freistehendes Theater zum Schutz der Residenz bauen zu müssen, ist kaum stichhaltig, da es sich auch beim Salvatortheater um ein isoliertes Theatergebäude handelte. Abermals stellt sich die Frage, was Max III. tatsächlich bewogen haben mag, sich ein neues Theater im Stile des Rokoko bauen zu lassen? Um Antworten auf die Frage zu finden, ist es notwendig, die Situation Bayerns Mitte des 18. Jahrhunderts etwas genauer zu beleuchten.

Als Maximilian III. Joseph knapp achtzehnjährig die Regierung in Bayern übernimmt, gerät er mitten hinein in den Österreichischen Erbfolgekrieg, in dem sich sein Vater

Innenraum des Münchner Cuvilliés-Theaters. Auf der Bühne eine Szene am Hof Ludwigs XIV. von Frankreich. Gemälde aus der Zeit König Ludwigs II.

von den europäischen Großmächten England, Frankreich und Preußen als Gegenkaiser zur Habsburger Dynastie mißbrauchen ließ und damit die Wittelsbachische Herrschaft in Bayern insgesamt aufs Spiel setzte. Allein durch den Verzicht auf die Kaiserkrone für das Haus Wittelsbach und taktische Bündniswechsel gelingt es Max III. überhaupt, die territoriale Integrität Bayerns und seine eigene Herrschaft zu sichern. Den Machterhalt muß Max III. durch nahezu prinzipienlosen Pragmatismus und den erklärten Verzicht auf außenpolitischen Einfluß bezahlen. Für einen vom absolutistischen Herrschaftsideal und familiären Ambitionen auf die Vorherrschaft im Reich geprägten Landesherrn wiegt dieser Bedeutungsverlust im Konzert der europäischen Fürstenhäuser schwer. Zur Machtentfaltung bleibt dem jungen Kurfürsten also nur der Rückzug in die Innenpolitik, wo ihm freilich ebenfalls kaum Spielraum bleibt, da die Unternehmungen Karl Albrechts der Staats- und Hofkasse einen riesigen Schuldenberg hinterlassen haben. So leidet zum Beispiel das bayerische Heer in den Kasernen an Hunger; einige Truppen werden, dem schlechten Beispiel anderer Fürsten folgend, als Kanonenfutter ins Ausland verkauft. Im Volk herrscht Armut, denn das Land ist durch den Krieg verwüstet, und ein funktionierendes Manufakturwesen gibt es nicht. Die Not im Land wird durch verheerende Pockenepidemien noch vergrößert (etwa 60 Millionen Menschen sterben im Europa des 18. Jahrhunderts an dieser Krankheit), und weit verbreiteter Aberglauben in der Bevölkerung macht eine moderne Seuchenbekämpfung und Ernährungspolitik fast völlig unmöglich.

Max III. verfügt also über einen sehr geringen Handlungsspielraum, der zusätzlich dadurch beschränkt wird, daß der Kurfürst als Grundherr faktisch nur über zehn Prozent des Landes und der Einwohner verfügt, während fünfzig Prozent die katholische Kirche hält und fünfundzwanzig Prozent sich im Besitz des meist reichsunmittelbaren Adels befinden. In administrativen, rechtlichen, vor allem steuerrechtlichen Fragen zur Konsolidierung der staatlichen Finanzen sind dem Landesherrn weitgehend die Hände gebunden. Möglichkeiten politischen Handelns und repräsentativer Anerkennung bieten sich Max III. Joseph mithin primär im kulturellen Bereich, dem er sich als musisch begabter Mensch (er spielt mehrere Instrumente und komponiert) bevorzugt zuwendet. Auf geistig-künstlerischem Gebiet versucht er, die Illusion von Autonomie und Souveränität aufrechtzuerhalten. Auch wenn sein Engagement für die Kultur neue Schulden nach sich zieht, die im Widerspruch zu den Überlegungen rationalistischer Kameralistik stehen, werden hier ganz klar Züge aufklärerischen Denkens erkennbar. Als vormaliger Schüler von Johann Adam von Ickstatt und Daniel Stadler, den herausragenden Protagonisten der süddeutschen Aufklärungsbewegung, erkennt Maximilian in der Förderung geistiger Debatten und wissenschaftlichen Fortschritts die Möglichkeit, den Grundstein für die Veränderung der desolaten Verhältnisse zu legen. In diesem Zusammenhang zählt zweifellos die Gründung der Bayerischen Akademie der Wissenschaften zu den wichtigsten kultur- und innenpolitischen Maßnahmen des Kurfürsten. Die 1759 von Johann Georg Lori in München gegründete Institution wird von Max III. finanziell großzügig ausgestattet und gleichzeitig von jeglicher staatlicher wie religiöser Zensur befreit, was ein unerhörtes Novum darstellt. Zur Amtssprache der Akademiker wird Deutsch erklärt, ein wichtiger Fortschritt gegenüber vielen anderen Akademien, deren Publikationen zu jener Zeit noch in lateinischer Sprache erscheinen: Das unterstreicht die Absicht der bayerischen Aufklärer, Diskussionen und neue Erkenntnisse in die Öffentlichkeit zu tragen. Dem Regenten trägt die Akademie, der namhafte Denker aus verschiedenen Ländern angehören, einen erheblichen Prestigegewinn ein. Zudem avanciert die Einrichtung zur Ideenschmiede für Reformprojekte und stärkt Max III. intellektuell den Rücken im Kampf gegen konservative, vor allem kirchliche Strukturen. Über die Bemühungen der Akademie hinaus, durch dezidiert deutsche Publikationen eine kritische Öffentlichkeit für naturwissenschaftliche und philosophische Fragen herzustellen, beabsichtigt die akademische Aufklärungsbewegung, aktiv die heimische Sprachentwicklung und Literatur zu fördern. Traktate zur Poetik und Ästhetik werden flankiert von dramatischen Texten in deutscher Sprache und praktischen Bemühungen etlicher Reformer, eine stehende deutsche Bühne in München zu institutionalisieren, die dem breiten Publikum öffentlich zugänglich ist.

Nicht zuletzt dank kurfürstlicher Unterstützung zeitigen die Anstrengungen Ende der sechziger Jahre erste Erfolge. Etwa ab 1771 gelingt mit der Einrichtung einer nationalen Schaubühne unter Leitung des Schauspielers Johann Baptist Nießer endgültig der Aufbruch zu einer neuen Ästhetik im Sprech- und Musiktheater. Hanswurstiaden, Kasperliaden und andere Formen des Extempore werden konsequent von gehobener, heißt moralisch belehrender Schau- und Singspielliteratur verdrängt, die entweder von heimischen Autoren verfaßt oder von diesen zumindest übersetzt und bearbeitet wird. Nachdem die deutsche Schauspieltruppe anfangs im sogenannten Faberbräutheater auftritt, überläßt Kurfürst Maximilian bald das alte Hoftheater, das Salvatortheater, der Nationalschaubühne für öffentliche Aufführungen. Mitte der siebziger Jahre übernimmt der Hofintendant Graf Seeau auch die Leitung des deutschen Ensembles. Diese Amalgamierung von neuen und alten Theaterformen wäre möglicherweise nicht so problemlos verlaufen, wäre nicht etwa anderthalb Jahrzehnte zuvor ein neuer Zufluchtsort für das exklusive Hoftheater geschaffen worden.

Als Maximilian III. 1753 ein neues Hoftheater von Cuvilliés d. Ä. errichten läßt, das ausschließlich dem geladenen aristokratischen Publikum vorbehalten sein soll und auftragsgemäß nur italienische Opera seria und Opera buffa mit passenden Balletteinlagen, später auch französische Opéra comique aufführt, dann scheint sich damit, zunächst unberührt von ästhetischen Neuerungen, die barocke Operntradition seit 1600 in München fortzusetzen. Bei genauerer Betrachtung wird jedoch ersichtlich, daß die Eröffnung des Cuvilliés-Theaters keineswegs eine ungebrochene Fortsetzung absolutistischer Selbstverherrlichung in altem Stil bedeutet, sondern von den tiefgreifenden Veränderungen des 18. Jahrhunderts geprägt ist. Davon legt der Theaterbau selbst Zeugnis ab. Ebenfalls läßt die Eröffnungsoper, *Catone in Utica* von Giovanni Ferrandini, diese Entwicklung deutlich erkennen.

Der Großteil der Baukosten, die das veranschlagte Budget von 52968 Gulden um das Dreifache übersteigen und Max III. zu einer immer höheren Neuverschuldung zwingen, fließt in den exquisiten, überreichen Innenausbau. Der prächtig weiß, rot, golden schimmernde Innenraum ist überbordend mit mythologischen und allegorischen Darstellungen geschmückt: mit Karyatiden und Atlanten, kunstvollen Kartuschen, geschnitzten Draperien, mit Rocaillen überladenen Balustern sowie ornamentalen Pflanzen- und Fruchtgehängen. Dadurch wird die steinerne Starre der Architektur ganz in Bewegung und Geschehen aufgelöst und zur phantastisch lebendigen Dekoration für das höfische Ereignis Theater, das weit mehr umfaßt als die szenische Darstellung auf der Bühne. Das Hoftheater ist eine Form des aristokratischen Festes, wobei alle Partizipienten lebendiger Teil einer glanz- und effektvollen Inszenierung der höchsten Majestät sind. Der Herrscher gibt in der höfischen Feier ein strahlendes Abbild seiner göttlich legitimierten Macht.

Die architektonische Anlage des neu erbauten Residenztheaters als Logentheater mit vier Rängen einschließlich Parterrelogen weist zwei Brennpunkte auf: die Bühne mit ihrem aufwendig verzierten Portal und die ihr gegenüberliegende, mindestens ebenso prunkvoll gestaltete, mit zahllosen Kerzen und Spiegeln alles überstrahlende Kurfürstenloge. Wie das Bühnengeschehen richtet sich auch der Blick der Zuschauer durch die bauliche Konstruktion und die Bewegungslinien des Dekorativen auf den absoluten Herrscher aus. Dabei versinnbildlicht und manifestiert die zugewiesene Sitzordnung der Theatergäste – wie in anderen barocken Hoftheatern – die hierarchische Feinabstufung der gesellschaftlichen Führungsschicht.

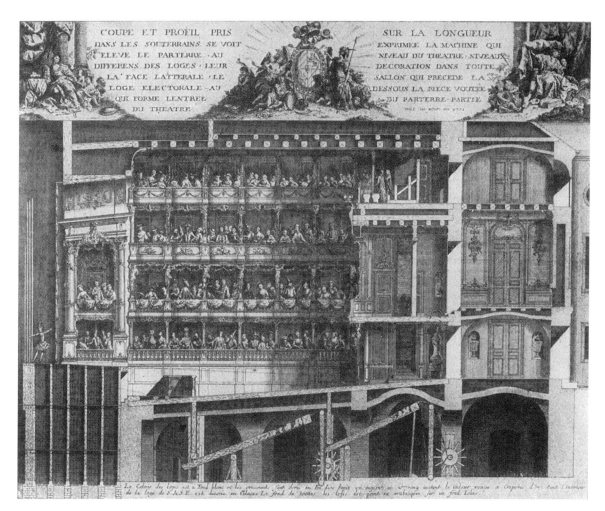

François Cuvilliés d.J.: Längsschnitt durch das Cuvilliés-Theater

So nimmt mit zunehmender Entfernung von der Kurfürstenloge die Reichhaltigkeit der ornamentalen Ausschmückung ab.

Doch zeigt sich in dem von Cuvilliés d. Ä. erbauten Opernhaus, daß der Zenith der großen artifiziellen repräsentativen Auftritte des Barock und der italienischen Oper bereits überschritten ist und stattdessen der Lebendigkeit und Intimisierung des Rokoko Platz machen muß. So überladen die Ausstattung des Theaters heute anmuten mag, zeichnen sich die überwiegend von Johann Baptist Straub gestalteten Figuren durch Selbstironie sowie eine merkliche Zurückhaltung und Individualisierung in Mimik und Gestik aus.

Ebenso deutet die Größe des Theaters eine unverkennbare Tendenz zur Privatheit an. Im Gegensatz zu anderen barocken Hoftheatern der Zeit, die zum Teil zweitausend und mehr Menschen faßten, gewährte das Cuvilliés-Theater damals circa sechshundertvierzig Personen Raum. Das Münchner Spektakel-Kleinod fällt also aus der barocken Tendenz zum Monumentalen heraus und weist in seiner intimen Atmosphäre Parallelen mit dem Erlanger Markgrafentheater auf.

Aus heutiger Perspektive ist neben den baulichen Anhaltspunkten des theatralen Raumes die Eröffnungsoper *Catone in Utica* das sprechendste Indiz für neue, aufklärerische

Tendenzen in der höfischen Kulturpflege. Theaterkritiken der Uraufführung anläßlich der Einweihung des neuen Hoftheaters am kurfürstlichen Namenstag, dem 12. Oktober 1753, lassen sich allerdings nicht finden. Das ist darauf zurückzuführen, daß es sich traditionell um eine exklusive Feierlichkeit des Hofes handelte und das Ereignis somit dem öffentlichen Räsonnement entzogen blieb. Für die Rekonstruktion der geistig-ästhetischen Ausrichtung des neu errichteten Theaters können eine zweisprachige Librettoausgabe und eine handschriftliche Cembalo-Partitur des Auftragswerkes von Giovanni Ferrandini herangezogen werden.

Am Beginn des neuen Kapitels der Münchner Operngeschichte steht ein musikdramatisches Werk nach der Textvorlage von Pietro Metastasio, in dem die hochbrisante Frage nach der Legitimität fürstlicher Alleinherrschaft gestellt wird. Die Handlung exponiert die Protagonisten Cato und Cäsar als Vertreter zweier unterschiedlicher Herrschaftsprinzipien. Der kompromißlose Republikaner Cato vertritt die Ansicht, daß Machtausübung nur durch ein Plebiszit gerechtfertigt werden kann, während der erfolgreiche Feldherr Cäsar glaubt, daß allein ein göttlich Auserwählter die Geschicke eines Volkes klug, weise und segensreich lenken könne. Während sich der nach absoluter Herrschaft strebende Cäsar bemüht, Frieden mit Cato zu schließen und ihn für die verantwortungsvolle Mitarbeit im Interesse des Gemeinwohls zu gewinnen, besteht Cato auf einem Krieg, den er verliert. Cato stirbt jedoch keinen heldenhaften Tod für sein Vaterland, sondern begeht Selbstmord. Aber auch Cäsar mag am Ende des Stückes nicht triumphieren, da sein Sieg den Tod eines römischen Patrioten kostet. Das Stück verteilt seine Sympathien sowohl textlich als auch musikalisch gleichmäßig auf die beiden Hauptfiguren und bleibt in seiner Aussage seltsam ambivalent. Keines der beiden Prinzipien kann moralisch zweifelsfrei siegen. Stattdessen entwirft die Oper eine unklare Utopie der Verbindung von autokratischem Herrschaftssystem mit patriotischer Beteiligung.

Die weitgehend konventionelle musikalische Gestaltung des Stoffes durch Ferrandini mag die unproblematische Akzeptanz der heiklen Auseinandersetzung über die neue Fundamentierung der alten Macht und die damit einhergehende Aufwertung des Staatsbürgers erleichtert haben. Trotzdem hätte Maximilian III. sicher nicht dieses Sujet als Eröffnungsoper in Auftrag gegeben, wenn die Ausrichtung des fürstlichen Handelns auf das Wohl des Volkes für ihn nicht bereits verpflichtender Bestandteil seines aufgeklärt absolutistischen Selbstverständnisses gewesen wäre.

Der Aufbruch in die Moderne, wie er sich ab Mitte des 18. Jahrhunderts auf allen gesellschaftlichen Gebieten abzeichnet, markiert auch den Beginn einer neuen Ära der Münchner Operngeschichte, die 1753 mit dem Bau des Cuvilliés-Theaters beginnt und zwanzig Jahre später ihr charakteristisches Gepräge durch die Uraufführungen und Premieren der Opern Mozarts erhält.

Hanspeter Krellmann
Welt von oben
Klaus Leidorfs Luftarchäologie

Die Bezeichnung »unsere Welt« meint in der Regel den Planeten Erde mit der für uns faßbaren Atmosphäre ringsum. Unsere Welt ist überschaubar, reich und reichhaltig. Sie verändert sich: faktisch-objektiv, weil – zum Beispiel – unstatthaft in sie eingegriffen wird; sodann dem Anschein nach, nämlich wie jeder einzelne sie sehen möchte. Je unvertrauter die vom eingenommenen Standort abhängigen Aufsichtswinkel ausfallen, desto überraschender, fremder, skurriler, sprich: neuartiger sind die Eindrücke für den Betrachter.

Klaus Leidorf hat sich auf derartige Eindrücke spezialisiert und auf die Chance, diese optisch festzuhalten. Er dokumentiert Welt von oben.

Er fliegt, um seine Arbeit zu machen, in einem kleinen Flugzeug und wählt sich bestimmte Aufblicke auf die Welt, nimmt die Objekte also nicht, wie sie kommen, sondern fotografiert mit Konzept und nach Plan. Auf den so gewonnenen Bildern geht es um mehr als um den Wiedererkennungswert des Dargestellten. Deshalb fordern Leidorfs Bilder zu eindringlicherer Betrachtung auf: Das jeweils Prototypische jedes Motivs soll zu erkennen sein und muß bewertet werden können.

Leidorf ist mehr als Fotograf. Er ist Luftbild-Archäologe. Der studierte Vor- und Frühgeschichtler fotografiert Bodenflächen, die, wenn man genau genug hinsieht, Aufrisse, Schattenbilder sozusagen, von frühgeschichtlichen Ansiedlungen freigeben. Diese vergangene Welt konfrontiert er mit unserer Welt. Er hält fest, was jeder von oben sieht, aber vielleicht nicht adäquat einschätzt, weil sich gewohnheitsmäßig eine Art Abstraktionsfilter zwischen objektive Realitätsbewertung und Wahrnehmungs-Subjektivität schiebt. Die präsentierte Fotoserie Klaus Leidorfs überrascht in vieler Hinsicht. Wenn man die Bilder über bloßes *An*schauen hinaus auch *durch*schaut, dann wandeln sich realistische Szenerien, die im alltäglichen Leben Idyllen sein wollen (und es für deren Benutzer weitgehend auch sind), zu Rastern, die Ordnungen verkörpern, aber auch Enge und Begrenzung bedeuten können. Andere wirken lastend, manche sogar trostlos. Es drängt sich der Eindruck von Uniformität auf, man konstatiert die Neigung zur Gleichmacherei, die der Mensch sich selbst einhandelt, die ihm aber auch aufgenötigt wird – von Zeitgenossen, von gesellschaftlichen Verhältnissen, von der Natur selbst.

Die Reflexion über das Gesehene – und die wird von Leidorfs Bildern als Hauptsache gefordert, das macht sie so wichtig – führt zu übergeordneten Einsichten. Behutsam, aber unaufhaltbar stellt sich die Erkenntnis von Gegenwelt ein, von ihren Wahrheiten und ihren Bedrohungen.

Klaus Leidorf:
Spuren im Feld

38

Hanspeter Krellmann

Auf Zeit oder für die Ewigkeit?

Die Praxis der Auftragsvergabe am Beispiel der Bayerischen Staatsoper

Der menschliche Verstand speist sich aus dem Zusammenwirken von Gedächtnis und Sprache. Das Gedächtnis speichert Erfahrenes; Sprache macht Gespeichertes zugänglich. Die Vergangenheit – und was von ihr bleibt – hängt wesentlich von diesen Faktoren ab. Ihnen zu vertrauen, ist nicht ohne Risiko. Erinnerung kann sich eintrüben; Sprache mit ihrer Neigung zu Ungenauigkeiten bleibt unverläßlich.

Setzt das Gedächtnis aus, bleibt nur Sprache. Sie allein kann nicht aus der Erinnerung schöpfen, tendiert deshalb zur Beliebigkeit bei der Informationswiedergabe, gerät womöglich ins Spekulieren. Zuletzt gleitet sie ab ins Geschwätz. Gottfried Benn hat das radikalironisch diagnostiziert.

Mit dem Gedächtnis, für sich genommen, steht es kaum besser. Es konserviert Vergangenes auf eigene Art, bewahrt das im Augenblick der Sinneswahrnehmung prominent Erscheinende. Gedächtnis kann, physiologisch bedingt, durchlässig werden. Im Extremfall zerfällt es, wenn der zuständige Gehirnabschnitt seine Leistung reduziert. Je nach Verfassung wird es das zu Bewahrende unterschiedlich erinnern. Das Erinnerte droht an objektiver Substanz einzubüßen und erscheint dann mit anderer Akzentuierung. Damit steht Authentizität zur Disposition.

Sprache – wenn sie bemüht wird – verbalisiert das gefilterte Erinnerte und reicht es in einer erneut angeglichenen sprachlichen Version weiter. Statt eines objektivierenden Berichts ergibt sich am Ende eine subjektivistische Einschätzung. Es sei nicht vergessen: Jede Kritik, Kommentierung, Bewertung von Gegenständen oder Vorgängen hängt von diesen Komponenten ab. Jede Erinnerungsarbeit ist mithin heikel, besonders wenn sie Vorgängen gilt, die nur zeitlich begrenzt erhalten bleiben.

Sich solcher Überlegungen zu vergewissern, ist notwendig, wenn es um die Bilanzierung von Ereignissen über lange Zeitdauern hinweg geht. Wenn – wie im folgenden – die Opern-Uraufführungen der Bayerischen Staatsoper aus den letzten zwanzig Jahren das Thema sind, so kann das nur mit Hilfe von Gedächtnis behandelt werden. Dessen Ergebnisse zutreffend zu fassen, schließt sich als weiteres Problem an. (Hilfsmittel, wie es etwa das Video darstellt, können den lebendigen Eindruck von Aufführungen nicht authentisch wiedergeben und sind deshalb allenfalls bedingt geeignet, dem Gedächtnis eine unterstützende Funktion zu bieten.)

*

Die Hamburgische Staatsoper, wie sie sich zu jener Zeit nannte, zehrt bis heute von der Erinnerung an die Ära Rolf Liebermann. Sie hatte die Praxis, Kompositionsaufträge systematisch zu erteilen, strategisch durchgezogen, wurde deshalb international beachtet und in der Welt der Oper gepriesen. Später wurde nach dem ideellen Gewinn dieser Praxis gefragt – was also von den uraufgeführten Werken im einzelnen übrig und verwertbar geblieben sei. (Da hatte Gedächtnisarbeit einzusetzen.)

Solche Fragen waren gefährlich und sind es heute unter dem Druck reduzierter Ökonomien noch mehr. Das öffentliche Interesse ist immer fixiert auf aktuell wirksame, im Augenblick ihres Erscheinens blendende Ergebnisse. Diese Ergebnisse ästimiert die kulturelle Öffentlichkeit und mißversteht sie nicht selten als die einzig ausschlaggebenden. Für den Vorgang im ganzen – also den Sinn oder die Notwendigkeit, Kompositionsaufträge zu vergeben – sind diese Fragen hingegen ungefährlich, weil irrelevant. Denn wie auch immer die gewonnenen Ergebnisse ausfallen – daß zum Beispiel zeitlich weit zurückliegende Werke und die Tradition ihrer Darstellungen unter dem Einfluß neuentstehender Arbeiten in einen veränderten und komplexeren geistigen Zusammenhang treten können – dieser Erkenntniswert wird häufig übersehen. Und das ist nur ein Aspekt von mehreren, die Liebermanns Kulturpolitik im nachhinein rechtfertigen.

In der Bayerischen Staatsoper unterlag die Durchführung von Opern-Uraufführungen mit teilweiser Auftragsvergabe keinem Prinzip, es sei denn dem eher untypischen, daß man sich diese Besonderheit innerhalb der Jahresspielpläne leisten wollte. Das könnte wie so vieles andere im heutigen Opernbetrieb als ein lediglich kostenverschlingendes Luxusverhalten bloßgestellt werden. Nach Honoré de Balzacs Formulierung ist Luxus weniger kostspielig als Eleganz. Luxus erhöht die Lebensqualität, in diesem Fall über die Oper die kulturelle Lebensqualität. Eleganz dagegen bezieht sich auf Oberflächengarnierung, bleibt also entbehrliche Zutat. Dennoch: Der Vorwurf einer scheinbar unnötigen Ausgabenanhäufung wird diskutiert, seit Einsparungsmaßnahmen die Arbeit der deutschen Theater erschweren, sie zum Teil sogar (durch Institutsschließungen) beenden. Hand in Hand damit ergeht für gewöhnlich der mahnende Ruf, das Theater und vor allem die Institution Oper sollten dem Publikum wieder verbindlicher, mit mehr Unterhaltsamkeit beispielsweise, entgegenkommen: Es möge doch bitte alles wieder so sein wie früher!

Niemand leugnet, daß Theater immer auch unterhalten soll – fragt sich nur: auf welche Art. Die Diskussion über dieses rezeptionstechnische Moment ist so ausufernd geführt worden, daß sie hier nicht wieder aufgenommen werden muß. Den Unterhaltungswert eines Kunstwerks, ganz gleich welcher Provenienz, zu konstatieren oder zu leugnen, hat nämlich auch (und mehr als diesem bewußt) mit dem Publikum selbst und mit seiner Rezeptions-Offenheit zu tun. An dieses Faktum wird ungern gerührt. Angesichts sogenannter moderner Kunst wird die Existenz von Unterhaltsamkeit allerdings stets schneller geleugnet als bei Werken aus der Zeit bis Ende des 19. Jahrhunderts, bei denen sich das Publikum nachsichtiger verhält, weil deren Musik angeblich nicht stört. (Was nicht stimmt, weil nur der Gewöhnungseffekt Widerständigkeiten applaniert.) Insofern relativiert sich die Bedeutung einer Pflege moderner Kunst, in unserem Fall der modernen und gegenwartsnahen Oper, weil Unterhaltsamkeit ein Auslegungsproblem und in keinem Fall objektiv meßbar ist.

*

Die Bayerische Staatsoper hat sich seit zwanzig Jahren den lebensnotwendigen Luxus geleistet, um Balzacs Gedanken nochmals aufzugreifen, neunzehn Werke des zeitgenössischen Musiktheaters herauszubrin-

Volker David Kirchner, *Belshazar*. Uraufführung am 25. Januar 1986 im Nationaltheater. Inszenierung: Kurt Horres, Bühne und Kostüme: Andreas Reinhardt

gen (das zwanzigste hat seinen Uraufführungstermin während der Münchner Opern-Festspiele 2003). Die Uraufführungen waren verteilt auf die Spielstätten Nationaltheater, Cuvilliés-Theater und Marstalltheater. Nicht mitgerechnet sind in dieser Aufzählung frei entworfene Produktionen auf schon vorhandene, also nicht eigens für den jeweiligen Zweck komponierte Musik. Viele der neuen Werke waren formalästhetisch der traditionellen Oper verpflichtet und sind vielleicht auch aus diesem Grund von anderen Bühnen nachgespielt worden. Das gilt für Volker David Kirchners *Belshazar* so gut wie für Hans Werner Henzes *Venus und Adonis*.

Andererseits stellen sich viele Fragen in diesem Zusammenhang. Warum, zum Beispiel, wurde Eckehard Mayers Oper *Sansibar* (nach dem Roman *Sansibar oder der letzte Grund* von Alfred Andersch) nach der Uraufführung 1994 übersehen, gerade auch von mittleren Bühnen? Für sie ist dieses ohne großen technischen Aufwand auskommende, musikalisch gut zu bewältigende, zudem chorlose Werk zum Spielen sehr geeignet. Warum wagt sich kein Opernhaus an Hans-Jürgen von Boses *Schlachthof 5* auf ein Libretto des Komponisten nach Kurt Vonneguts dezidiert politisch grundiertem Bewältigungsroman über das in den Untergang gebombte Dresden im Februar 1945?

Boses Oper ist, das sei zugegeben, ein in mancher Hinsicht sperriges, generell anspruchsvolles Werk, vor allem aber eines, das unserer von viel Krieg überzogenen Zeit viel zu erzählen hat und damit bedauerlicherweise aktuell bleibt. (War vielleicht gerade das der Grund für die Zurückhaltung der

Hans-Jürgen von Bose, *Schlachthof 5*. Uraufführung am 1. Juli 1996 im Nationaltheater. Inszenierung: Eike Gramss, Bühne und Kostüme: Gottfried Pilz

Theaterleiter dem Werk gegenüber nach dessen Uraufführung am 1. Juli 1996?) Die Oper ist unkonventionell disponiert, stilistisch nicht eindeutig zu fassen, dabei nicht frei von Komik. Außerdem ist Menschenverachtung und Menschenvernichtung, bei Vonnegut wie bei Bose das übergeordnete Grundmotiv, kein gemütliches Thema für eine Oper. Was aber wäre davon zu halten, sollten das die Gründe sein (also besonders auch inhaltliche), die ihre Aufnahme erschwert, differente Meinungsäußerungen provoziert und dadurch Unsicherheit, Mutlosigkeit und vor allem die Furcht, anzuecken bei wem auch immer, verursacht haben?
Meinungen, sieben Jahre nach der Uraufführung aus dem Gedächtnis heraufgeholt; Fragen, daraus gefolgert und als Schlüsse hingestellt! Ist das falsch erinnert, wird hier auf der Grundlage von Akzentuierungen, die eine subjektive Befindlichkeit verschoben hat, einseitig argumentiert? Gab es in dem Werk Fehler, die sich in der Rückschau abgeschliffen haben und nun zu Unrecht verharmlost werden; verklärt sich womöglich der Eindruck von damals, weil man, als Protokollant gleichsam, zu dicht an der Produktion angesiedelt war? Und versagt vielleicht auch noch die Sprache, weil auch das Gedächtnis versagt und lediglich eine bestimmte Auswahl von Kriterien gespeichert hat?
Man kann nur aus einer Übereinstimmung mit sich selbst derartige subjektive Reminiszenzen in Worte fassen. Und sollte es sich bei *Schlachthof 5* von Hans-Jürgen von Bose um ein im ganzen nicht durchweg stimmiges, sondern nur in Ansätzen überzeugendes Werk handeln, so müßte es die Chance er-

Aribert Reimann, *Lear*. Uraufführung am 9. Juli 1978 im Nationaltheater. Inszenierung und Bühne: Jean-Pierre Ponnelle, Kostüme: Pet Halmen

halten, gerade aus dieser potentiell gegebenen Situation heraus durch weitere Neueinstudierungen die aufgeworfenen Fragen zu beantworten. Es wirkt sich bei neuentstandenen Werken des Musiktheaters, aber nicht nur bei ihnen, von jeher und in den meisten Fällen, zum Nachteil aus, daß ihnen keine Zeit gelassen wird, sich aus sich selbst zu behaupten und damit in ihrer Wirkung zu bestätigen. Stattdessen werden sie – wie sollte das auch anders gehen? – sofort nach der ersten Präsentation mit Prädikaten versehen und in imaginierte Ablagen eingestellt. Niemand kann sich freisprechen, von solchen Vorgehens-Tendenzen unberührt zu sein. Den Werken fügt das in der Regel, weil man sie zu schnell beurteilt beziehungsweise aburteilt, Schaden und Nachteile zu. Von denen erholen sie sich manchmal, etwa wenn überraschende Paradigmenwechsel etabliert werden. Händels gesamtes Opernschaffen und das Spätwerk Schumanns leben von derart parolenmäßig eingeleiteten Anschauungsumschlägen.

Auf solche Entwicklungen ist jedoch kein Verlaß, sie unterliegen dem Zufallsprinzip. Deshalb sind sie auszuschließen, wenn man sich – aus welchem Grund auch immer – übersehenen, vergessenen, gar verurteilten Werken annähert. Es gehört zur Aufgabenstellung im kulturellen Bereich, sich solcher Werke anzunehmen und bei Korrekturen der über sie herrschenden Meinungen helfend tätig zu werden. Das betrifft vorrangig Werke des zeitgenössischen Bereichs; und der Entwicklung im ganzen drohte Stagnation, wenn nicht durch neue, also in Auftrag gegebene Beispiele des Musiktheaters die Betrachtungspalette erweitert werden könnte.

Aribert Reimann, *Troades*. Uraufführung am 7. Juli 1986 im Nationaltheater. Inszenierung und Bühne: Jean-Pierre Ponnelle, Kostüme: Pet Halmen

Ein ähnlicher und nicht restlos geklärter Sachverhalt (wie bei Boses *Schlachthof 5*) liegt vor bei Krzysztof Pendereckis Oper *Ubu Rex*, uraufgeführt am 6. Juli 1991. Sie ist zwar nachgespielt worden, hat aber keine Karriere gemacht im Gegensatz zu den meisten Kompositionen des Polen. In dieser Oper für München spielt Humor, wie aus der Libretto-Entlehnung aus Alfred Jarrys *Ubu roi* sichtbar ist, die dominante Rolle – ein Humor der besonderen Sorte, aus Unsinn Sinn schöpfend und zur absichtsvollen Überzeichnung neigend, was den Deutschen nie sonderlich nahestand. Penderecki reagierte naiv-absichtsvoll auf den Text. Das bedeutete, daß seine Musik sich auf einfache Eindrücke und in der kompositorischen Arbeit auf viel Liedmäßiges einließ, dessen Verbindlichkeit eine Art positiven Schock auslöste: Man reagierte gekränkt und lehnte ab. Man vermutete wohl, der Komponist könnte beabsichtigt haben, auf eine potentielle Komplizenschaft der jeweiligen Zuhörer mit Ubu und seinen Verhältnissen anspielen zu wollen. Diese Ironie jedoch kam so nicht an. *Sansibar* und *Schlachthof 5* entstanden auf Libretti nach literarischen Vorlagen, in diesen Fällen auf Romane. Auf freie, nur nach Ideenvorlagen entstandene Libretti komponierten dagegen Volker Heyn *Geisterbahn* (Mai 1990), Hans-Joachim Hespos *augen der wörter* (April 1992), Hans Werner Henze *Venus und Adonis* (Januar 1997), und auch Jörg Widmanns Oper *Das Gesicht im Spiegel* (Juli 2003) folgt einem freien Zeitthema, über das Roland Schimmelpfennig ein eigenständiges Libretto geschrieben hat. Unverändert ist dagegen die traditionelle Grundneigung der heute aktiven älteren wie jüngeren Komponisten, Schauspiele als Basis zu nehmen und meist sogar bekannte Texte aus dem Theaterrepertoire auszuwählen, die lediglich kompositionstechnischen Bedingungen angepaßt werden. Dies traf zu für Pendereckis *Ubu Rex*, und es betrifft zwei andere Komponisten, die – der eine wiederholt, der andere zweimal – eine Art Aufführungstradition an der Bayerischen Staatsoper begründet haben: Aribert Reimann und Manfred Trojahn. Trojahn entschied sich bei seiner dramatischen Komödie *Enrico* (April 1991) für Luigi Pirandellos Theaterstück *Enrico IV* als Vorlage und griff beim zweiten Mal zu Shakespeares *Was ihr wollt*, dessen tradierten deutschsprachigen Titel er ohne Änderung für seine vierakige Oper (Mai 1998) übernahm. Trojahns Bekenntnis zur Literaturoper in anspruchsvoller musikalischer Einkleidung ohne die geringste modische Abflachung in postmoderne Untiefen, aber unter bewußtem Einschluß psychologischer Affekte, die beide Stücke dank der klanglichen Einkleidung unserer Gegenwart nahebringen – dieses klare Bekenntnis zur Literaturoper teilt mit Trojahn Aribert Reimann.

Aber bei beiden, bei Reimann fallweise wohl noch gesteigerter als bei Trojahn, bezeichnet der Begriff Literaturoper allenfalls die seit alters her gewohnte Verklammerung von Musik mit dem literarischen Vorwurf, hingegen nicht das künstlerische Ergebnis am Ende. Sicher spielte bei Reimanns Griff zu Shakespeares *Lear* (1978 in München uraufgeführt, also vor der hier zugrundegelegten Zeitspanne von zwei Jahrzehnten zwischen 1983 und 2003) eine zwischen Begehrlichkeit und Herausforderung schwankende Entschlossenheit eine Rolle. Waren doch einige, an der Spitze Verdi, an diesem Shakespeare gescheitert. Reimann gelang dagegen mit ihm der große Wurf und ein Publikumserfolg – in München und andernorts international –, der ihn künftig ans Haus Bayerische Staatsoper band.

Reimann ist nach dieser – seiner dritten – Oper der eingeschlagenen Linie, auf im ganzen bekannte Theaterstücke als Kompositionsvorlagen zu setzen, treugeblieben. München erteilte ihm zwei weitere Aufträge, und Reimann entschied sich wieder für Theaterstücke: bei *Troades* (uraufgeführt 1986) für die *Troerinnen* von Euripides/Werfel, bei *Bernarda Albas Haus* (uraufgeführt 2000) für Lorcas gleichnamiges Schauspiel. Reimann hat – natürlicherweise – nie wortgetreu die Textvorlagen, aber um so entschiedener deren Kern komponiert. Der internationale Erfolg des *Lear* wiederholte sich bei *Troades* nicht. Ungerechterweise nicht, ist hinzuzufügen, um sich diesen Schluß nach persönlicher Gedächtnisarbeit zu gestatten. Eine Erklärung dafür mag sein, daß die eindringliche Darlegung personaler Konstellationen in *Lear* in den *Troades* präzisiert erschien: durch eine übergreifend objektivierte Anklage gegen Krieg – mit voraufgegangener Verachtung fernerstehender Menschen, Menschen die anders sind, und deren, aus diesem Grund, blutgetränkter Demütigung danach.

Die Vorgänge um König Lear und seine Töchter kann man von einem sicheren Standort aus, von außen sozusagen, besichtigen; die Menschheitstragödie in den *Troades* dagegen, obwohl an Einzelschicksalen festgemacht, gilt für alle Zeitalter gleichermaßen, macht betroffen, weil sie jeden einzelnen potentiell betrifft. Und es war Reimann gelungen, diesen Unterschied musikalisch eindeutig zu reflektieren. Das drohende Sturmunwetter im *Lear* mit dem ausgesetzten Kö-

Aribert Reimann, *Bernarda Albas Haus*. Uraufführung am 30. Oktober 2000 im Nationaltheater. Inszenierung: Harry Kupfer, Bühne: Frank Philipp Schlößmann, Kostüme: Klaus Bruns

nig auf der Heide, als Modellerscheinung quasi, erschien in den *Troades* nach innen genommen: Die musikalische Figurik nahm hier die Funktion psychischer Befindlichkeitsdarstellungen ein, die Musik kam der Qualität von Psychogrammen sehr nahe.

Diese Intention konnte Aribert Reimann in *Bernarda Albas Haus* noch steigern und vertiefen. Die Tragödie einer hermetischen Frauengesellschaft, zudem eines Familienverbandes aus drei Generationen ohne Männer – Großmutter, Mutter, Töchter – könnte als eine grauenerregende Negativ-Idylle verstanden, in Wirklichkeit mißverstanden werden. Reimanns Musik läßt eine solch verengte Rezeption vom ersten Takt der Oper an nicht zu. Seine klanglichen Formeln und Modelle – das bezieht sich auf die Anwendung kompositorischer Handwerklichkeit wie Figurenentwicklung und -führung; die Registerhöhe und das Tempo ihrer Wiedergabe; die Klangfarben des Gesangs in verschiedenen Lagen; die entschiedene, betont unkonventionelle Auswahl des Instrumentalapparats; die extreme Gegensätzlichkeit in den Lagen von Stimme und Instrument im Zusammenklingen – dies, zum einfacheren Verständnis als Formeln und Modelle bezeichnet, räumte Reimann die Möglichkeit ein, Figuren auf der Szene nach herrschendem Theaterverständnis Auftritte zu verschaffen und dadurch ihren je individuellen Charakter abzubilden, sie dann aber unmißverständlich darüberhinauszuführen und ihr Persönliches ins allgemein Gesellschaftliche mutieren zu lassen. Diese Dimension des Allgemeinzuständigen, Allgemeinbetreffenden, wohlgemerkt durch Musik, ins Bewußtsein zu bringen, klingt so einfach wie legitim. Es ist jedoch keineswegs selbstverständlich, das über ein weiten Publikumskreisen vertrautes Theaterpersonal anzugehen und vor allem so zu bewältigen, daß nichts weniger als eine übergeordnete Allgemeingültigkeit sich einstellt, die Betroffenheit auslöst in dem Sinne, daß jeder einzelne sich angesprochen, ja betroffen fühlt.

Die Praxis der Auftragsvergabe, mit nur wenigen Strichen am Beispiel der Bayerischen Staatsoper über einen bestimmten Zeitraum nachgezeichnet, kann über den Ruf eines Operninstituts durchaus Charakteristisches aussagen. Einem solchen Kulturauftrag – als ein solcher ist die Praxis zu verstehen – können kleinere Häuser verständlicherweise kaum mit dieser in München eingehaltenen Konsequenz nachkommen. Daß er wichtig ist, sollte von niemandem, der auf Seriosität hält, ernsthaft bestritten werden können. Eine Bilanzierung im einzelnen, wie eingangs angedeutet, bleibt heikel. Aber es geht sowieso mehr ums Ganze und Grundsätzliche, nämlich darum, die Leistung der Komponisten nicht nur zu würdigen, sondern aufzuzeigen, was an ihrer Leistung für die Öffentlichkeit wichtig ist, selbst wenn die Öffentlichkeit nur teilweise davon Kenntnis nehmen will.

Hans Werner Henze hat es, scheinbar überspitzt, zum Ausdruck gebracht: »Kunst ist in der Welt der Verfolgten zu Hause: bei Menschen, denen Gefühle und Besonderheiten zu eigen sind, die der Majorität, den sogenannten Normalen, für immer verschlossen bleiben.« Die Künste, unter ihnen besonders die Musik und das Musiktheater, blieben aus der anthropologischen Zukunftsplanung auf Dauer ausgeschlossen, wenn sie, ohne sich und ihren Anspruch darüber aufzugeben, nicht beharrlich daran arbeiten würden, den Kreis der von Henze so genannten Normalen zu verringern und diese in den Stand von selbstbestimmten und selbstverantwortlichen Individuen zu versetzen. Die heutige Opernkultur ist besonders gefordert, das kritische, das heißt: das unterscheidende Verständnis der großen, anonymen Masse zu schulen und in den Kreis der Verfolgten, wie Henze sie nennt, zu integrieren.

Erinnerungsarbeit, zusammengebracht aus Gedächtnisleistung und einer auf sie angemessen reagierenden Sprache, bietet die wahrscheinlich entscheidende Möglichkeit, aus Erfahrungen mit der Vergangenheit Zukünftiges entschlossen in den Blick zu nehmen. Nach Ergebnissen ausdauernd und geduldig zu streben, dürfte wichtiger sein, als auf Ergebnisse, über deren Konkretum Unsicherheit besteht, zu warten. Das einzig erfolgversprechende Rezept bleibt Arbeit an und mit der Oper in die Zukunft hinein. Oder wie Peter Jonas es formuliert hat: »Die Herausforderung für das Musiktheater im 21. Jahrhundert wird sein, eine dramaturgische und musikalische Sprache zu finden, die von einer künftigen Gesellschaft für bedeutsam gehalten, von ihr verstanden sowie mit Herz und Verstand aufgenommen wird.«

Klaus Leidorf:
Besucher

Hella Bartnig

Von der Fähigkeit zu trauern

Händels Oper *Rodelinda* – Gedanken über den Wert von Empfindsamkeit

An der Londoner Royal Academy of Music, wo Händels Oper *Rodelinda* 1725 uraufgeführt worden war, stellten titeltragende Opernheldinnen eher eine Rarität dar. Das Repertoire, das fast ausschließlich aus historischen Opernstoffen bestand, wurde von männlichen Geschichtsgrößen wie Xerxes, Julius Cäsar, Ariodante oder Rinaldo angeführt. Anders als in Wien, wo selbst der berühmte Pietro Metastasio dem Namenstag Kaiser Karls VI. oder dem Geburtstag der Kaiserin Elisabeth Christina durch die Wahl eines Titelhelden beziehungsweise einer -heldin in seinen Dramen Rechnung zu tragen hatte, interessierte sich das unternehmerisch orientierte Londoner Operndirektorium stärker dafür, welcher Stoff populär und daher erfolgversprechend war und durch wen er neu bearbeitet werden sollte.

Wer oder was 1724 den Ausschlag gegeben hatte, das 1710 entstandene »dramma per musica« *Rodelinda, Regina de' Longobardi* des Italieners Antonio Salvi (1664–1724) zu favorisieren, ist nicht bekannt. Der geschichtliche Ruf dieser Dame war eher unbedeutend. In der *Historia langobardum (Geschichte der Langobarden)* des Paulus Diaconus (ca. 740 – ca. 798) hatte sie als Gemahlin des Langobardenführers Perctarit nur am Rande Erwähnung gefunden. Literarisch war der Stoff mehrfach überliefert worden, darunter durch Pierre Corneille, auf dessen 1651/52 entstandener »tragédie« *Pertha-rite, roi des Lombards* Salvis Libretto basierte. Wenn Händels Textdichter Nicola Francesco Haym in seinem Dedikationsschreiben an den Earl of Essex für »il nuovo drama di Rodelinda« warb, so deutet das darauf hin, daß der Stoff in England bekannt war. Mit der Betonung auf »nuovo drama« ließe sich Hayms Hinweis aber auch als eine Hervorhebung lesen, die eine qualitative Besonderheit der neuen Oper impliziert.

Schon der literarisch ambitionierte Paulus Diaconus hatte über seine Chronistenpflicht hinaus seine Sympathie mit dem langobardischen Königspaar erkennen lassen. Sein Bericht über Perctarits Entmachtung durch den Herzog Grimoald von Benevent und die Verbannung seiner Frau und seines Sohns nach Süditalien endet mit der Beschreibung, wie Perctarit nach dem Tod Grimoalds aus seinem Exil in Gallien und Britannien nach Pavia zurückkehrte, seine Gattin und seinen Sohn zu sich kommen ließ und weitere sechzehn Jahre als »ein frommer Mann und gläubiger Katholik, auf Gerechtigkeit bedacht und ein überaus großzügiger Unterstützer der Armen« regierte. Noch mehr Anteilnahme erzeugte Corneille, indem er für seine »tragédie« die Einkerkerung und Befreiung des Langobardenkönigs hinzudichtete und den verräterischen Garipald erfand, dessen Eliminierung Pertharites Wohltaten noch vermehrten. Doch Corneilles Stück hatte keinen Erfolg. Nach nur zwei Aufführungen im Pariser Hôtel de Bourgogne wurde es abgesetzt, was Corneille so tief traf, daß er sich danach für sieben Jahre vom Theater zurückzog und in dieser Zeit kein Bühnenwerk mehr schrieb. Er hatte die historische Stimmungslage verkannt. Für die immer mächtiger werdende Fronde, die Oppositionsbewegung des französischen Hochadels, konnte ein König kein Vorbild sein, der, seiner Macht beraubt, seinem Gegner alle Rechte abtrat, nur um seine gefangengehaltene Frau zurückzugewinnen. Die Tugenden eines guten Ehegatten waren »peu à la mode«, resümierte Corneille 1663 in dem bitteren Gefühl, daß er selbst inzwischen zu alt war, um »encore à la mode« zu sein.

Anders standen die Chancen auf der Opernbühne. Der Stoff paßte in die historisch-heroische Richtung von Opernlibretti, wie sie nach den Reformbestrebungen des frühen 18. Jahrhunderts in ganz Europa verbreitet waren. Ungeachtet der konkreten sozialen oder politischen Konstellation sollten diese Stücke vor allem eines wirkungsvoll demonstrieren: den Triumph des Guten über das Böse, wie er durch Ehrbarkeit und Tugend erreicht wurde. Die Geschichte Pertharites und Rodélindes war dafür wie geschaffen. Als sich Antonio Salvi das Stück vornahm, behob er nicht nur Corneilles dramaturgischen Fehler, den Langobardenfürsten erst im dritten Akt eingeführt zu haben, sondern er rückte auch das weibliche Pendant Rodelinda aus der Peripherie in das Zentrum der Handlung und erkor sie sogar zur Titelfigur. So verlagerte sich die Aufmerksamkeit von dem Staatsrepräsentanten auf dessen Gemahlin und damit auf die privaten Konsequenzen des Geschehens. Diese wiederum waren nicht ohne soziale Relevanz. Händels Bearbeitung folgte dieser Intention. Seine Rodelinda wurde von späteren Generationen sogar so idealisiert, daß sie in den Ruf kam, eine barocke Vorläuferin der Beethovenschen Leonore zu sein.

Gefühlvoll weiblich läßt Händel seine Heldin in das Geschehen eintreten. »Man sieht Rodelinda sitzen, weinend«, lautet die Szenenanweisung zu dem Lamento »Ho perduto il caro sposo« – »Ach, verloren hab' ich den Gatten« (1. Akt, Nr. 1), das Rodelinda in Trauer über den Verlust ihres Gatten anstimmt. Ihm folgt nach einem kurzen Dialog die emphatische Arie »L'empio rigor del fato« – »Feindlich sind mir die Götter« (1. Akt, Nr. 2) als Antwort auf Grimoaldos unangemessenes Heiratsangebot. Händel schuf damit eine typische Doppeldisposition für seine Heldin, die gefühlvoll und, ihrem Stand entsprechend, zugleich resolut und unbeugsam handelt. Dennoch hinterließ das Entrée einen prägenden Eindruck nicht zuletzt dadurch, daß bei der Uraufführung Francesca Cuzzoni die Titelpartie verkörperte. Sie war berühmt für die eindringliche Gestaltung von Gesängen der Klage und Trauer, was der weitgereiste Musikhistoriker und -publizist Charles Burney (1726–1814) bezeugte: »Die Cuzzoni erlangte großes Ansehen für die zartfühlende und schwermütige Art, in welcher sie diese Arie ausführte.«

Rodelinda wurde demnach deutlich als empfindsamer Charakter eingeführt. Händel hatte noch vor der Uraufführung entschieden, den Mittelteil ihrer Eingangsarie zu streichen. Damit verzichtete er nicht nur auf die gewohnte Dreiteiligkeit mit einem kontrastierenden B-Teil, sondern er vernachlässigte auch ein wichtiges dramaturgisches Motiv: Rodelindas Besinnung auf ihren Sohn Flavio. Übrig blieb der Gesang einer ganz auf sich selbst bezogenen, einsam Trauernden. Ihm fehlte die Tragik jener Doppelverantwortung, die Rodelinda als Heldin der

Georg Friedrich Händel. Gemälde von Balthasar Denner, um 1727

französischen »tragédie« auszutragen hatte. In Corneilles Drama erkennt Rodélinde klar, daß sie durch eine Heirat Grimoalds Alleinherrschaftsanspruch über das einst unter Pertharite und seinem Bruder aufgeteilte Königreich der Lombarden legitimieren und den eigenen Sohn um dessen väterliches Erbe bringen würde. Sie fürchtet sogar um das Leben ihres Erstgeborenen, der als Erbfolger des gesamten Reiches nicht erwünscht sein konnte. Sie verweigert sich dem Usurpator also nicht nur um ihrer Ehre willen, sondern auch in Sorge um die Zukunft ihre Sohnes. Für die Oper waren derlei dynastische Erwägungen unwesentlich. Hier entschied oft schon der Auftakt, ob sich das Publikum für das Werk begeistern konnte. Deshalb kam es darauf an, immer wieder neue Varianten zu erfinden. Nach dem Jubelchor in *Giulio Cesare in Egitto* und der herben Anklage eines Regimegegners in *Tamerlano* hatte Händel diesmal den Affekt der Trauer als Initial seiner *Rodelinda* gewählt. Zu ihm kehrte er in Rodelindas dritter Arie, »Ombre, piante, urne funeste« – »Schatten, Gräber, schweigsame Bäume« (1. Akt, Nr. 8), zurück in Relativierung des Hasses, den seine Heldin ihren Kontrahenten entgegenbringt.

Unter diesem Vorzeichen wirkt auch Rodelindas Forderung, Grimoaldo nur unter der Bedingung zu heiraten, daß er ihren Sohn töte, wie eine ultima ratio. Dabei ist es auch eine politische Provokation, weil der Herrscher durch eine solche Tat sein Ansehen verlieren würde. Der Erfolg dieses riskanten Coups ist, daß Grimoaldos Leidenschaft noch stärker auflodert. Die Heftigkeit der Liebe, der barocke Opernhelden oft wehrlos ausgeliefert sind, trifft hier den feindlichen Gegenspieler und wird ihn bis an den Rand der Selbstaufgabe treiben. Rodelindas Liebe ist konstant und gilt allein Bertarido. Auch er liebt Rodelinda, doch er schwankt zwischen Sehnsucht und Verzweiflung. Das Motiv seiner Rückkehr, Rodelinda und seinen Sohn zu befreien, damit sie sein Los in der Verbannung mit ihm teilen, wird erst im zweiten Akt in dem Dialog mit seiner Schwester ausgesprochen. In einer späteren Textpassage, die nicht vertont wurde, rät er Rodelinda sogar zur Heirat mit Grimoaldo, damit sie die Königswürde zurückerlangt. Der Schauplatz seines Auftritts ist ein Zypressenhain, seit der Antike ein Ort der Trauer. In der Abgelegenheit dieses Ortes kann der für tot gehaltene König sicher sein, nicht entdeckt zu werden. Hier kann er sich aber auch ungestört seinen Gefühlen hingeben.

Seit man in England im 17. Jahrhundert damit begonnen hatte, die Toten anstatt in Tabernakeln unter freiem Himmel auf dem Kirchhof zu bestatten, war ein wahrer Friedhofskult aufgekommen. In romantischen Elegien besangen die Dichter die Ruhe und besänftigende Stille dieses Ortes. Bertarido findet hier sein eigenes Grabmal. Auf dem Barock-Theater, wo der Friedhof eher ein Schauplatz des Grauens war, hätte ihn diese Entdeckung mit Entsetzen erfüllen müssen. Nicht so bei Händel: Im Accompagnato seines Auftritts zitiert Bertarido, nur vom Continuo begleitet, die Inschrift seines Grabmals: »Bertarido war König hier; er floh von Grimoaldo besiegt, starb dann im Hunnenland. Seiner Seele sei Ruhe und Friede seiner Asche.« Es folgt ein kurzer Moment der Verzweiflung, bevor sich Bertarido ganz seiner Empfindung hingibt: Am Ort des Todes bricht das Gefühl der sehnsuchtsvollen Liebe durch. Bertarido singt das berühmte »Dove sei amato bene« – »Wo weilst du, Geliebte?« (1. Akt, Nr. 7), eine Arie voll von dem sehnsuchtsvollen Verlangen, in den Armen der Geliebten getröstet zu werden.

Auch Bertarido ist ein empfindsamer Liebender, dem die Gattin mehr bedeutet als die Krone. Dieses Verhalten galt nicht als schwach oder unmännlich. Unter dem Einfluß des Sentimentalismus, der sich in der englischen Literatur und auf den bürgerlichen Schauspielbühnen ausgebreitet hatte, waren Gefühl, Tränen und die Moral des Herzens die Eigenschaften, an denen sich ein Mentalitätswandel erkennen ließ. Die englische Reiseschriftstellerin Lady Mary Wortley Montagu bemerkte bei einem Vergleich von englischer und französischer Dramenkunst, daß es »unendlich bewegender« sei, »einen Mann unglücklich zu sehen, als ihn sagen zu hören, er sei es«. Der »man of feeling« war der neue Idealtypus, dem die englischen Literaten seit Shaftesbury und Hobbes huldigten.

Händels trauriger König Bertarido war nicht weit entfernt davon. Zwar reagiert er mit heftiger Eifersucht (»Confusa si miri l'infida consorte« – »Erschreckt soll man sehen die treulose Gattin«, 1. Akt, Nr. 14) auf die fälschlich vermutete Treulosigkeit Rodelindas, aber er zieht keine Konsequenzen und gibt sich wieder nur dem Gefühl des Schmerzes hin. Einsam und entrückt klagt er in seiner pastoralen dritten Arie »Con rauco mormorio« – »Mit leis gedämpftem Murmeln« (2. Akt, Nr. 20) den Naturerscheinungen sein Leid. Selbst als sein Vertrauter Unulfo die Treue Rodelindas bezeugt und seine Schwester Eduige ihn an seine Pflicht, die Gattin und den Sohn zu befreien, erinnert, drängt es ihn nicht zum Aufbruch. Er schickt Unulfo voraus, um Rodelinda von seiner Rückkehr zu berichten.

Bertarido bleibt zurück und bekräftigt in der Gleichnisarie »Scacciata dal suo nido« – »Verjagt aus seinem Neste« (2. Akt, Nr. 21), daß ihn nur die Rückgewinnung des privaten Glücks noch interessiert. Mit dieser Arie und Rodelindas folgendem G-Dur-Siziliano »Ritorna, o caro« – »So komm zurück, o liebster Schatz« (2. Akt, Nr. 22) zögert Händel die Wiederbegegnung der Liebenden hinaus. Als Bertarido seiner Gattin endlich gegenübersteht, verhindert sein Schuldgefühl, sie der Untreue verdächtigt zu haben, das ungetrübte Wiedersehen. Kurz ist der Augenblick des Glücks, denn beide werden von Grimoaldo überrascht. Das folgende Duett »Io t'abbraccio« – »Ich umarm' dich« (2. Akt, Nr. 24), das an das Duett Sesto-Cornelia am Schluß des ersten Aktes von *Giulio Cesare in Egitto* erinnert, ist eine ergreifende Abschiedsszene. Das Geschehen hat hier den Tiefpunkt erreicht, an dem alles verloren scheint.

Trauer und Leid als die bisher hervorstechenden Affekte beherrschen auch die Kerkerszene im dritten Akt. Sie beginnt mit dem Arioso »Chi di voi fu più infedele« – »Wer von euch war ungetreuer« (3. Akt, Nr. 28) des nunmehr gefangenen Bertarido. Als Ausdruck der Hoffnungslosigkeit rücken weit ausgreifende Modulationen den harmonischen Zielpunkt der Phrasen immer wieder hinaus, bis der ariose Fluß durch einen szenischen Impuls unterbrochen wird. Eduige wirft ein Schwert in den Kerker, das den Helden aus seiner Lethargie reißt. Im folgenden erregten Accompagnato zeigt Bertarido zum ersten Mal Entschlossenheit: Mit dem Schwert will er dem vermeintlichen Henker entgegentreten. Doch der Schlag trifft prompt den Falschen. In der Dunkelheit des Kerkers erkennt Bertarido nicht, daß Unulfo gekommen ist, um ihn hinauszuführen. Er verletzt den Freund mit seinem Schwert und stürzt dadurch wieder in tiefe Depression.

Händel gestaltet diese Szene als stark handlungsbezogenes Accompagnato-Rezitativ. Dramaturgisch dient sie dazu, Rodelinda durch die Entdeckung des blutbefleckten Mantels glauben zu lassen, Bertarido sei bereits gerichtet. »Se'l mio duol non è sì forte« – »Fehlt es meinem Schmerz an Kraft« (3. Akt, Nr. 30) ist Rodelindas dritter und letzter Klagegesang. Sein pathetischer Ton wurde offenbar schon von den Zeitgenossen als überholt empfunden, was Charles Burney mit seiner Bemerkung, diese Arie könne niemals »old-fashioned« sein, solange dafür eine gute Sängerin und eine gutes Orchester gefunden würden, indirekt bestätigte. Bei der Wiederaufnahme der *Rodelinda* im Mai 1731 ersetzte Händel diese Arie durch das weit weniger heroische Stück »Ahi perchè« – »Ach, warum« und stärkte damit den sentimentalen Charakterzug Rodelindas. Spätestens dadurch entzieht sie sich dem Vergleich mit Beethovens Leonore. Nicht sie, sondern die Nebenfigur Eduige initiiert Bertaridos Befreiung. Das Fidelio-Pathos des »Wer du auch seist, ich will dich retten« ist ihr fremd. Stattdessen trägt ihr Verhalten Spuren eines Mentalitätswechsels, der neben seiner ästhetischen Ausprägung auch ein gesellschaftliches Phänomen war. Rodelinda steigert sich zur empfindsamen, mitfühlenden Heldin und verkörpert damit eine Fähigkeit zu trauern, die nicht nur von den Romantikern vereinnahmt wurde.

Im gesellschaftlichen Umbruchprozeß des 17. und 18. Jahrhunderts galt es, die sozialen Veränderungen und Verwerfungen auch mental zu kompensieren. Die soziale Neuordnung verlief nicht ohne Identitätskrisen und Gewissenskonflikte, deren Bewältigung durch kollektive Trauerarbeit gefördert wurde. In Händels *Rodelinda* findet dieser Prozeß eine Entsprechung. Die Konsequenz, mit der er das Thema der Gattenliebe auf der Basis von Mitgefühl und Trauer entwickelt, entkräftete alle üblichen Verwicklungstaktiken der barocken Opernform. Die intriganten Fähigkeiten des Schurken Garibaldo reichen nur so weit, Eduiges Haß auf Grimoaldo auszunutzen, um sie selbst und damit ihren Anteil an der Krone zu gewinnen. Doch Eduige vergißt beim ersten Wiedersehen mit dem Bruder sofort alle eigenen egoistischen Interessen. Und auch Grimoaldo ist keine Tyrannenfigur, die durch Grausamkeit und Ranküne das Geschehen auf die Spitze treibt. Er wirbt erst um Rodelinda, seit bekannt wurde, daß Bertarido tot ist. Er droht auch nicht wie in Corneilles Tragödie, ihren Sohn zu ermorden. In der Oper ist es Garibaldo, der versucht, Rodelinda auf diese Weise gefügig zu machen. Ihr Widerstand allerdings reizt Grimoaldo. Das macht ihn unberechenbar und zur Gefahr für Bertarido und Rodelinda.

1920 setzte mit der Aufführung der *Rodelinda* in der Bearbeitung von Oskar Hagen die Göttinger Händel-Renaissance ein. »*Rodelinda* wurde gewählt, weil das Textbuch dieser Oper sich durch seine einfache klare Struktur und die menschlich ergreifende Ausgestaltung des Motivs der belohnten Gattentreue einer edlen Frau vor allen anderen besonders auszeichnet«, schrieb Hagen über diesen Auftakt. Man urteilte nach Kriterien des romantischen Ideen- und Musikdramas und verkannte damit das Stück. *Rodelinda* widersprach keineswegs dem Repräsentationsprinzip der Barockoper. Auch in dieser Oper ging es darum, feudale Herrschaftsverhältnisse zu legitimieren. Bertaridos Verhalten, die politischen Interessen der Liebe unterzuordnen, wird als positiv bewertet und belohnt. Doch vertrug sich dieses Verhalten auch mit der Aufgabe zu regieren?

Wir wissen nicht, ob Händel dies als eine Diskrepanz empfunden hat. Bekannt ist allerdings, daß er an der letzten Arie des Bertarido länger experimentierte. Die erste Variante, der elegische Liebesgesang »Verrete a consolarmi« – »Nun werdet ihr mich zu trösten kommen«, blieb unveröffentlicht. Für die Uraufführung komponierte er die Gleichnisarie »Se fiera belva« – »Ein stolzes Raubtier« (3. Akt, Nr. 31). In ihr vergleicht sich Bertarido mit einem wilden Tier, das gefangen war und nach wiedererlangter Freiheit nicht mehr zu zähmen ist. Er findet zurück zu Selbstsicherheit und Heroentum. Für die Wiederaufnahme der Oper 1725 besann sich Händel noch einmal anders und komponierte die den triumphalen Gestus auskostende Arie »Vivi, tiranno« – »Lebe, Tyrann«. Hier kündet schon die Fanfarenmelodik des Instrumentalvorspiels von der Königswürde, die Bertarido zurückerlangt hat. Daß er Grimoaldo vor dem Schurken Garibaldo rettet, war der ersichtliche Beweis seiner Legitimation. Er entscheidet in einem Akt der Gnade und Mildtätigkeit, Grimoaldo zu verschonen, was diesen moralisch dazu zwingt, auf seinen Machtanspruch zu verzichten. Grimoaldo begnügt sich damit, durch die Heirat mit Eduige die Regentschaft über Pavia zugesprochen zu bekommen.

Damit ist nicht nur die Konstellation für ein Lieto fine, also ein glückliches Ende, erreicht. Diese Lösung entspricht auch dem sozialen Balanceakt, der notwendig ist, um stabile Machtverhältnisse zu erreichen. Die Garanten dieser Stabilität sind in Händels Opern noch immer die fürstlichen Potentaten, deren Herrschaftsanspruch unbestritten bleibt, obwohl – oder im Fall von *Rodelinda* richtiger: weil ihre Empfindsamkeit gegenüber den heroischen Tugenden überwiegt. Als Gewähr dieser Stabilität einen weiblichen Exponenten zu wählen, war ein Novum in Händels Werk-Serie für die Londoner Royal Academy.

Die Rolle der weiblichen Heldin aus heutiger Sicht zu definieren und damit die Frage zu beantworten, ob Empfindsamkeit noch als gesellschaftliches Kapital angesehen werden kann, ist eine Aufgabe, die sich mit jeder neuen Interpretation der *Rodelinda* stellt.

Klaus Leidorf: Winter

Dieter Rexroth

Lichtgestalt der jungen Szene

Ein Portrait des Komponisten Jörg Widmann

»Ich weiß, daß ich nicht ohne das eine von beiden leben kann.« Dieses Bekenntnis von Jörg Widmann bezieht sich auf sein doppeltes Rollenspiel als Komponist und als praktizierender Klarinettist. Es meint allerdings nicht nur ein äußeres Verhältnis, sondern vielmehr eine innere Beziehung, in dem Sinne nämlich, daß das kompositorische Denken eine entscheidende Voraussetzung hat in den substanziellen Erfahrungen als Instrumentalist und Interpret. Und umgekehrt werden sicher die kompositorischen Erfahrungen, die zunächst einmal auf Erkundungen und Entdeckungen beruhen, nicht ohne Einfluß sein auf die interpretatorischen Auseinandersetzungen mit anderen, mit fremden Werken und dabei auch klassischen Kompositionen. Dieses hier angesprochene Thema erscheint deshalb so wichtig und vielleicht auch, perspektivisch auf die Zukunft bezogen, von einiger Bedeutsamkeit, weil Jörg Widmann in dieser Doppelrolle, historisch gesehen, fast so etwas wie einen wieder neuen Typus darstellt. Von ganz wenigen Ausnahmen wie Olivier Messiaen und Heinz Holliger abgesehen, kennt die Musikgeschichte der zweiten Hälfte des 20. Jahrhunderts dieses doppelte, in sich verschränkte Rollenspiel als Komponist und ausübender Interpret so gut wie nicht. Sie kennt allerdings häufiger die Verknüpfung von Komponist und Dirigent. Doch diese Verbindung scheint anderen Konditionen und Bedürfnissen entsprungen.

Nun sollte allerdings bedacht sein, daß Jörg Widmann nicht einfach Klarinettist ist, der dem daran geknüpften Geschäft in einem gewissen Umfang nachgeht. Widmann als Klarinettist verkörpert eine künstlerische Professionalität höchsten Grades. Er ist ein exzeptioneller Künstler der Klarinette. Sein Interpretentum repräsentiert ein Ausnahmeniveau, das er in unser öffentliches Musikleben mit höchster Verantwortung und Engagement einbringt. Ihn beispielsweise mit Mozarts Klarinettenquintett oder Klarinettenkonzert zu erleben, gehört zum Schönsten und zugleich Aufregendsten, um nicht zu sagen: zum Schockierendsten, da der Interpret hier den Hörer teilnehmen läßt an Erkundungen, die nicht Vollkommenheit und Schönheit plakativ ausstellen, sondern, immer tiefer lotend und Melancholie anhäufend, in ein geradezu unergründliches Geheimnis hineinführen, dessen Erleben den Hörer in seltsam erfüllter Ratlosigkeit zurückläßt. Wer Jörg Widmann erlebt hat, wie er in atemberaubender Eindringlichkeit Wolfgang Rihms für ihn komponierte Musik für Klarinette und Orchester *Über die Linie II* interpretiert, der erhält eine Vorstellung, welch existenzielle Dimension Musik innewohnen und welchen Wahrnehmungs- und Erfahrungsraum und -horizont sie aufschließen und zugänglich machen kann.

Die interpretatorische Kunst Jörg Widmanns ist vor dem Hintergrund unseres heutigen

Jörg Widmann, 2003

Musikbetriebs ein gar nicht hoch genug einzuschätzender Gewinn; und es wäre zu wünschen, daß er als Hochschullehrer – seit knapp zwei Jahren ist er Professor für Klarinette an der Freiburger Musikhochschule – möglichst vielen jungen Musikern etwas von seinen Erfahrungen vermitteln und weitergeben kann.

Doch damit ist Widmanns Aktivitätsspektrum noch nicht in seinem ganzen Umfang festgehalten. Er ist Gründungsmitglied des Ensembles Triolog, das sich der besonderen Pflege der Musik des 20. Jahrhunderts und unserer Zeit widmet; und er sucht die Zusammenarbeit mit gleichgesinnten Partnern, um der Musikszene neue Wege zu öffnen und Perspektiven zu geben. Er hält Vorträge, seit 1993 zum Beispiel an der Royal Academy of Music in London, gibt Kurse und ist inzwischen bei allen Festivals, die sich zeitgenössischer Musik und Kunst widmen, ein vielbegehrter und heftig umworbener Künstler. Seinen Weg säumen seit einigen Jahren bereits zahlreiche Auszeichnungen, Preise und Ehrungen. Und inzwischen gibt es wohl, zumindest europaweit, keine Institution mehr, die etwas auf sich hält, die nicht bei ihm anklopfte, um eine Komposition zu erbitten. Den Weiheschlag der Donaueschinger Musiktage hat er im Jahr 2000 empfangen, bei der Expo in Hannover und der Münchner Musiktheater-Biennale hat er Musiktheaterprojekte vorgestellt, die ihm den Weg geebnet haben hin zu dem Musiktheater-Auftrag der Bayerischen Staatsoper, dessen Realisierung im Rahmen der Münchner Opern-Festspiele 2003 ansteht.

Widmann hat Theater- und Hörspielmusiken sowie Kinderstücke geschrieben – kurzum: dieser junge, am 19. Juni 2003 gerade mal dreißig Jahre alte Musiker und Künstler hat eine Karriere vorzuweisen, die angesichts ihrer Rasanz nur Staunen macht und Bewunderung hervorruft, aber doch auch Sorge auslöst und Fragen aufwirft. Er erinnert in diesem Punkt nicht nur an den jungen Paul Hindemith, sondern auch an den jungen Wolfgang Rihm vor zwanzig, fünfundzwanzig Jahren, bei dem Widmann übrigens lernte, nachdem er zuvor, 1984 im Alter von elf Jahren beginnend, bei Hans Werner Henze und Wilfried Hiller sich alles Rüstzeug zum Komponieren geholt hatte. Eine Bilderbuchlaufbahn, ein Rising Star! Ein Münchner Kritiker hat das Ausnahmehafte der Künstlerpersönlichkeit von Jörg Widmann auf den Punkt gebracht: »Widmann gehört als Klarinette spielender Komponist [...] zu den Lichtgestalten der jungen Szene. Erschöpfend, grandios!« Was soll man dem noch hinzufügen?

Entscheidende Taten sind vollbracht. Die Position dieses Künstlers in unserem Musikbetrieb scheint definiert. Das Echo ist groß und positiv. Die Szene hat wieder junges, frisches Blut und eine Figur, an die man Erwartungen und Hoffnungen knüpfen kann, die Zukunft verheißt, und dies ohne den Gestus des Revolutionären, ohne die Attitüde des Traditionsverächters und Traditionsbrechers oder des Verweigerers. Der Weg Widmanns als Komponist scheint vorgezeichnet und läßt auch aufgrund der Bruchlosigkeit, welche die bisherige Entwicklung aus den Gegebenheiten der Komponistenszene und der verschiedenen ästhetischen Positionen der Moderne und der Postmoderne heraus kennzeichnet, nicht unbedingt auf radikale Wendungen mit der Konsequenz zu Konflikten schließen.

Jörg Widmann repräsentiert an vorderster Stelle die junge Generation und offenbart dabei eine singuläre Begabung von Kreativität. Aber diese manifestiert sich nicht in Form einer Antiposition, der betonten Absetzung gegenüber der Väter- und Großväter-Generation – ein Muster, welches die Musikgeschichte immer wieder aufweist. Natürlich haben Komponisten wie Boulez oder Ligeti das Musikdenken Widmanns beeinflußt und geprägt, und erst recht solche Komponisten wie Wolfgang Rihm und Helmut Lachenmann. Doch dies hat ihn nicht dazu bewogen, aus bewußter Konfrontation dagegen die eigene Position zu beziehen, diese gleichsam aus der Gegnerschaft und den entsprechenden Abgrenzungsstrategien zu definieren. In Widmanns kompositorischem Denken scheinen hingegen viele Elemente und Techniken, Methoden und Ausdrucksweisen, vielleicht auch Prinzipien des kompositorischen Denkens der Väter- und Großväter-Generation eingeflossen zu sein, doch ohne eine bestimmende, eine dominierende Funktion auszuüben, ohne zu systematischen Ordnungskategorien zu werden. Alles ist Mittel, was die Kompositionen und die darin sich manifestierenden ästhetischen Positionen der Vorgänger hergeben; und diese Mittel stehen ohne hierarchische Systematik zur kompositorischen Verfügung. Insofern enthalten die Kompositionen Widmanns durchaus historisches Wissen, das noch einmal ergänzt wird durch das Spezifische seiner instrumentalen Spielkompetenz, die bei ihm so disponiert ist, daß sich für ihn ein Komponieren gegen die Instrumente verbietet.

In diesem Kontext einer offenen Verfügungsästhetik, wie ich das nennen möchte, und einer besonderen instrumentalen Kompetenz artikuliert sich Jörg Widmanns musikalische Kreativität. Was aber ist deren auslösendes und dann die kompositorische Manifestation bestimmendes Moment?

Es muß dieses geben, soll musikalische Gestaltung nicht der Beliebigkeit ausgeliefert sein und folglich der Belanglosigkeit anheimfallen! »Ich suche ständig, aber ich weiß nicht nach was!«, hat Jörg Widmann einmal gesagt; und er fährt fort: »Ich habe nicht diesen Zwang ›das muß man erkennen können‹«. Die Sache zielt demnach wohl nicht in Richtung Gestaltungsprinzipien und -elemente, aus denen sich dann die Musik erklärt. Sie betrifft, wie Widmann in einem anderen Zusammenhang einmal bekannt hat, »das Bedürfnis nach noch etwas ganz Anderem – und das ist es, was mich täglich am Komponieren hält.« Was aber ist dieses Andere?

Es ist das Auslösen einer kompositorischen Idee durch den Einfluß von Assoziationen aller Art, von Farben, Gerüchen, Bildern, Erlebnissen, Gefühlen, Befindlichkeiten, Selbstreflexionen, Selbstwahrnehmungen und so weiter, die in einer Art Inkubation sich kom-

Partiturseite aus dem Autograph von Jörg Widmans Oper *Das Gesicht im Spiegel* (8. Szene), 2003

plexhaft verdichten, die Vorstellung von musikalischer Gestalt auskristallisieren und deren Konkretisierung dann bedingen. Nicht zufällig tragen viele Werke Jörg Widmanns Titel, die diesbezüglich sehr aufschlußreich sind: *Phantasie, Fieber-Phantasie, Nachtstück, Dunkle Saiten, umdüstert.* Die Titel scheinen der romantischen Metaphern-Sprache entlehnt. Aber entscheidend hierbei sind natürlich nicht die Titel an sich, sondern ist die jeweilige Musik, auf die sie sich beziehen und durch welche die daran geknüpfte Assoziation beim Hörer überhaupt erst eine Realität gewinnt. So setzt Widmann in *Nachtstück*, einem Trio für Klavier, Klarinette und Violoncello, eine so aufgesplittete Struktur, eine solche Vielfalt an akustischen Ereignissen ein, daß man den Eindruck von einem Raum gewinnt, bei dem man nicht weiß, wo oben und unten ist, in dem eine irisierende Atmosphäre herrscht, die keine Orientierung mehr zuläßt. Man irrt in diesem Raum herum wie blind und doch ständig gebannt von dem, was da alles klingend aufscheint.

Implosion ist ein großes Orchesterwerk Widmanns betitelt. Faszinierend bei dieser Komposition ist, wie sich hier eine Sprengung nach Innen vollzieht, wozu Widmann eine Art von vierteltöniger Stimmenschichtung und ein riesiges Spektrum von Artikulationen einsetzt. Dadurch wird eine ungewöhnliche Tiefenwirkung der Musik erzielt, aus der ein dunkles und fremdes Geheimnis herauszuleuchten scheint. Klang und akustische Ereignisdichte, Innenschau und dramatische Exzessivität – Widmann gewinnt aus solchen Spannungen Raumszenarien von einer Anschaulichkeit und Faßlichkeit, die auch seine Affinität zum Theatralischen erklärlich machen.

Auffallend an Widmanns Werktiteln und an seiner Musik ist die Nähe zum Romantischen. Nicht zufällig bekennt er ein besonderes Näheverhältnis zu Robert Schumann, diesem großen Künstler der musikalischen Romantik, dessen Phantasiemächtigkeit dem unablässigem Drang entspringt, ins Verhangene und scheinbar Unergründliche unserer Seelenlandschaften vorzudringen und diese in musikalischen Ereignissen sinnenfällig und zugänglich zu machen. Eine ähnliche künstlerische Konstitution sehe ich bei Jörg Widmann. Aber da ist auch der andere Aspekt des Romantischen: Virtuosität, Brillanz, höchste Perfektion als Ausdruck eines unerbittlichen Selbstbehauptungswillens.

Der Impuls seines Komponierens, seiner musikalischen Entäußerungen ist es, zu suchen nach etwas, was wohl da ist, im Raume schwebt, was spürbar ist in einer Fülle von Assoziationen und Berührungen, was aber umdüstert und eben nicht einfach greifbar hinter Nebelwänden im Dunkel liegt. Widmanns Komponieren bezeichnet den Weg einer inspirativen Phantasie, deren Verdichtung und Stringenz darauf zielt, den Vorhang schließlich wegzuziehen und einen Raum freizugeben, in dem sich eine Welt offenbart, in der Inneres und Äußeres, Licht und Dunkel, Dramatik und Lyrik, leuchtende Schönheiten und beängstigende Irritationen ineinander verschlungen sind. Und damit einen musikalischen Raum zu schaffen, in den sich hineinführen zu lassen, für den Hörer eine existenzielle Selbstwahrnehmung und -erfahrung ermöglicht. Dies scheint entscheidend zu sein für die erstaunliche Faszination, die Widmanns musikalische Werke ausstrahlen. Diese Faszination geht nicht aus von der Logik des Konstruktiven, sondern ist Ausfluß von Begegnungen mit Unergründlichem, mit Geheimnissen, mit irrationalen Phänomenen, die bewegen und die festgehalten werden wollen.

Doch der Weg dahin ist Arbeit, kompositorische Arbeit. Sie gründet auf Impuls, auf Phantasiefähigkeit, auf Verdichtung und Stringenz. Das Gelingen aus dem Kontext dieser Bedingungen heraus ist letztlich das Geheimnis von schöpferischer Begabung; im konkreten Fall: Das ist die künstlerische Persönlichkeit Jörg Widmanns.

Bei der Feststellung der ungewöhnlichen Karriere von Jörg Widmann wurde oben erwähnt, daß diesbezüglich durchaus auch Skepsis und Sorge angebracht sind. Und dies deshalb, weil man nur zu gut weiß, wie schnell und unbarmherzig im modernen Musikbetrieb Begabungen und Talente verschlissen werden – auch in dem Sinne, daß Eigensinnigkeit und Eigenständigkeit von künstlerischen Persönlichkeiten zurechtgebogen und gebrochen werden. Man weiß sehr wohl, welche unglaubliche Anstrengung es die betreffende Person kostet, allen diesen Anfechtungen letztlich zu widerstehen und sich selbst, nämlich ihren eigenen künstlerischen Ansprüchen und dem Gesetz ihrer höchst eigenen künstlerischen Begabung und Disposition treu zu bleiben. Doch man weiß ebenso, daß solche Skepsis nur allzu leicht daher rührt, daß man ein idealtypisches Bild von einem sogenannten wahrhaftigen Künstler und seinem Verhalten hat und an ihm zu messen geneigt ist.

Das ist aber letztendlich kurzschlüssig, und deshalb ist es auch müßig und abwegig, wie man das im Falle von Wolfgang Rihm vor rund einem Vierteljahrhundert gemacht hat: darauf zu warten, daß der Betreffende unter dem Druck der Anforderungen und Belastungen schließlich zusammenbricht. Kreativität, schöpferischer Ausdruckswille folgt eigenen Gesetzlichkeiten. Und deshalb darf man auch das Exzeptionelle der Künstlerbiographie von Jörg Widmann und die sinnfällige Qualität seiner schöpferischen Leistungen als ein Zeichen dafür sehen – und zwar als ein überaus positives Zeichen –, daß sich schöpferische Begabung, Fähigkeit und Kraft zur Gestaltung nicht determinieren lassen. Die wahrhaftige künstlerische Persönlichkeit folgt dem eigenen Gesetz und schafft sich dieses Gesetz in ständiger Auseinandersetzung mit den sich ihr stellenden Aufgaben immer neu.

Was Widmann im Vergleich mit seinen Kollegen anders erscheinen läßt, insbesondere die erwähnte Doppelrolle als Komponist und ausübender Instrumentalist, aber auch die verblüffende Eigensinnigkeit und Thematik seiner Musik, das ist es, was diesen jungen Künstler so wertvoll erscheinen läßt. Seine künstlerische Arbeit und Haltung signalisieren Aufbruch und eine neue Perspektive. Diese benötigen wir in den Herbstlandschaften unserer Kultur überaus dringend. Widmanns Musik reflektiert – gerade mit ihren dunkel wirkenden Titeln – durchaus dieses Schattenszenarium des Gegenwärtigen. Aber sie ist zugleich von einer Offenheit und Gestaltungskraft geprägt, die in exzessiver Manier den Horizont aufzureißen vermag. Das berechtigt zu Hoffnungen.

Klaus Leidorf:
Photovoltaik

Matthias Gaertner

Geschlechtlichkeit und Erneuerung

Der Schrecken des Immerweitermachens

> *»du bist eine Maschine
> die wir verbessern werden, bis sie läuft«*

Bei aller Übertreibung und Zuspitzung ist es ein realistischer Blick, der in Jörg Widmanns Oper *Das Gesicht im Spiegel* auf die von Wirtschaft und Technik geprägte moderne Welt fällt. Ihre großen Errungenschaften – allem voran sind die Genauigkeit und Wirkmächtigkeit der das menschliche Leben immer mehr bestimmenden wissenschaftlich gestützten Theorien zu nennen – sind nicht als Stolz oder Schrecken der Menschheit dargestellt, erscheinen weder als Fortschritt noch als Fluch, sondern sind banaler Geschäftsalltag. Selbst die gelungene Herstellung eines Menschen im Labor wird menschheitlich weder bejubelt noch mit Entsetzen und Empörung attackiert, sondern es ändern sich nur die Börsennotierungen der konkurrierenden Firmen. Und als sich dieses Produkt – Frau oder Ding – als nicht perfekt herausstellt, fordern Firmeninhaberin und Ingenieur sich gegenseitig zu erhöhten Anstrengungen auf, sagen dem Produkt Frau, daß es eine Maschine sei, »die wir verbessern werden, bis sie läuft«. Zwar bleibt offen, ob die Selbstzerstörung der künstlichen Frau am Ende der Oper an dieser Haltung etwas zu ändern vermag. Vermutlich wird jedoch auch dieses Mißlingen (wie das Scheitern der Ehe der Inhaberin, wie der Flugzeugabsturz des Ehemannes und bisherigen Geschäftspartners) keine Katastrophe sein, die zum Einhalten und vielleicht sogar Umkehren bewegte, sondern nur ein Rückschlag auf dem Weg weiter in dieselbe Richtung. Mag sein, daß das Weitermachen nach solchen Rückschlägen jedesmal härter wird und härtere Menschen erfordert, daß empfindsame Menschen wie der hier gezeigte Ehemann dann nicht mehr gebraucht werden oder freiwillig vorher ausscheiden: Was gedacht wurde, wird auch gemacht werden. Die Oper zeigt eine Reihe romantischer Motive – Spiegel, Puppe (die Nähe zur Olympia aus *Hoffmanns Erzählungen* ist unübersehbar) –, sie zeigt Ansätze zu einer Liebesgeschichte, zu Unglück und Tod. Durch die Art, wie diese gezeigt werden, entsteht jedoch ein schales Gefühl: Es fehlt an Leidenschaft, Betroffenheit und demjenigen Ausblick, der jedes noch so schreckliche Unglück in romantischer Darstellung menschlich anziehend macht. Im Gegenteil dazu verstärken die romantischen Anklänge nur den Grundzug dieser Oper. Was letztlich bestimmend hervortritt, ist nicht das Gefühl, sondern das sind Verstand, Kreativität, System, Perfektion (wie bei einer Maschine), Geld. Es wird nicht gefragt, ob, sondern es wird davon ausgegangen, daß die menschliche Kreativität tatsächlich Unvorstellbares, Monströses schafft; daß in einem System alles mit allem zusammenhängt, also nichts von den großen Zusammenhängen unberührt bleibt; daß moralische Empörung, ethische Einsprüche, Katastrophen nichts verhindern, eher verstärken und beschleunigen;

daß getan wird und immer weiter getan werden wird – in einem Ausmaß, in dem die Herstellung eines Menschen nur eine Etappe sein wird.

Entgegen den romantischen Hoffnungen und dem Verlangen nach Handlungsanweisungen ist es aber eine Stärke dieser Oper, daß sie nicht auf Änderbarkeit setzt. Denn dadurch kann die gewöhnliche Frage, wie man befürchtete Katastrophen verhindern, oder wenn man sie schon nicht verhindern, dann einschränken kann, oder wenn man sie nicht einmal einschränken, stattdessen nutzen kann, ein wenig in den Hintergrund treten. Dafür kann eine ganz andere Frage aufkommen, nämlich woher dieses übermächtige Immerweitermachen kommt und worin – wenn es nicht die katastrophalen Folgen sind – sonst sein Schrecken liegen könnte.

Woher kommt also der Siegeszug von Verstand, Kreativität, System, Perfektion, Geld? Und was ist, unabhängig von den Folgen, schrecklich an Verstand, Kreativität, System, Perfektion, Geld? Mit anderen Worten: Was fehlt an ihnen – auch dann, ja vielleicht gerade dann, wenn sie immer weiter sich ausdehnen, immer perfekter, immer erfolgreicher werden? Stichpunktartig beantwortet: Der Siegeszug des Verstandes entstammt der Faszination und inneren Stimmigkeit des Verstehens selbst, und was darin fehlt und desto mehr fehlt, je perfekter der Verstand die Welt einrichtet, das sind Vielfältigkeit und Widersprüchlichkeit des menschlichen Miteinanders, der menschlichen Welt im eigentlichen Sinn des Wortes.

Im Funktionieren der Maschine und der maschinell funktionierenden menschlichen Betriebsamkeit verkümmert das Miteinander der Menschen, verkümmert die menschliche Welt. In einer immer erfolgreicheren Kommunikation verkümmern die Ruhe und Offenheit von Gesprächen; in immer zielstrebigerem und vernetzterem Tätigsein das »einen neuen Anfang setzende Handeln« (Hannah Arendt); in einer vom Verstand immer perfekter eingerichteten Welt verkümmert Freude ebenso wie Leiden und Tod; verkümmert Geschlechtlichkeit. Mann und Frau gleichen sich immer mehr an, werden in gleicher Weise »Ichs«; Sinnlichkeit, Erotik, Sexualität werden in gleicher Weise Reize für diese »Ichs«; der Umgang dieser »Ichs« mit ihren Kindern gleicht sich an. Es verkümmert nicht die individuelle Eigentümlichkeit (sie ist oft in hohem Maße entwickelt), sondern es verkümmern die Vielfältigkeit, Widersprüchlichkeit, also die Fülle des Miteinanders und damit die viel mehr vom Miteinander als von der Individualität bestimmte menschliche Welt.

Roland Schimmelpfennigs Libretto und damit die Oper Widmanns zeigt, daß das Miteinander in der modernen Welt immer noch bestimmend vorhanden, aber gleichsam auf Wiederholungen reduziert ist. Das Paar bringt, statt Kinder zu bekommen, eine Kopie der Frau hervor; der Ehemann verliebt sich in die neue (aber nicht junge) Wiederholung seiner Frau; der Wissenschaftler ist zum angestellten Macher verkümmert. Die menschliche Welt, »das Bezugsgewebe menschlicher Angelegenheiten« (Hannah Arendt) ist festgestellt, erstarrt und überaltert – trotz oder auch gerade wegen der sich jagenden Novitäten. Wenn ein Mensch seinem Nachkommen sagt: »Du bist eine Maschine, die wir verbessern werden, bis sie läuft«, ist dies kein menschliches Miteinander mehr, dann gibt es nur noch Reproduktion. Was fehlt, ist eine Erneuerung dieser – unserer? – menschlichen Welt.

Wenn man sich der künstlerischen Darstellung von Jörg Widmanns Oper gedanklich anzunähern versucht, so sieht man sich an die Orte systematischer Erforschung und Produktion aller dieser Novitäten, an die industriellen Labors und im weiteren vor allem an die Universitäten verwiesen. Auch wenn die Universitäten heute immer mehr einer Nutzbarmachung zu wirtschaftlichen Zwekken (worin sie industrieeigenen Forschungslabors unterlegen sind) sowie einer Verschulung, also einer Degradierung zu Ausbildungsstätten unterliegen, so sind sie doch die Orte der Entwicklung so seltsamer, lange weltfremder und heute weltbestimmender Gedanken gewesen.

Gegen die Nutzbarmachung und Verschulung der Universitäten und für die herkömmliche europäische Universität ist vor ein paar Jahren der bedeutende französische Philosoph Jacques Derrida in einer »profession de foi d'un professeur«, einem »Glaubensbekenntnis eines Professors«, öffentlich eingetreten. Die Universität müßte – so Derrida – wieder »unbedingt« sein, das heißt der Ort »an dem nichts außer Frage steht«, an dem ohne jede Bedingung von außen, ohne Nutzen, ohne Vorschriften, oft über Jahrhunderte ohne Antwort dennoch um die Wahrheit gestritten werden kann. In seiner diesbezüglichen Rede skizzierte Derrida die Aufgaben dieser »unbedingten Universität« und nennt als einen wesentlichen Punkt die »Dekonstruktion« (Destruktion und neue Konstruktion) der Idee des Menschen, des dem Menschen und nur ihm Eigenen. Darin steckt die weitreichende Behauptung, daß die universitäre Erforschung des Menschen in den letzten Jahrhunderten zwar Großes geleistet, aber über diesen Erfolgen das dem Menschen Eigene zunehmend übersehen, verkannt, mißachtet hätte. Es seien die Ähnlichkeiten mit anderen Naturwesen herausgefunden, nutzbar gemacht und der Mensch aus diesen Vergleichen verstanden worden. So führte etwa die Beachtung der Tierähnlichkeit beim Menschen, wenn zum Beispiel ein Neugeborenes von seiner Mutter gestillt wird, zu der Auffassung des Menschen als »Säugetier«. Was das Besondere des menschlichen Saugens, des menschlichen Miteinanders von »Säugling« und »stillender« Mutter sein könnte, ist über dieser faszinierenden Ähnlichkeit vergessen worden. Derrida tritt dafür ein, daß die Idee des Menschen wiedergewonnen, in die Geschichte des Menschen zurückverfolgt, in ihren traditionellen Verfestigungen zerstört und in ihren zukünftigen Möglichkeiten neu formuliert werden sollte.

Im folgenden soll der Versuch unternommen werden zu zeigen, wie dieses Eigene des Menschen – mit dem oben verwandten Wort: die menschliche Welt – mit der Zunahme an Erkenntnissen und dem Verstehen von Zusammenhängen immer mehr übersehen wurde. Anhand der in der Oper auf biotechnische Reproduktion reduzierten Geschlechtlichkeit soll zudem ein wesentliches Moment von menschlichem Miteinander im Sinne Derridas »dekonstruktiv« erinnert werden – mit der Behauptung, die vor allem fehlende Erneuerung der menschlichen Welt sei nicht machbar, sondern hänge an der dem Menschen und nur ihm eigenen Geschlechtlichkeit.

Um diesen nun schon Jahrhunderte währenden Vorgang zu bemerken, daß mit wachsenden Erkenntnissen und zunehmenden, diese Erkenntnisse bestätigenden technischen Erfolgen zugleich der Sinn für menschliches Miteinander, für das Eigene und Besondere der menschlichen Welt verschwindet, muß man weit zurückgreifen. Entgegen einem weitverbreiteten Vorurteil ist es nämlich keineswegs so, daß alle Menschen zu allen Zeiten nach Erkenntnis streben; und erst recht nicht allgemein ist diejenige Suche nach Erkenntnis, die zunächst in der griechischen Antike von wenigen Menschen gegründet, dann jahrhundertelang immer wieder von wenigen und einsamen Menschen aufgegriffen, weiterentwickelt, den Nachkommen hinterlassen und erst in den letzten drei bis vier Jahrhunderten langsam zu einem weltbestimmenden System ausgebildet wurde. Ohne einen eindeutigen Beginn fixieren zu können, ist sie in der Philosophie Platons erstmals ausgeprägt formuliert. In dem berühmten Höhlengleichnis beschreibt Platon die Eigenart dieses Denkens – ganz außerordentlich und von den Zeitgenossen unverstanden – als Auf- und Ausstieg aus einer Höhle. Da die Höhle für das gewöhnliche häusliche und politische Leben der Menschen, für die menschliche Welt steht, heißt dies, daß dieses Denken einen Ausstieg aus dem gewöhnlichen Leben und aus dem Miteinander der Menschen, einen Ausstieg aus der menschlichen Welt darstellt. An anderer Stelle beschreibt Platon dies auch als Todeserfahrung: radikale Vereinzelung und Entrückung aus allen weltlichen Zusammenhängen.

Gedanken, so zeigt Platon in seinen denkerischen Dialogen, können eine solche Zugkraft besitzen, daß der von ihnen Erfaßte alles um sich vergißt, er je nach Tragweite des Gedankens für Stunden, Tage, sogar für ein ganzes Leben diesen unsichtbaren geistigen Dingen nachhängt. Das heißt: Er kann nicht einfach denken, wann und was er will, sondern der Gedanke muß ihn erfassen. Das das Denken begleitende Schritt-für-Schritt-der-menschlichen-Welt-Absterben ist keine Selbstzerstörung, keine Askese, sondern es verdankt sich als »Begeisterung« der Kraft und Eigenart des jeweiligen Gedankens. Der einzige Bezug auf die Welt ist ein negativer: Aus der Begeisterung für einen Gedanken erscheint die Welt als schattenhaft unwirklich und ihre Lebendigkeit als Fesselung. Für Platon war es jedoch selbstverständlich, daß jeder Mensch seine Lebenszeit – immer dann, wenn er nicht einem Gedanken nachhängt – in der gemeinsamen menschlichen Welt lebt, und Platon hätte es vermutlich für widersinnig gehalten, daß das Denken, da es aus der menschlichen Welt hinauszieht, sich mit ihr auch nur abgeben, geschweige denn in ihr etwas ändern sollte.

Diese Erfahrung des Denkens – einzigartig und mit ungeheuren Folgen – war viele Jahrhunderte lang Sache von sehr wenigen Menschen, sie hatte keinen oder kaum einen Einfluß in der Welt, auch wenn sie in ersten Ansätzen von der Wissenschaft und später in der christlichen Theologie tradiert wurde und in einigen wenigen Grundgedanken kulturbildend zu wirken begann.

Dieser Prozeß änderte sich tiefgreifend mit dem Aufkommen der Wissenschaften, die zunächst ebenfalls von ganz wenigen Menschen als geistige Spur gebahnt worden waren, dann aber mit ihren revolutionären Ergebnissen sich schnell verbreiteten und als Vermutungen, Erkenntnisse, schließlich Wissen ein neues Bild der Welt entstehen ließen – immer noch nicht ein Bild der menschlichen Welt im engeren Sinn, sondern vor allem der kosmischen Verhältnisse und Geschehnisse sowie der Natur. Die Wissenschaften verdanken sich der Erfahrung des philosophischen Denkens – insofern als einem Erforschen des Kosmos und der Natur, später auch des Menschen, die schattenhafte Unwirklichkeit der Erscheinungen aufgegangen sein muß; denn erst danach konnte man auf die Idee kommen, sie zu erforschen und herauszubekommen, was sie in Wirklichkeit sind. Ohne die konkrete gedankliche Erfahrung bei vielen einzelnen Gedanken, daß nämlich nichts in Wahrheit so ist, wie es erscheint, hätte es keine Wissenschaften geben können. Aber auch diese geistige Umwälzung veränderte das Miteinander der Menschen, also die menschliche Welt über lange Zeit wenig. Beunruhigt oder fasziniert oder beides gleichzeitig nahm man und nimmt man zum Teil bis heute die in der Abgeschiedenheit der Universitäten und weltferner Gelehrsamkeit gewonnenen wissenschaftlichen Einsichten zur Kenntnis, etwa daß sich entgegen allem Anschein und aller weltlichen Vertrautheit die Erde rasend um die eigene Achse und um die Sonne dreht, und lebt dennoch kaum beeindruckt in dem gewohnten Tagesablauf.

Erst als die Wissenschaften – epochemachend mit Leibniz' »bester aller möglichen Welten« im Barock – eigens auf das menschliche Tun aufmerksam wurden und es als Forschungsgegenstand entdeckten, änderte sich dies von Grund auf. Denn anders als das Verstehen kosmischer und elementarer natürlicher Zusammenhänge enthält das Verstehen von menschlichem Tun prinzipiell die Möglichkeit, es zu ändern, ja verändert oft schon das Verstehen selbst. So wandelten sich die Wissenschaften zu Theorien, die, von menschlichem Tun ausgehend, in dieses Tun, dabei es verändernd, wieder eingreifen. Seitdem entzündet sich das Denken immer häufiger an menschlichem Tun und greift unmittelbar wieder in es ein. Denken als Theorie entzündet sich an menschlichen Praktiken und ist selbst praktisch: Es greift unvermeidlich ein in das Leben und das Miteinander der Menschen, in die menschliche Welt. Wieder ist zu vermerken, daß theoretisches (und, da es das eine ohne das andere nicht gibt, auch praktisches) Denken nicht voraussetzungslos ist, sondern wissenschaftliche Einsichten und den wissenschaftlichen Außenstandpunkt braucht.

Theorien (und theoretisch bestimmte Praktiken) sind vor allem in den letzten zweihundert Jahren zunehmend schneller, radikaler und vollständiger entwickelt worden. In theoretischer Überlegung und praktischer Bestätigung triumphierte der menschliche Verstand, blühte eine ungeahnte technische Kreativität auf, entstanden globale systematische Zusammenhänge, perfektes Funktionieren von Menschen wie Maschinen, entfaltete sich ein durch und durch spekulatives Geldwesen.

Das Unheimliche einer solchen Flut von einschneidenden Veränderungen sowie die Unabsehbarkeit immer weiterer Veränderungen werden meistens an einem Produkt festgemacht – etwa an dem Willkürakt eines gentechnisch veränderten Tieres oder Lebensmittels. Es mag hier offenbleiben, wie wahrscheinlich es ist, daß wir uns, oder einige unseresgleichen, oder daß wir unsere Nachkommen ebenso willkürlich verändern, oder daß wir uns, wie in dem Beispiel der Oper zu sehen ist, identisch reduplizieren können.

Hier muß jedoch darauf hingewiesen werden, daß weniger das Produkt solcher Theorien und Praktiken und der direkte Eingriff ins menschliche Leben als das Übersehen, Verkennen, Mißachten der menschlichen Welt, das in diesen Theorien und ihren Praktiken liegt und viel weniger spektakulär ist, beunruhigt. Um die Frage Derridas aufzugreifen: Sind diese Eingriffe in unser Leben, die in den verschiedensten Praktiken bestätigten theoretischen Leistungen wirklich das dem Menschen Eigene? Ohne Zweifel sind sie dem Menschen eigen – denn kein anderes Wesen ist zu diesen Leistungen in der Lage. Aber sind sie das Eigene? Das einzige Eigene? Das wesensgemäße Eigene? Oder, um es noch einmal anhand der Oper Jörg Widmanns zu formulieren: Ist das Unheimliche die Fähigkeit, Menschen zu machen; ist das Unheimliche der realisierte Ding-Mensch, das Menschen-Ding Justine? Oder ist es nicht vielmehr die Beziehungslosigkeit aller beteiligter Menschen, die Erstarrung und Überalterung dieser – unserer? – menschlichen Welt? An einem Beispiel soll das Ausmaß und die Eigenart dieses Theoretisch-Praktischen verdeutlicht und die behauptete Mißachtung der menschlichen Welt einleuchtend gemacht werden. In der europäischen Tradition ist das menschliche Gesicht nicht nur etwas dem Menschen Eigenes, sondern neben dem aufrechten Gang das Wichtigste, und sicherlich etwas, das das menschliche Miteinander, die menschliche Welt wesentlich bestimmt. Im Denken ist das menschliche Gesicht früh schon verstanden worden als Spiegel der Seele und in Psychologien, lange vor Freud, als Ausdruck der Seele wissenschaftlich erforscht worden. In modernen Theorien (und dementsprechend Praktiken), etwa in Psychologie und Medizin, zunehmend aber auch im alltäglichen Blick der Menschen aufeinander, ist die Beobachtung von Gesichtsausdrücken, von Gesichtsfarben und -formen als Indiz von Befindlichkeit, Alter, Lebensform entwickelt und antrainiert worden. Gesicht wird als Haut- oder Seelenoberfläche wahrgenommen, Falten als Zeichen von Alter oder Sorgen, blasse Farbe als Zeichen einer durchwachten Nacht oder einer Krankheit. Auf der Oberfläche jedes Gesichtes sind für den geübten Theoretiker innere Vorgänge (auch solche, die der Betroffene selbst nicht wissen kann) als beobachtbare Vorgänge ablesbar oder aus ihren Spuren rekonstruierbar. Faszination und Überlegenheit solcher Theorien sind daraus erklärbar. Auf diese Weise greifen sie jedoch tief in das Miteinander der beteiligten Menschen ein: Sie veräußerlichen das menschliche Gesicht, nehmen es als Maske, als Indikator oder Symptom. Entscheidend ist dabei nicht, ob die jeweilige Deutung zutrifft, sondern daß sogar bei einer genauen Wahrnehmung und richtigen Deutung von menschlichen Gesichtern gar keine Gesichter gesehen werden, sondern nur Oberflächen.

Um dies zu bemerken und wenigstens ahnungsweise zu verstehen, hilft das Wort »Gesicht«. »Gesicht« heißt eigentlich »Versammlung des Sehens«. Ein menschliches Gesicht ist also nicht von dem her benannt, was man auf ihm alles entdecken und anschließend deuten kann, sondern von daher, daß es selbst sehen kann, Sehen ist. »Gesicht« heißt so, weil Menschen sich gegenseitig sehen können, und es ist von den wenigen, aber außerordentlichen Momenten her benannt, in denen Menschen sich gegenseitig sehen. In solchen Momenten, in denen keiner den anderen beobachtet, sondern sie sich gegenseitig sehen, erlischt die distanzierte Wahrnehmung (die eine Deutung ermöglicht). Daß das Sich-gegenseitig-Sehen – bei »Gesicht« in der deutschen Sprache, vergleichbar dem englischen »sight« oder dem französischen »visage« – sich durchgesetzt hat, also die besonderen Momente wichtiger genommen wurden als alle Wahrnehmungen, ist eine Spur zu etwas dem Menschen Eigenen. Gesicht ist – so die Behauptung – etwas Wesentliches für das menschliche Miteinander und somit für die menschliche Welt, und das wird mißachtet in den von Theorien entwickelten und zunehmend praktizierten Beobachtungen menschlicher Gesichter.

Jörg Widmanns Oper trägt den Titel *Das Gesicht im Spiegel*. Dieser Titel ist zunächst eine romantische Erinnerung an die Wahrnehmung des eigenen Gesichtes, die Erkenntnis der Ununterscheidbarkeit beider Frauengesichter und deren Deutung als mangelnde eigene Identität, als Seelenlosigkeit. Doch das Unheimliche daran ist weder, daß die Frau ihre Kopie sieht, noch daß die Kopie sich erkennt, sondern daß die beiden identischen Frauen sich gegenseitig nicht sehen können und daher keinerlei Miteinander entsteht. Vielleicht ist menschliches Seelenleben nicht, wie Theorien voraussetzen, naturhaft einfach vorhanden, genetisch bedingt, sondern entsteht erst und nur aus dem Sich-gegenseitig-Sehen, das heißt weltlich: aus dem Miteinander der Menschen.

Dasselbe gilt vielleicht auch für die Geschlechtlichkeit. Theorien (und entsprechende Praktiken) nehmen, zeitlich lange vorausliegenden philosophischen Gedanken und wissenschaftlicher Erforschung folgend, menschliche Geschlechtlichkeit oberflächlich. Sie identifizieren einen Fortpflanzungstrieb, Geschlechtsorgane (griechisch: organa = Werkzeuge), einen von stimulierenden Gefühlen begleiteten Geschlechtsakt – alles das im Zusammenhang einer Selbsterhaltung beziehungsweise Ausbreitung der Gattung –; sie nehmen die geschlechtliche Erscheinung des Menschen – ganz wörtlich mit der Hautoberfläche, dem Aussehen, der Kleidung sinnlich oberflächlich –, und sie fassen auch die geschlechtliche Lust als – im Inneren – sinnlich wahrnehmbares Gefühl auf. Theorien (und Praktiken) nehmen die beobachteten und gedeuteten Menschen (ebenso wie den beobachtenden Menschen selbst) als Einzelwesen, als »Ichs«, wie oben angedeutet. Kann man aber Fortpflanzungstrieb wie Geschlechtslust – überhaupt Geschlechtlichkeit – in einem »Ich« finden? Ist es nicht auch hier umgekehrt, daß nämlich Geschlechtlichkeit aus dem Miteinander stammt, also ein weltliches Phänomen ist, und sich nur sekundär, in ihren Wirkungen an einem »Ich« beobachten läßt?

Was könnte das Eigene menschlicher Geschlechtlichkeit sein? Wieder sei die deutsche Sprache zu Rate gezogen. Wenn man von einem »Geschlecht« sprach – einem Adels-, Bürger- oder Bauerngeschlecht, dem Menschengeschlecht, dem »schönen Geschlecht« –, so war damit vorrangig weder etwas Sexuelles gesagt, noch waren innere Vorgänge gemeint. »Geschlecht«, so der ältere Sprachgebrauch, zieht sich über mehrere Generationen hinweg, breitet sich aus und erlischt irgendwann. »Geschlecht« war das Wort, das das menschliche Miteinander im Wechsel der Generationen benannte (und nicht das Wort »Familie«, ein lateinisches Lehnwort, das erst im sechzehnten Jahrhundert aufkam). Luther erläutert den Begriff »Geschlecht« »als ein mensch vom andern für und für geborn wird«. »Für und für« – darin steckt »vor und vor« wie auch »für«, das immerwieder Zurücktreten einer Generation vor der nächsten wie das Zugewandtsein.

Wenn Theorien (und Praktiken) beobachtend und deutend in solchem »für und für« eine genetische Reproduktion, Fortpflanzung, Trieb, Vererbung als Variation des vorhandenen Erbgutes sehen und sicher richtig sehen, so wird dabei eine neue Generation zu einer bloßen statistischen Größe. Daß eine neue Generation anders als eine vorherige ist, wird von Theorien (und Praktiken) als selbstverständliche Voraussetzung genommen und, wenn überhaupt, durch die unendlichen Kombinationsmöglichkeiten der Gene naturanalog erklärt. Aber kann man »Generation« statistisch fassen, werden nicht vielleicht sogar in solchen Praktiken die Menschen tatsächlich zu statistisch verrechenbaren Einzelwesen? Die Behauptung dagegen ist, daß erst und nur das Miteinander die Eigentümlichkeit einer neuen Generation entstehen läßt und damit eine Erneuerung der menschlichen Welt möglich macht. Menschen verspüren einen Geschlechtstrieb nicht unabhängig von einem Miteinander. Kann es einen einzelnen Menschen, unabhängig von einem Miteinander, von einer zugehörigen Frau, ja im vorhinein von den erhofften, erwarteten oder als selbstverständlich angenommenen Kindern, dazu »treiben«, Kinder zu bekommen? Kann ein Mensch sich wünschen, daß seine Kinder derart abstrakte »Ichs« sind?

In »Geschlecht« ist das Wort »Schlag« enthalten (der »versammelte Schlag« – wie bei »Menschenschlag«). Wir nehmen dieses Wort »Schlag« als eine kräftige, auf etwas auftreffende Bewegung und haben daher Mühe, »Geschlecht« mit »Schlag« in Verbindung zu bringen. Nun ist aber bei »Schlag« das Auftreffen nicht das Entscheidende – wie in Nachtigallenschlag, Herzschlag, Handschlag, Faltenschlag zu erahnen ist. Wie »Weg« und »Fahrt« beschrieb »Schlag« eine bestimmte Art offenen Raums und der ihm eigentümlichen Weise menschlicher Tätigkeit: Zeugen und Gebären waren die Tätigkeiten, die einen Menschenschlag, ein Geschlecht entstehen ließen. Beides meinte, die Kinder ins Offene der menschlichen Welt hinaus zu »ziehen« bzw. zu »tragen«, in ihrer Neuartigkeit gedeihen lassen. Das für uns Heutige Zeugungsakt und Genetik evozierende Wort »zeugen« hieß nämlich »ziehen« im Sinne von »gedeihen lassen«, »gebären« hieß dagegen »ertragen«. Beides war weit über den biologischen Vorgang hinaus auf die ganze Kindheit bezogen, war im Sinne des zitierten lutherschen »für und für« geschlechtlich gemeint.

Menschen werden nur innerhalb eines Geschlechtes, des beschriebenen offenen Raumes, wieder Menschen – was bei allen theoretischen Deutungen unbemerkt vorausgesetzt wird. Jörg Widmanns Oper zeigt die Erstarrung des Geschlechtes und des Geschlechtlichen in dieser theoretisch-praktischen biologischen und technischen Bedeutung und die Mißachtung eines solchen menschlichen Raumes, in dem Kinder im Sinne des oben genannten Eigenen des Menschen eigen werden könnten.

Zum Schluß sei noch einmal auf Derridas Wort »Dekonstruktion« zurückgekommen. Daß die vorstehenden Überlegungen keine konservative Ideologie darstellen, ist mit dem Wort »Destruktion« der Idee des Menschen angesprochen. Mit anderen Worten: An einen Rückweg zurück in bessere alte Zeiten ist hier ebensowenig gedacht wie an einen Erhalt des bewährten Alten. Es bleibt aber die Frage, ob man aus diesen Einblicken eine Idee des Menschen »konstruieren« kann und soll und ob »Konstruktion« im Sinne von »Zusammenbau« anders als technisch zu verstehen wäre.

Nachzutragen bleibt, daß es zu der ältesten Bestimmung des Denkens gehört – des philosophischen, des wissenschaftlichen, erst recht des theoretisch-praktischen –, daß es »ungeschlechtlich« ist. Ungeschlechtlichkeit ist eine notwendige Bedingung allen in der europäischen Tradition der Philosophie stehenden Denkens. Zum Denken gehört der Bruch mit oder der Verzicht auf Geschlechtlichkeit im vollen Sinn dieses Wortes. Das Denken in allen genannten Weisen kann sich nicht auf den geschilderten offenen Raum verlassen. Es kann die in Jörg Widmanns Oper fehlende Erneuerung der menschlichen Welt nicht leisten und wohl nur dann etwas zu ihr beitragen, wenn das Denken auf direkte Eingriffe verzichtet. Was es hingegen kann, ist, das Eigene des Menschen, die menschliche Welt zu erinnern und ihre Mißachtung deutlich zu machen.

Regisseur David Alden während einer *Götterdämmerungs*-Probe in München, 2003

Nike Wagner

»Es riß.«

Die unruhige Geschichte des Münchner *Rings*

Die Oper ist wie das Leben, unberechenbar. Ein Hauptdarsteller sagt seinen Auftritt plötzlich ab, und schon ändert sich alles für alle. Sie müssen schnell reagieren, im Mahlstrom der Konsequenzen tapfer vorwärtsrudern. Das Leben geht weiter, die Oper auch. Schwere Gedanken bleiben zurück, aber schon werden sie übersprudelt von dem Neuen, das die veränderte Situation mit sich bringt. Stop and go, ein unschönes, aber vitales Prinzip.

Der Opernintendant ist jener, der dieses Prinzip am augenfälligsten verkörpert. Anders könnte er nicht Chef eines Hauses sein, dem es um die Kunst geht: »Business as unusual«. Intendant Sir Peter Jonas versteht sich darauf, unter seiner hochgewachsenen correctness trägt er die bunten Socken des Abenteuerlichen. Er ist dem Abenteuer aber auch gewachsen, wenn es über sein Haus hereinbricht. Dann zieht er die nötigen Gerüste ein und verkündet nicht die Maxime des Wechsels, sondern das beruhigende: »Business as usual«. Ein Wimpernschlag, ein Hochziehen des Ruders – der Mahlstrom fließt wieder in geordneten Bahnen. Krisenmanagement, nicht nur Kunstsinnigkeit gehört zur bewundernswerten Professionalität dieses Intendanten.

Mit dem frühen Tod Herbert Wernickes, der in München einen neuen *Ring* inszenieren sollte, hat Peter Jonas einen Freund verloren und die Theaterwelt einen großen Regisseur. Bald nach der Inszenierung des *Rheingold* im Februar 2002, mitten in der Vorbereitung der *Walküre*, war Wernicke, ein rücksichtsloser Selbstverbraucher im Dienste der Kunst, zusammengebrochen. In einem Atemzug mit der Trauer hat Peter Jonas aber auch Trost erfahren: die Bestätigung einer alten Freundschaft mit dem Regisseur David Alden. Alden, der an seinem Haus schon mehrfach und erfolgreich gearbeitet hatte, auch an Wagner, erklärte sich bereit, den *Ring* weiterzuführen – keine übermäßig reizvolle Aufgabe für einen Künstler eigener Prägung, zudem noch unter dem Druck bestehender Termine und Verpflichtungen. Obwohl nur eine halbe Generation jünger als Herbert Wernicke, muß Alden wie Jung-Siegfried persönlich gewirkt haben bei seinem Jawort in den umflorten Stuben der Intendanz, zumindest wie jene Lichtgestalt und Verkörperung von Zukunft, als die Siegfried von seinem Schöpfer 1848 konzipiert worden war. Mit dem *Siegfried*, so wurde es beschlossen, würde Alden im November 2002 seinen *Ring*-Einstand geben, gefolgt von der *Götterdämmerung* im Februar 2003, und danach sollte er auch die *Walküre* seinem Konzept anpassen.

Im Frühjahr aber, in der Zeit zwischen dem media-in-vita-Schock des Verschwindens Wernickes und der Übernahme durch den Amerikaner im September des gleichen Jahres, herrschte Ratlosigkeit unter den Mitwirken-

Richard Wagner, *Das Rheingold*. Premiere am 24. Februar 2002 im Nationaltheater. Inszenierung, Bühne und Kostüme: Herbert Wernicke. Szene mit Margarita De Arellano, Ann-Katrin Naidu und Hannah Esther Minutillo (Rheintöchter) sowie Franz-Josef Kapellmann (Alberich)

den und Künstlern. Gab es nicht doch eine Möglichkeit, dem Verstorbenen die Treue zu halten, sollte man den *Ring* nicht besser konzertant fortsetzen? Wernicke war ja nicht nur der Regisseur des *Rings*, sondern auch Bühnen- und Kostümbildner, die Staatsoper hatte also ihr ganzes *Ring*-Team mit diesem Künstler verloren. Das Festspiel-Publikum 2002, für das die Premiere der *Walküre* gedacht war, würde das sicher verstehen, und die glanzvolle Sängerriege der geplanten Ära Wernicke/Mehta hätte gegen eine solch noble, zeichenhafte Form der memoria nichts einzuwenden gehabt. Als das Stück der stärksten Emotionen, der mitreißendsten Liebes- und Leidgefühle würde die *Walküre* eine oratorische Form der Darbietung ohne jede Einbuße überstehen.

Da war denn die starke Hand der Entschließung zu spüren: Peter Jonas nahm Rücksicht auf die theatralischen Bedürfnisse seines Publikums und zog an einem Hebel seiner Macht, der weder ein Vorwärts noch ein Rückwärts verhieß, er schaltete einen Zwischengang ein. Für die *Walküre* 2002 sollte eine temporäre szenische Lösung gefunden werden, der Ozeandampfer Staatsoper würde volle Kraft voraus an Ort und Stelle bleiben.

Die *Walküre* von heute auf morgen ins Werk setzen konnte aber nur einer, der sie auswendig kannte, mit einem Opernapparat umgehen konnte und Zeit hatte – an sogenannte Berühmte oder Berüchtigte war in diesem Notfall nicht zu denken. Peter Jonas holte Hans-Peter Lehmann, den eben pensionierten Intendanten des Staatstheaters Hannover, dessen Erfahrung mit Wagner durch das Gütesiegel Bayreuth verbürgt war: Lehmann war in seiner Jugend der Assistent Wieland Wagners gewesen und hatte seit dem Tod des Wagnerenkels im Jahr 1966 seinen Weg gemacht. Mit Wagner in der Wolle gefärbt, würde Lehmann mit den spärlichen Anweisungen, die Wernicke für seine *Walküre* hinterlassen hatte – ein paar Ideen, Requisiten, Skizzen –, zurechtkommen und die Rolle des Nachlaßverwalters würdig verkörpern.

Auf diese Weise bekam die Öffentlichkeit im Juni 2002 zumindest eine Ahnung dessen, was Wernickes theatralischer Fundus enthielt, als Zitate, Bruch- und Versatzstücke klagten sie auf eigene Weise den Verlust des Ganzen ein. Wir sahen die gewaltige und höchst realistische Esche quer über (Hundings) Bayreuther Stuhlreihen liegen. In ihren Zweigen verhedderten sich Sieglinde und Siegmund, ein Paar aus Bayernland. Wir sahen Wotans Regiepult und Brünnhildes ständigen Begleiter Grane als poetisch-mythologisches Einhorn, den langen Geschäftstisch, der sich zwischen dem ehelich erkalteten Paar Wotan und Fricka dehnte, und die imperativ aus dem Walhalla-Modell brechende Metro-Goldwyn-Mayer-Gloriole bei der Todesverkündigung. Im dritten Akt gab es Filmeinspielungen, die Bombenabwürfe zeigten, und die Walküren erschienen als pervertierte Damen der Gesellschaft: über dem Abendkleid für das Theater den Militärmantel für den Krieg.

Das Nornenseil aber war unzweifelhaft gerissen. Was immer passierte, die Idee einer Ganzheit, einer integralen Konzeption des Münchner Nibelungenringes war dahin. Sie war Makulatur, Fiktion, schien sogar die Idee der besonders harschen Geschlossenheit, die Wernickes Einheitsbühnenbild suggerierte, zu desavouieren. Da mochte Wernickes runde Neonröhren-Installation draußen am Haus noch so verheißungsvoll leuchten. Die Krise, obschon äußerlich behoben, war ästhetisch unweigerlich da. Viele mochten an das Stuttgarter Experiment mit dem *Ring* denken, das kurz zuvor so fanalartig in Szene gesetzt worden war. Dort war die Tetralogie, den werkgeschichtlichen und musikalischen Brüchen des *Rings* Rechnung tragend, von vier verschiedenen Regisseuren mit aufsehenerregender Wirkung inszeniert worden. Wäre der Münchner Fall nicht so von Tragik gezeichnet gewesen, der Stuttgarter Intendant hätte sich ins Fäustchen lachen müssen: Wie konnte man in München nur auf EINE Karte setzen! Was für ein dramaturgischer Wahnsinn von Wernicke, durch ein Einheitsbühnenbild Einheit zu simulieren für ein Werk, das über ein Vierteljahrhundert hinweg entstanden und von allen möglichen Rissen, Schründen und weltanschaulichen Veränderungen gekennzeichnet war! Wenn schon bei Wagner nichts stimmig oder aus einem Guß war, warum sollte dann ein monumentales Remake des Bayreuther Zuschauerraums die Ereignisse in ein Bild zwingen, auf einen Ort zusammendrängen? Wie sollte der schmale Raum zwischen echtem Orchestergraben und falscher Bayreuther Stuhlreihe eine ausreichende Spielfläche für vier lange Abende bieten? Wollte

München Bayreuth-Ersatz für diejenigen sein, die im Originalhaus des *Rings* vergeblich um Karten anstanden, wo blieb die Botschaft in diesem Wirrwarr einer fake-reality? Wo aber Gefahr ist, wächst das Rettende bekanntlich auch. Gefahr besteht bei jeder *Ring*-Inszenierung, und nur eines ist sicher: Alle Wege führen nach Rom, nur der goldene Mittelweg nicht. Wernickes Weg über ›Bayreuth‹ war einer von den riskanten, vielversprechenden. Daß er in München nicht zum Ziel führen durfte, quittierten alle, die von Wernickes Ingenium wußten, mit größter Bekümmernis. Schwer war es, den menschlichen Verlust abzugrenzen vom künstlerischen, beides wog. Wernickes Spiel mit dem Kulturmythos Bayreuth und den historischen Interferenzen München-Bayreuth, seine gesellschaftskritischen Untertöne im Spiegel-Arrangement von echten Opernbesuchern und fingierten auf der Bühne und seine einfallsreiche Szenen- und Personenführung hätten einen ungewöhnlichen und nur auf München zugeschnittenen *Ring* ergeben. Unvergeßliche Momente seines *Rheingolds* bestätigen dies: das erste Aufschimmern der Theaterkulisse in den reflektierenden Wasserwellen des Rhein-Aquariums; das Herabsteigen der Bauherren Walhalls über die Stuhlreihen; das Absammeln von Schmuck, das Alberich an den ›Nibelungen‹-Damen des Bayreuther Publikums hinterrücks vornahm; die infantil-narzißtische Babyhaltung, die Wotan, aus Freude, endlich den Ring zu haben, einnimmt; der Trick mit der Leiter nach Nibelheim und am Ende, in slow motion, das Hochwuchten des großbürgerlichen Mobiliars in Richtung Walhall durch eine Umzugsfirma...

Wernickes Witz hatte immer Charme und Hintersinn, das »Fortsetzung folgt« war die geheime Freude aller Beteiligten und seines Publikums. Die Phantasie des Regisseurs würde sich gerade an Beschränktheit entfalten, die der Bühnenbildner sich auferlegt hatte. Gewissermaßen lag hier ja auch der Schlüssel zu Wernickes *Ring:* Er sah das Globale dieses riesigen Endspiels im Lokalen, das Mythische in der heimischen Enge. Wie der Teufel im Detail, so steckte das große Verhängnis für ihn an muffigen kleinen Idiosynkrasien: am Fetisch Ring, am Agieren von Amigo-Cliquen, an engherziger Gewinn- und liebesunfähiger Ichsucht. Die große Geschichte hat das immer wieder gezeigt, nicht nur die deutsche. Rom brannte, weil der neurotische Nero ein erhabenes Real-Schauspiel sehen wollte – »qualis artifex pereo« –, und Deutschland brannte aus ähnlichen Gründen. Die wollüstigen Visionen Wernickes kaprizierten sich schon zu Beginn seiner Arbeit auf den großen Krach am Ende, das Einstürzen der Säulen des Bayreuther Tempels am Schluß der *Götterdämmerung*. Die Dimension des Theatralischen, die der deutschen Katastrophe eigen war und sie, wie Carl von Ossietzky prophetisch voraussah, nach dem Muster einer ›Wageroper‹ modellieren würde, war für den hochgradig geschichtsbewußten Regisseur immer vorrangig. Ob im Einstürzen der prominentesten deutschen Kult- und Kulturstätte nur das Begraben des humanistischen Erbes im nationalsozialistischen Faschismus gemeint war oder auch ein Vorblick auf das Ende einer ganzen Bildungsepoche, muß offen bleiben. Mit Geschichte und Gedächtnis, mit der Selbstbespiegelung einer Nation im Bilde ihrer Nationaloper hatte Wernickes doppelbödiger *Ring* jedenfalls in hohem Maße zu tun.

Faschismus langweile ihn, bekannte David Alden provokativ. Faschismus-Assoziationen seien von ihm, wenn er den *Ring* inszeniere,

Richard Wagner, *Die Walküre*. Premiere am 30. Juni 2002 im Nationaltheater. Regie: Hans-Peter Lehmann nach dem Gesamtkonzept von Herbert Wernicke. Szene mit Waltraud Meier (Sieglinde) und Peter Seiffert (Siegmund)

nicht zu erwarten. Auch das Entdecken globalen Unheils im Lokalteil, ein Weltuntergang im Bild der Bayerntracht, interessierte ihn nicht. Mit David Alden nahm ein sehr anderer Geist den Platz am Regiepult der Bayerischen Staatsoper ein. Wobei die Pointe nicht zu übersehen war, daß sich die Münchner Geschicke streng an das Libretto der *Götterdämmerung* hielten. Scheuerte das Schicksalsseil in dem Augenblick durch, als die Nornen von der Ankunft Siegfrieds sprechen – »Es riß« -, so zerfaserte auch das bestehende *Ring*-Konzept in dem Augenblick, als *Siegfried*, zweiter Tag der Tetralogie, Anfang November 2002 neu inszeniert über die Bühne ging. Der dritte Tag, *Götterdämmerung*, folgte unmittelbar, Ende Februar 2003 war Premiere, und mit Aldens *Walküre* Anfang Mai war der *Ring* dann – fast – ›rund‹. Die drei Hauptstücke tragen nun die Handschrift David Aldens. Nur das Vorspiel *Rheingold* – jetzt im wahrsten Sinne des Wortes ein ›Vorspiel auf dem Theater‹ – blieb, wie es gewesen, blieb in Herbert Wernickes Fassung bestehen – eine Hommage und Erinnerung, *Das Rheingold* war die letzte vollendete Inszenierung dieses geistvollen Bühnenmenschen überhaupt.

»Bayreuth schwindet«, meinte David Alden gleich zu Beginn seiner Arbeit. Für die Kenner mochte das wie ein metaphorischer Kommentar zum Stand der Dinge am Grünen Hügel klingen, Alden meinte aber nur die Kulissen Wernickes. Das Münchner ›Bayreuth‹ mußte hinter anderen Bildern verschwinden. Das war evident und richtig – kein eigenständiger Künstler würde sich in einem vorgefertigten Universum bewegen können und wollen. Es war nur der inneren Souveränität Aldens, seiner Flexibilität und

Richard Wagner, *Siegfried*. Premiere am 3. November 2002 im Nationaltheater. Inszenierung: David Alden, Bühne und Kostüme: Gideon Davey

Kooperationsbereitschaft zu danken, daß wir ›Bayreuth‹ überhaupt noch einmal zu sehen bekamen. Wenn Jung-Siegfried sein Schwert geschmiedet hat, es hochreißt und in gleichsam semantisch eingefrorener Triumphpose dasteht, taucht im Hintergrund das alte Theater auf, für eine Schrecksekunde lang erscheint das Inbild deutscher Phantasien. Oder es schiebt sich eine der klassizistischen Bayreuther Säulen, nunmehr geweißt, in die Gibichungenhalle herein. Neben solchen einzelnen signifikanten Momenten behalten die Bayreuther Portale insgesamt ihren ruhigen Platz bei, sie rahmen Aldens Interpretation des *Rings* ein.

Kein *Ring*-Nostalgiker wird im übrigen behaupten können, das Münchner Projekt enthielte ihm die gewisse vorgeschriebene Rundung des *Ringes* vor, den Anfang im Ende, die Rückkehr zu den Ursprüngen, mit der vagen Hoffnung auf einen neuen und besseren Beginn. Wenn der *Ring* im Schlußdonner und letzten Lyrismus der *Götterdämmerung* verklingt, senkt sich die von Alden neu eingezogene Decke herab, und hinter seinem Allgegenwartsraum wird erneut das alte ›Bayreuth‹ sichtbar, vorschriftsgemäß brennt das weiße Walhalla-Modell wirklich, Autodafé des Gewesenen, und wir sind fast wieder in der *Rheingold*-Szenerie Wernickes. Doch nur fast: Alden zeigt vor allem seinen Abstand von der Historie und all ihren kulturdeutschen Referenzen. Im Bühnenvordergrund tummeln sich riesige Ratten, blaulichtübergossen und katastrophenresistent überleben sie alles, was Menschenhand geschaffen hat – und die schöne Kunstwelt des 19. Jahrhunderts erst recht.

Ein höchst pessimistisches Ende des Endspiels dann: Der Ring, Fetischobjekt der

Richard Wagner, *Götterdämmerung*. Premiere am 28. Februar 2003 im Nationaltheater. Inszenierung: David Alden, Bühne und Kostüme: Gideon Davey. Szene mit (von links) Nancy Gustafson (Gutrune), Johannes Benner (Grane), Juha Uusitalo (Gunther) und Stig Andersen (Siegfried)

Macht, wird den Rheintöchtern nicht zurückgegeben, weil diese damit nichts mehr anfangen können, sie sind im Reinigungsgewerbe tätig und verdienen ihr Taschengeld als Bardamen in der Rhine-Bar – was soll ihnen ein Ring? Brünnhilde legt ihn im Laufe ihres Schlußgesanges ab, nicht zufällig auf dem Souffleurkasten, jener alten black box, aus der seit Jahrhunderten schon das Raunen der Opern-Pythias die Zeit anhält. Kein Mythos mehr, kein Weltentwurf, keine Natur, kaum noch eine kohärente Geschichte, wie sie doch immer noch erzählt wurde in den epochalen *Ring*-Inszenierungen der letzten Jahrzehnte. »Ich bin sehr amerikanisch, in meiner ganzen Art, in meinem ganzen Wesen«: David Alden läßt seinen *Ring* im Niemandsland der Zivilisation spielen, das die amerikanische Kultur hervorgebracht hat und mit der wir uns auch in Europa herumschlagen, seitdem wir, mit der Freiheit, auch die Auswüchse des ungebremsten Ökonomismus importiert haben. Wagners altnordisch-mittelalterliche Nibelungensaga spielt inmitten der menschlichen und technischen Wüste amerikanischer Prägung, inmitten des Environments, das diese Wegwerfwarenwelt geschaffen hat, ihres Techno-, Plastik- und Sportkrams, ihrer Flugzeuge, Autowracks und Comics, inmitten einer Welt der Vermüllung, Naturzerstörung und der sozialen Geschmack- und Formlosigkeit, der scheußlichen Lampen, zerschlissenen Sofas, Verkehrsampeln, Schreibtische, Matratzen, Mauern, Schalenstühle und Sektflaschen. Alles ist episodisch geworden, die Geschichte wie die Schicksale, nichts hängt logisch miteinander zusammen, die Kontingenzen regieren, Trash reimt sich auf Cash und homo homini lupus.

Wotan ist ein zweifelhafter Flugzeugentrepreneur à la Howard Hughes, er mag hinter den Frauen her sein und Töchterchen Brünnhilde lieben – wichtiger ist ihm die Macht, und dafür bringt er sein besseres Selbst zum Schweigen. Brünnhilde wird zu Propagandazwecken abgerichtet: Den sterbenden Helden malt sie, nicht ohne erotische Untertöne, Walhall als Paradies. Auch ihre Schwestern wurden nicht zufällig gezeugt, als »Heldenreizerinnen« locken die Walküren die Soldaten in den Tod, um sie hernach für Wotans Endsieg rekrutieren zu können. Den halbmenschlichen Kindern geht es nicht viel besser, sie werden ebenfalls vom Vater instrumentalisiert, und das survival training, das Wotan mit Siegmund veranstaltet, geschieht nicht aus Liebe zum Wälsungensohn.

Wotan braucht Menschen als Kriegsmaschinen, bewußt zieht er sie sich als Kriegsmaterial heran. Daß er sowohl die Göttin Erda wie die Menschenfrau »nur strategisch beschlafen« habe, ist der pointierte Kommentar von Joachim Kalka zu diesem martialisch machtversessenen Universum Wotans in der *Walküre*. Alles ist für den Obersten Mittel zum Zweck, und ein seltsam leerer, furchtbarer Staat entsteht, eine Lager- und Bunkerwelt. Wenn Aldens *Walküre* an eine historische Zeit gemahnt, so an die totalitäre des Zweiten Weltkriegs und ihre Maßnahmen zum Machtgewinn – alle sind Material, alle sind Opfer, auch die eigene Familie; denn nur eines will Wotan: »das Ende, das Ende«.

Im *Siegfried*, dem ›Scherzo‹ des *Rings*, scheinen die Schrecken des Krieges hinter dem bunten Plastikmüll der fünfziger Jahre begraben und vergessen, genauer besehen regiert aber auch hier die Angst. Mime ist deren Exponent, er hat seinen Schrank voller Gewehre und Pistolen, und die preußische Pickelhaube für den Gang durch den Wald ist gerade wehrhaft genug. Die Komik des Kleinbürgers, der seine Angst mit Supermarkt-Objekten zumüllt, ist so notorisch wie erbärmlich. Die Objekte geben keinen Halt mehr, wenn alles, ohne unveräußerlichen Rest, tauschbar geworden ist. Siegfried, ein verwahrloster Jugendlicher, will hinaus, weiß aber nicht wohin. Endlich lebt er seinen Roadmovie-Traum, sein Hornruf tönt aus dem Ghetto-Blaster, und die Natur vor Fafners Höhle hält sowohl bedrohliche wie auch pubertäre erotische Bilder für ihn bereit: Das Entwicklungsdrama eines jungen Mannes nimmt seinen Lauf. Durch dunkle Straßenkreuzungen hindurch findet er magisch seinen Weg zur Frau. Brünnhilde, Businesswoman im Nadelstreif, hat ihre Pferdestärken in den Asphalt gefahren, sie erwacht nach dem Autounfall aus ihrem halben Koma, wird zur Weiblichkeit bekehrt. Liebe und Jugend triumphieren, Siegfried und Brünnhilde werden die Welt neu erfinden, sie desertieren aus der vorgefertigten Welt der Habgier und Zerstörung.

Ihre neue Liebeswelt hat eine Chance, der fleckenlos weiße Raum, in dem sie in der *Götterdämmerung* erwachen, bezeugt dies. Nette junge Menschen, they make love not war, die sechziger und siebziger Jahre sind angebrochen oder vielmehr eine Niemandszeit Jetzt. Doch dann nimmt das Geschehen (alp)traumartigen Charakter an. Brünnhilde ist sich ihrer Erinnerung nicht sicher, erst wenn sie weiß, »wie das ward«, wird sie wissen, »wie das wird«. Wenn sie die alte Welt nicht überliefert, wird keiner mehr wissen, was geschah, die neue Welt wird ohne Identität und Kontur sein.

Brünnhilde verkörpert Erinnerung und Gedächtnis, sie hat die Schrift, wahrt den Text, heftet das Wissen von der Vergangenheit in

Richard Wagner, *Die Walküre*. Premiere am 7. Mai 2003 im Nationaltheater. Inszenierung: David Alden, Bühne und Kostüme: Gideon Davey. Szene mit (von links) Marjana Lipovsek (Fricka), Gabriele Schnaut (Brünnhilde) und John Tomlinson (Wotan)

ihren Aktenordnern ab. Gleichzeitig läuft die Gegenwart: Im Kontext der Gibichungenintrige wird aus der sympathischen Naivität Siegfrieds tödliche Dummheit. Und auch Brünnhilde weiß nicht mehr, in welchem Stück sie ist – so stand es nicht geschrieben –, sie wird zur Komplizin Hagens, und wenn sie ihre Aufzeichnungen am Schluß verbrennt, so verglüht auch alle Erinnerung an die Welt, die einmal gewesen ist. Hatte sich der reine Raum des Anfangs im Verlauf der bösen Geschichten wieder mit neobarbarischen Travestien und Einrichtungsgerümpel gefüllt – Männer im Smoking mit Wildfellen und Waffen, Hochzeitstische und Flipperautomaten –, so leert sich die Bühne am Ende erneut. Brünnhilde, eine Selbstmordattentäterin, schneidet sich die Pulsadern auf und verharrt in ratlos anklagender Haltung an der Rampe, bis am Ende der Bayreuther Anfang erscheint und die Ratten übernehmen.

David Aldens *Ring* ist ein *Ring NOW:* er zwingt die bisherige Ästhetik der Wagnerinszenierungen zu einem weiteren Schritt. Hier wird nicht mehr erklärt, sondern gezeigt, nicht mehr gedeutet, sondern assoziiert. »Wild und kraus kreist die Welt«, wußte schon Erda. Die alten narrativen Zusammenhänge lösen sich auf, statt einer Geschichte gibt es viele Geschichten, und diese könnten immer auch anders verlaufen. Manchmal setzt Alden die Bilder scharf und hebt die Szenen kontrapunktisch zur Musik ab, dann wieder hält er sie ruhig, seine Figuren müssen oft auch bei stärksten Emotionen sitzen bleiben, und die Musik hat das Wort, darf fließen. Die Darsteller agieren zumeist für sich, machen sichtbar, was in ihren Köpfen vor sich geht, auch wenn sie miteinander auf der Bühne stehen: Solipsismus inmitten der Gemeinsamkeit. Umgekehrt dazu gibt es auch die Überblendung einander nachgeordneter Szenen, so daß eine Simultaneität entsteht, die es eigentlich nicht gibt. Beide Darstellungstechniken tragen dazu bei, die Phänomene der modernen non-communication zu veranschaulichen, die innere Einsamkeit inmitten exzessiver Kommunikationstechniken. Alden ist auch darin unerbittlich, als er gar nicht daran denkt, der Auflösung des Begriffs der Einheit der Person – das Ich ist ein Anderer, hat Rimbaud gesagt – eine integrative Ästhetik entgegenzustellen. Sein Theater ist ein offenes Theater, ein Theater der permanenten Mehrdeutigkeit. Das bezieht sich auf die Charaktere der Figuren nicht minder als auf die Räume, in denen sie sich bewegen: Wer ist gut, wer ist böse, wo sind wir überhaupt? Im *Siegfried* wechselt Alden seinen Stil sogar in jedem Akt: Trash-Komik und Kabarett im ersten, plastische Collagen à la Hieronymus Bosch im zweiten, die fließend irreale Bildchoreographie des Kinos von David Lynch im dritten Akt. Es ist, als folgten wir den Entwicklungssprüngen Siegfrieds, vollzögen seine jeweilig wechselnden Imaginationen mit.

Das hat auch seine musikalische Berechtigung. *Siegfried* sei das erste »polystilistische Stück«, hat der Dirigent Michael Boder festgestellt. In der *Walküre* und der *Götterdämmerung* variieren die Räume und Stile weit weniger, durch das Hereinholen von Wänden, Mauern und Objekten entsteht insgesamt eher der Eindruck von Ausweglosigkeit, Unentrinnbarkeit. Kopfkino-Imagerie wie beim *Siegfried* aber gibt es auch, immer wieder verschieben sich die Grenzen von Außen- und Innenwahrnehmung. Ist die todesverkündende Brünnhilde nicht vielleicht nur eine Einbildung Siegmunds, und träumt Brünnhilde nicht überhaupt die ganze lange Geschichte vom Ende der Götter – ein von Ängsten durchsetzter Emanzipationstraum der Tochter?

Wandel und Verwandlung scheint das einzig verbindliche Prinzip des Szenikers Alden zu sein. Nie darf man sich sicher sein, daß man wüßte, was nun geschehen wird. Dem Wuchern der Aldenschen Assoziationen ausgesetzt und jenseits der vertrauten Erzählmuster, müßten *Ring*-Kenner einen schweren Stand in München haben. Es sei denn, sie erkennen die Verfahrensweisen des Traums und des Films in dieser Ästhetik wieder.

Daß es im Traum alogisch, unvermittelt, überraschend und surrealistisch hergeht und die widersprüchlichsten Dinge ohne Rücksicht auf die Kategorie des Geschmacks zusammengeworfen werden, weiß jeder. Keine Gestalt ist im Traum sie selber, sondern immer auch eine andere. Die Clip- und Video-Ästhetik unserer Tage serviert ihre Bilderfetzen ähnlich, sie schneidet ihre Bilder und Worte durcheinander oder schichtet sie übereinander. Nichts daran erscheint unserer medial fortgeschrittenen Wahrnehmung beunruhigend. Nur auf der Opernbühne ist dergleichen immer noch ungewohnt. Da muß alles kohärent sein, alles muß etwas bedeuten, und es macht uns glücklich, wenn wir verstehen. Vielleicht ist es die Partitur, die diesen Zwang zu semantischen Zusammenhängen ausübt; aus dem stringenten Erzählfluß der Musik läßt sich nicht aussteigen, schon gar nicht aus dem durchkomponierten Werk Wagners. Bestünde diese letzte Barriere nicht, vielleicht wäre die Opernbühne der zeitgenössischen Sprechbühne längst gefolgt, die sich Ausbrüche aus der vorgeschriebenen Handlung gestattet und diese genüßlich auskostet. Alden versucht sich zumindest metaphorisch am Ausstieg aus diesen Zwängen, und manchmal gelingen ihm subtile Gleichnisse für die ›Gegenwendigkeit‹ der Welt, die wir als Moderne erfahren, für die Unhaltbarkeit ihrer Worte und Gesten. Wenn Brünnhilde am Ende den Text der Welt den Flammen übergibt, »ahnt man, worin für Alden der Untergang besteht: nicht im Verdämmern der Götter, sondern im Untergang der Bedeutungen, im Sturz der Bilder« (Thomas Assheuer).

In diesem Versuch, aus Logik und Verbindlichkeit auszusteigen, inszeniert David Alden die Verluste unserer Welt. Zugleich schenken ihm die anderen Ästhetiken aber Dimensionen, die sehr wagnerisch anmuten. War Wagners Musikdrama darauf aus, »die Beziehungen aufs Ergreifendste zu steigern«, so ist Alden vor allem daran gelegen, die inneren Welten evident zu machen, das Unterschwellige, Rätselhafte, Erotische, Gewalttätige ohne moralischen Zeigefinger oder ideologische Absicht sichtbar werden zu lassen; die »Seelenlandschaften« Wagners, wie er sagt, an die Oberfläche zu bringen. Seelenlandschaften aber sind immer archaische, mythische Landschaften, sie erzählen von den Grundelementen der menschlichen Natur. An ihren Rändern, in ihrer Bildlichkeit erfahren diese Grundelemente im Lauf der Jahrhunderte und Stile immer neue Variationen und Ausformungen, im Kern aber bleiben sie sich gleich – Liebe, Haß, Eifersucht, Angst, Sehnsucht, Gier.

Auf seiner Reise durch die Zivilisation zeigt uns der Münchner *Ring* die amerikanisch-westlichen Varianten und Ausformungen dieser anthropologischen Konstanten. Der dabei entstehende Wirrwarr der Bilder und Personen, die plötzliche Dichte auf der Bühne und ihr plötzlicher Leerstand, die stilistischen Sprünge und asynchronen Assoziationen werden vom Netz der Leitmotive überspannt und zusammengehalten. Selber vielfarbig und mehrdeutig, stiften sie dennoch Einheit, sorgen für Kontinuität. Wagners Musik bürgt für die Lesbarkeit der unendlichen Geschichte. Hörbar gemacht hat sie der musikalische Leiter des Münchner *Rings*, Zubin Mehta. Fels in der Brandung, bildete er das Gegengewicht zur unruhigen Bühnen-Geschichte, blieb er immer im Takt: Ihm und dem Bayerischen Staatsorchester ist es zu danken, wenn auch dieser *Ring* in unserer ästhetischen Wahrnehmung zu einer schimmernden Einheit verschmilzt.

Regisseur Herbert Wernicke bei einer Probe zu Wagners *Das Rheingold* in München, Februar 2002

Hanspeter Krellmann

Stonehenge – hölzern

Zu Rudolf Wachters Bildmonumenten

Monumentalität impliziert etwas auf gewaltig-gewaltsame Art Gewichtiges und auch Schwerfälliges. Monumente dagegen, wenngleich raumfüllend, müssen nicht monumental sein. Diese Definition vorausgesetzt, sind Rudolf Wachters Skulpturen Monumente. Und da sie nicht erdrückend wirken, ist ihnen keine Monumentalität immanent.

Monumente erzeugen Nachdenklichkeit. Wachters Monumente, ob groß oder klein in ihren Ausmaßen, unverwechselbar mit ihrer Hermetik, ihrer unverschnörkelten Blockhaftigkeit und nachwirkenden Beharrlichkeit, zwingen zum Nachdenken. Sie sind imposant, pathosfrei und immer überzeugend. Sie beherrschen die Orte und Räume, an denen und in denen sie installiert sind. Ihre Größe bleibt zweitrangig. Ausschlaggebend ist ihr Charakter.

Wesentlich hat sich für Wachters Entwicklung seine Entscheidung für das Material Holz ausgewirkt. Holz war für ihn nie ein Ideenfundament, sondern die Idee an sich. Er nutzt den Naturstoff Holz seiner Urbeschaffenheit wegen und hat ihn von Anfang an ernstgenommen.

Zu einer solchen Grundhaltung kann man wohl nur aus handwerklichem Einverständnis kommen. Wachter hatte eine Ausbildung zum Schreinermeister absolviert, bevor er das Akademiestudium in München anschloß. Danach war es für ihn nur ein Schritt, sich auch als Künstler auf die Arbeit mit Holz einzulassen. Er hatte entdeckt, daß geschlagenes Holz nicht tot ist. Sägt man aus einer Baumscheibe ein Segment heraus, entwickelt das Scheibenfragment ein Eigenleben: Es dehnt sich jetzt aus, zieht sich zusammen, krümmt sich…

Diese Grunderkenntnis wertet Rudolf Wachter bis heute aus. Er richtet Holz mit einer Kettensäge nach seiner Vorstellung zu: Er setzt die Schnitte so, daß der Stammblock sich in einer von ihm gesteuerten Art verändern kann. In seinen Objekten unterordnen sich die von ihm aus dem Stammblock herausgearbeiteten und wie hinzugefügt wirkenden Elemente der übergeordneten Vereinheitlichungstendenz zum Monument als einem Memorial sehr persönlicher Ausrichtung. Durch Wachters formprägenden Eingriff entsteht aus der real gegebenen Naturhaftigkeit des Materials eine neue Wirklichkeit – aus einem Stück geschaffen.

Eine fundamentale Wirkung geht von Wachters Arbeiten aus, wenn sich mehrere Skulpturen zu einer schweigenden Szenerie verbinden. Ihr Betrachter fühlt sich, fern jeder erinnerten Realität, in eine sozusagen abgehobene Welt, eben eine Gegenwelt, versetzt. Rudolf Wachters künstlerisches Schaffen im ganzen ist eine der Natur abgewonnene Gegenwelt. Er nennt sie Woodhenge – hölzernes Gegenstück zum englischen Stonehenge.

Rudolf Wachter:
New Grange
XXXXVII. 2001
Pappel 87/63/82

Rudolf Wachter:
Station IV, 1996
Pappel 150/57/52

Rudolf Wachter:
Station XII, 1998
Pappel 140/72/68

Rudolf Wachter:
Entwicklung einer
Kiste, 2003
Pappel 80/80/75

Rudolf Wachter:
New Grange
XXXXI, 2000
Pappel 100/128/90/90

Rudolf Wachter:
New Grange
XXXXVI, 2001
Pappel 80/70/73

Rudolf Wachter:
New Grange
XXXX, 2000
Pappel 90/120/137

Rudolf Wachter:
Gebrochener
Raum, 1997
Pappel 70/92/82

Rudolf Wachter:
New Grange
XXXV, 1999
Pappel 53/90/90

Rudolf Wachter:
Mensa, 2000
(Altartisch in
St. Lukas, Augs-
burg)
Pappel 97/97/97

Hans A. Neunzig

Die Opferrolle der Frau

Von Monteverdi über Schostakowitsch und Britten bis Jörg Widmann

In der Regel generiert die Oper ihre Stoffe (und damit die hier anzusprechenden Opferrollen) nicht eigenständig, sondern bezieht sie von allem Anfang an aus dem Fundus der Weltliteratur. Als sich das Genre aus Vorformen, wie Bühnenspielen mit Musik, Passions- und Mysterienspielen des Mittelalters und Fastnachtsspielen der frühen Renaissance zur Selbständigkeit herausbildete, da stand, ausgehend von den Mitgliedern der Florentinischen Akademien, der Vorsatz dahinter, das altgriechische Drama wiederzubeleben; was, wie heute gern dargelegt wird, auf einer falschen Vorstellung von der antiken Wirklichkeit beruhte. Dagegen lag es natürlich im Sinne dieser zwar irrtümlichen, aber, wie sich erwies, zukunftsträchtigen Idee nahe, die Stoffe des neuen Dramma per musica aus der antiken Mythologie und dem altgriechischen Drama zu schöpfen. Opferrollen gab es in beiden Quellen die Fülle. Doch schon im Blick auf die Anfänge der neuen Gattung, die ja mit denselben Stoffen und deren Bearbeitungen zu tun hatte wie die rein literarischen Umsetzungen mythologischer Geschichten, stellt sich die Frage nach der richtigen Definition von Opfer und Opferrolle.

Als herausragendes Beispiel der sich festigenden Opernkultur gilt Claudio Monteverdis erstes, 1607 in Mantua uraufgeführte Bühnenwerk *L'Orfeo*. Die mythische Figur des thrakischen Sängers, dessen Gesang die Menschen entzückte, Tiere zähmte und Götter erweichte, verkörpert die Idee eines Musiktheaters zur Wiederbelebung des antiken Dramas vollkommen. Wir erinnern uns: Die Musik des Orpheus bestimmt die Götter, hier Pluto, den Gott der Unterwelt, und insbesondere seine Gattin Persephone (lateinisch: Proserpina) dazu, Eurydike, die Ehefrau des Sängers, aus dem Totenreich zu entlassen. Orpheus darf sie heraufholen; allerdings unter der Bedingung, daß er sich auf dem Weg in die Welt der Lebenden nicht nach ihr umsieht. Daran scheitert er, und Eurydike sinkt daraufhin zurück in den Tod. Monteverdi und sein Librettist Alessandro Striggio hielten es so, wie die meisten ihrer Nachfolger bis hin zum Opernreformer Christoph Willibald Gluck hundertfünfzig Jahre später (1762): Ein Deus ex machina, im einen Fall Apollon, im anderen Amor, stellen das in der Opera seria gewünschte Lieto fine, das erfreuliche Ende, her. Ein Gnadenakt, wie er Göttern und den herrschenden Fürsten jener Zeit gut zu Gesicht stand. Der Mythos zeigte mehr Konsequenz: Das Urteil galt. Erst Joseph Haydn und sein Librettist Carlo Franceso Badini faßten sich ein Herz und folgten dem Mythos in seiner ganzen Grausamkeit bis hin zum Tod des Orpheus, welcher der Liebe entsagte und daraufhin im Mythos von Mänaden zerrissen, bei Haydn/Badini von Bacchantinnen zu einem Gläschen Gift geladen wird. Der

Cassandre (Deborah Polaski; linkes Bild, Mitte) und Didon (Waltraud Meier; rechtes Bild) in Hector Berlioz' *Les Troyens* (Premiere am 30. Juni 2001; Inszenierung: Graham Vick, Bühne: Tobias Hoheisel, Kostüme: Tobias Hoheisel, Ingeborg Bernerth)

englische König verweigerte seine Zustimmung zur Aufführung dieser Oper. Auch er sah gern seine Güte in der Gnade der Götter gespiegelt.

War Eurydike ein Opfer? Wenn ja: Wer hat sie dazu gemacht? Da der Begriff des Opfers eindeutig aus der sakralen Sphäre stammt, richtet sich das Augenmerk zuerst auf die Götter. Es liegt nahe, daß sie von Beginn an die Hände im Spiel hatten und die Schlange schickten, um die folgende Treueprobe zu inszenieren. Sie bestärkten Orpheus, um Eurydike zu kämpfen, und von Apollon weiß die Geschichte der Mythen zu berichten, daß er gern einmal Schlangen als Mittel zum Zweck verwendete. Orpheus besteht den ersten Teil der Prüfung: Seine Musik bezwingt die Götter des Todes; den zweiten Teil der Prüfung, in dem es um die Treue geht, besteht er nicht. Sein Vertrauen in die Liebe der Frau reicht nicht aus, um sicher zu sein, daß sie ihm folgt, obwohl sie seine scheinbare, in seiner Abwendung von ihr begründete Gefühlskälte beklagt.

Der Ausgang mythisch-mystisch bedingter Treueproben heißt stets Liebe und Leben oder Tod. Die Opernliteratur ist voll davon. Wir hören das Echo in der Klage von Mozarts *Zauberflöten*-Pamina: »Ach, ich fühl's, es ist verschwunden, / Ewig hin der Liebe Glück!«, und am Ende heißt es: »Fühlst du nicht der Liebe Sehnen, / So wird Ruh' im Tode sein!« Das Lamento ist die musikalische Ausdrucksgestalt der Opferrolle. Es begleitet das unverschuldete wie das selbstverschuldete Unglück durch die Operngeschichte. Zwar fällt es in den Bearbeitungen des mythischen Stoffes von Orpheus und

Eurydike dem männlichen Part zu; vielleicht nur, weil er der Sänger schlechthin ist: »Ach, ich habe sie verloren...« (Gluck), findet sich jedoch mehr und mehr im Rollenbild der Frau wieder.

Ariadne kann als das Muster für alle die Frauen gelten, die sich nicht nur verlassen glauben, sondern tatsächlich verlassen sind. Von Monteverdis *L'Arianna* blieb überhaupt nur das Lamento der Titelfigur erhalten, und es spricht, wie alle folgenden, vom Tod: »Lasciate mi morire«. Aber die Ariadne-Geschichte enthält weiterführende Aspekte als allein den einer verlassenen Frau. Denn Ariadne erscheint tiefverstrickt in die Launen und Begierden von Göttern, Halbgöttern und Menschen. Nach heutigem Verständnis läßt sich davon ausgehen, daß alle Züge, die den Göttern zugeschrieben wurden, in der Psyche des Menschen anzutreffen sind. Nicht von ungefähr fand die Psychoanalyse Bilder für die Muster ihrer Forschung in der Welt des Mythos. Natürlich stoßen wir in Hugo von Hofmannsthals Bearbeitung des Stoffes für *Ariadne auf Naxos* von Richard Strauss auf die deutlichste Spur für diese Auffassung, und der Todeswunsch erhält eine tiefere Begründung als nur die des Verlassenseins: »Es handelt sich«, schrieb der Dichter Mitte Juli 1911, noch während der Arbeit am Buch, an den Komponisten, »um ein simples und ungeheures Lebensproblem: das der Treue. [...] Ariadne konnte nur eines Mannes Gattin oder Geliebte, sie kann nur eines Mannes Hinterbliebene sein. Eines freilich bleibt übrig, auch für sie: das Wunder, der Gott. Sie gibt sich ihm, denn sie nimmt ihn für den Tod.«

Als Ariadne, von Theseus verlassen, auf Naxos zurückbleibt, gilt ihr Schmerz dem treulosen Geliebten, ihr Todeswunsch aber dem ihr innewohnenden Gesetz der Treue: »Es gibt ein Reich, wo alles rein ist: Es hat auch einen Namen: Totenreich.«

Mit Hofmannsthals und Strauss' Rückgriff auf den Ariadne-Stoff war die Epoche einer zweiten Wiederentdeckung des Mythos schon fast wieder abgeschlossen. Es war die Epoche der romantischen Oper. Vorher waren im Zuge der Aufklärung nach und nach die Götter von der Opernbühne verschwunden, die Opferrolle der Frau jedoch wurde schärfer und zugleich spielerischer aufgefaßt. Die Übergänge waren, wie in jeder Kunst, fließend. 1767 erschien Glucks *Alceste*, die mythische Geschichte einer Frau, die ihr Leben für das ihres Ehemanns opfert – eines der schönsten Beispiele für die aktive Opferrolle. Allerdings wurden beide begnadigt. Mozart begann noch im selben Duktus. Nach 1781

Elisabeth (Nadine Secunde) in Richard Wagners *Tannhäuser* (Premiere am 6. Juli 1994 im Nationaltheater; Inszenierung: David Alden, Bühne: Roni Toren, Kostüme: Buki Shiff)

kam mit seiner Oper *Idomeneo* ein musikalisch weit vorausgreifendes, stofflich jedoch ganz der Seria-Tradition gehorchendes Bühnenwerk zur Aufführung, einschließlich der Opferrolle für eine liebende Frau und einem Lieto fine. War Gluck ein Reformer der Oper, kann Mozart nur als Opernrevolutionär bezeichnet werden. Schon in *Idomeneo* war es ihm gelungen, italienisches Belcanto mit der französischen Stringenz einer musikalischen Dramaturgie zu verbinden und dem Geschehen einen natürlichen Fluß zu verleihen. Diese Natürlichkeit des musikalischen Ausdrucks übertrug sich anscheinend ohne weiteres auf die Personenführung seit der *Entführung aus dem Serail* (1782) und erst recht in *Le nozze di Figaro* (1786) als erstem Höhepunkt: Da standen wirkliche Menschen auf der Bühne, dem skeptischen Blick des Zeitalters ausgesetzt. Nicht mehr der Mythos herrschte, sondern die Ambivalenz menschlichen Gefühls und Handelns. Die Opferrolle der Frau verschwand darunter nicht; doch ging ihr die Eindeutigkeit verloren, und zwar – und das ist das Kunststück – obwohl die Gefühle der Protagonistinnen nie denunziert werden.

Erscheinen die weiblichen Figuren in Mozarts *Don Giovanni* nicht auf den ersten Blick alle als Opfer des Untiers Mann (Achtung: Mythos!), eines wahren Minotaurus, der Jungfrauen verschlingt? Vielleicht sind sie es in der Tat alle, nämlich Opfer seiner unauslöschlichen Begierde: Donna Anna, Donna Elvira und Zerlina. Doch offenbart sich in unterschiedlicher Weise hier auch jene wunderbare Ambivalenz des erotischen Opfers. Zerlina scheint ganz und gar unbeschädigt

Violetta (Julia Varady) mit Alfredo (Marcello Giordani) in Giuseppe Verdis *La traviata* (Premiere am 25. Juli 1993 im Nationaltheater; Inszenierung: Günter Krämer, Bühne: Andreas Reinhardt, Kostüme: Carlo Diappi)

aus dem Abenteuer hervorzugehen. Sie quietscht zur rechten Zeit: eher ein verabredetes Zeichen als wirklich ein Hilferuf, da sie die Beschützer hinter sich weiß. Sie schien dem Verführer nie verfallen, wenn auch in ihrer Eitelkeit geschmeichelt. Eine kleine hübsche Lüsternheit antwortete seiner Lust. Dabei fällt es ihr leicht, auf dem Absatz kehrt zu machen und die biedere Kleine zu geben: »Batti, batti, o bel Masetto.« Opferqualitäten beweist vielmehr Elvira, und zwar als Opfer ihrer Leidenschaft. Sie stellt die bewegendste Figur des Dramma giocoso dar, da sie ihrer selbst nicht mächtig ist. Es kommt aber noch ein Aspekt hinzu: der Besitzanspruch der Liebenden an den Geliebten: Wie so oft geht es hier also nicht allein um Liebe, sondern auch um Verfügungsgewalt. Die meisten Gedanken haben sich alle Interpreten des Dramas über Donna Anna gemacht. Spätestens seit E.T.A. Hoffmanns *Don Juan*-Geschichte scheint festzustehen, daß die rächerische Wut, die Donna Anna an den Tag legt, in Wahrheit nicht dem ruchlosen Verführer, sondern ihrem eigenen Verfallensein an ihn gilt. Donna Anna bleibt im Zwielicht. Vielleicht hat Ivan Nagel recht, wenn er von ihr sagt, daß »deren Leidensmelodik noch barocke Hoheit hat« und sie »gleich Lessings, Schillers Töchtern statt am Liebhaber (Ottavio oder Giovanni) schreck- und tugendgebannt am Vater« hänge.

Eindeutiger Opfercharakter wäre den betrogenen Frauen in Mozarts lange umstrittener Oper *Così fan tutte* zuzuschreiben, ergäbe es irgendeinen Sinn, das Werk als moralische Parabel zu werten. Die Skepsis der Epoche gegenüber den sogenannten wahren Gefühlen wird vielmehr in einem Planspiel durchexerziert; die Figuren, wie Marionetten an Fäden gezogen, erfüllen die gestellte Aufgabe, die Unmöglichkeit zu lieben vor Augen zu stellen, und bleiben Instrumente. Einzig Fiordiligi darf einmal (»Per pietà, ben mio, perdona«) aus der Puppe schlüpfen und ihrer schönen Seele Ausdruck verleihen. Man sagt, die Sängerin der Fiordiligi sei mit Da Ponte verbandelt gewesen, und für sie habe er das Schema durchbrochen. Dennoch hat das Rechenexempel aufzugehen. Und so kommt es ja auch. *Così fan tutte* scheint kein Fall für Opfer und Täter, sondern geometrisches Exempel über das zweifelhafte Spiel der Liebe. Merkwürdig übrigens, daß diese Oper, in der die Figuren so weit voneinander entfernt stehen, die schönsten Ensembles der Opernliteratur aufzuweisen hat, hinter denen aber, gäbe es sie denn, die Göttin der Ironie vermutet werden müßte.

Die wahren Opferrollen kreierte erst wieder die Romantik, und zwar zuerst ihre deutsche Ausprägung. Die Entdeckung der Märchen und Sagen durch Dichter und Philologen nährte das grundsätzliche Interesse an mythisch-mystischen Stoffen. Das Operngenre profitierte enorm davon. Die Reinkarnation der frühen deutschen Romantik auf der Opernbühne heißt *Der Freischütz*. Carl Maria von Weber hat ihr für immer gültigen musikalischen Ausdruck verliehen. Das ahnungsvolle Opfer dieser Geschichte der Verirrungen, Agathe, profitiert von der Lietofine-Tradition der alten Opera seria, aber nunmehr unter praktischen Überlegungen. Der »doppelte Untergang der Liebenden«, wie ihn die ursprüngliche Vorlage bereithielt, schien dem Librettisten nach eigener Auskunft »allzu tragisch«; ja, die Aufopferung der Unschuld mit der Schuld könne womöglich als unmoralisch gelten. Als Max, der Bräutigam, die letzte und daher verhexte seiner in der Wolfsschlucht gegossenen Kugeln zum Probeschuß auf eine Taube aus dem Lauf schicken will, ertönt ihr intuitiver Schrei: »Schieß nicht, Max; ich bin die Taube!« Das Opferlamm rettet sich und den Schützen, da auch der Spruch des guten Fürsten auf Rat des Eremiten ihrer Liebe eine Bewährungsfrist gönnt.

Richard Wagner hat den *Freischütz* immer geliebt: die Musik, den Stoff, den vollkommenen Ausdruck deutscher Romantik in beidem. Er kannte auch früh Heinrich Marschners Oper *Der Vampir* (mit drei unschuldigen Opferbräuten, von denen nur die dritte gerettet wird), sie wurde 1828 in Leipzig uraufgeführt. Den Mythenstoff für seinen *Fliegenden Holländer* lernte Wagner durch Heinrich Heine kennen. Eines jedoch gehört ihm ganz allein, nämlich die Interpretation der Opferrolle Sentas. Wagners Botschaft über den unglücklichen Geisterfahrer und seine Retterin lautet: »Als Ende seiner Leiden ersehnt er, ganz wie Ahasveros, den Tod; diese dem ewigen Juden noch verwehrte Erlösung kann der Holländer aber gewinnen durch – *ein Weib*, das sich aus Liebe ihm opfert: die Sehnsucht nach dem Tode treibt ihn somit zum Aufsuchen dieses Weibes; dies Weib ist aber nicht mehr die heimatlich sorgende, vor Zeiten gefreite Penelope des Odysseus, sondern es ist das Weib überhaupt, aber das noch unvorhandene, ersehnte, geahnte, unendliche Weib, – sage ich es mit einem Worte heraus: das *Weib der Zukunft*.«

Sagen wir es auch in einem Wort: Es war Wagners Utopie einer Frau: keine sorgende Gefährtin, sondern ein unabhängiges und reines weibliches Wesen, das sich aus freien Stücken für den Mann opfert.

In den ersten beiden Opern dieses neuen Programms, mit dem er musikalisch (fast) alle Operntradition hinter sich ließ, im *Fliegenden Holländer* mit Senta und im *Tannhäuser* mit der ›heiligen‹ Elisabeth, geht die Rechnung bruchlos auf. Beide Frauen opfern sich selbstlos. In der dritten Oper des neuen Stils gerät die Konstruktion scheinbar ins Wanken; scheinbar, weil Elsa sehr wohl als das »unendlich weibliche Weib« angesehen werden kann, stark genug, um dem Mann gegen jede Wahrscheinlichkeit ihre Rettung zuzutrauen. Doch kaum der Opferrolle, unschuldig verurteilt zu werden, entronnen, gerät sie ins Schwanken zwischen Gefolgschaft und Gesellschaft. Wagners Frauenfiguren und ihre Rolle der Männerwelt gegenüber entwickeln sich. Sie rebellieren gegen Bevormundung. Die unglückliche Elsa eher unter dem Druck der böswilligen Umgebung, doch dann, im *Ring*, haben wir es mit lauter starken Frauen zu tun: Fricka zwingt Wotan zur Aufrichtigkeit; Sieglinde schüttelt die Fesseln ihres ungeliebten Ehemannes ab, emanzipiert sich zur Liebe; und Brünnhilde, rebellierend gegen Allvater Wotan, setzt mit ihrem Opfer ein Fanal für die Liebe, für die Freiheit und für die Gerechtigkeit: ein anspruchsvolles Opfer, ihrer mythischen Schwester im Geiste, Antigone, ebenbürtig.

Der Mythos, der alte Opfertopos, der die Treueprobe einschloß, der Treue auch gegen sich selbst und die eigenen Schwüre forderte, erwies sich lebendig wie je. Nicht nur in Wagners Werk. Sein Konkurrent (und beinahe sein Weggefährte) Hector Berlioz nahm in seiner Oper *Les Troyens* zwei mythologische Stoffe auf. Zwei Frauenfiguren sind die Heroinen der beiden antiken Vorlagen, die der Komponist einander gegenüberstellt: Kassandra und Dido. Kassandra, die Seherin, der niemand glaubte und die sich nach

Elektra (Gabriele Schnaut) in Richard Strauss' *Elektra* (Premiere am 27. Oktober 1997 im Nationaltheater; Inszenierung, Bühne und Kostüme: Herbert Wernicke)

dem Fall Trojas entschließt, die Trojanerinnen in den Tod zu führen – dieses eine Mal folgt man ihr: »Heldin der Liebe und der Ehre, du sprichst wahr! Wir werden dir folgen!« Auch die von Aeneas verlassene Dido, im zweiten Teil der Oper, wählt nach schmerzlichem Kampf mit sich selbst den Tod, nimmt bewegend Abschied von ihrer stolzen Stadt Karthago und stirbt, ein anderes Opfer als Wagners Brünnhilde, unversöhnt. Ihr letzter Gedanke nämlich gilt einem Rächer, der über die Stadt Rom (deren Gründer zu werden Aeneas enteilte) kommen werde: Hannibal.

Auf dem Feld der deutschen Oper schufen Richard Strauss und Hans Pfitzner, die einander die Ehre streitig machten, der wahre Nachfolger Wagners zu sein, Werke aus dem Stoffefundus der Mythen und Märchen. *Elektra* von Strauss bezeichnet die Rückkehr zur klaren antiken Tragödie, ohne die Zutaten und Wendungen eines Richard Wagner. Die Titelfigur trägt die klassische Opferrolle vor wie eine Priesterin des Dionysos: von der heroischen Entschlossenheit, den Mord an ihrem Vater Agamemnon zu rächen, bis zum ekstatischen Tanz nach der durch Orest vollzogenen Tat. Hans Pfitzners Märchenoper *Der arme Heinrich* nimmt das Jungfrauenopfer des Mythos auf. Der todkranke Ritter Heinrich rettet durch Selbstüberwindung das opferbereite Mädchen und sich selbst.

Jenseits der Alpen hatte der besondere Schauer der nordischen Mythenwelt nie Raum gefunden, und die vergangene Welt der Antike schien verweht. Doch täusche man sich nicht! Die seelischen Grundgefühle des Menschen, Trieb und Triebabwehr, wie sie die Mythen und Märchen spiegeln, leben auch auf dem Grund der historischen Stoffe der italienischen Oper. Denn alle Oper wirkt in der Verschmelzung von Wort und Musik als Seelendrama. Die mächtigen Gefühle tragen lediglich neue Kleider. Die Unschuld wird geopfert, das Opfer verstrickt sich in Schuld und nimmt die Sühne auf sich. Verdis Versionen Shakespearescher Tragödien fordern ihre Opfer wie ihre literarischen Originale, und die geben in Konsequenz den antiken nichts nach. So verschlingt Otellos Tragödie das unschuldige Opfer Desdemona, und Lady Macbeth erstickt wie ihr König an der eigenen Schuld.

Die Gesellschaft tritt in Aktion. Sie treibt Violetta (*La traviata*) in ihre Opferrolle. So wird der Weg zum 20. Jahrhundert beschritten. Die lebenbestimmenden Mächte wirken zunehmend aus der Anonymität. Es gibt sie noch, die Einzeltäter, und es gibt wieder den Rückgriff auf die antike Welt: Benjamin Britten läßt in *The Rape of Lucretia* zwei Erzähler in der Funktion des antiken Chors auftreten. Und wie bei den antiken Treueproben ersticht sich die vergewaltigte Lucretia um ihrer Ehre willen und trotz des verständnisvollen Ehemanns.

Wer aber machte Lulu zum Opfer? Alban Berg führte Wedekinds beide Lulu-Tragödien, *Erdgeist* und *Büchse der Pandora*, zusammen, wo das sehr gegenwärtige Weib nun als wildes, schönes Tier vorgeführt wird. Schuldig werden im Grunde alle. Die Grenzen zerfließen. Das Zeitgenössische trägt, wenn nicht dem Verfall der traditionellen Wertvorstellungen, so doch der Unsicherheit über ihren Bestand Rechnung. Die Opferrollen verlieren an Kontur. Der Blick gilt vielmehr der Verstrickung. Aber war das nicht von Beginn an ein Thema der antiken Tragödie? Opferrolle und Schuldverstrickung, das waren die Eckpunkte von Medeas Tragödie (Cherubini, 1797), und sie sind es in *Lady Macbeth von Mzensk* (Dmitri Schostakowitsch, 1934), wo die Mörderin das eigentliche Opfer ist, und sie stehen Pate für den Selbstmord der Katja Kabanova in Janáčeks gleichnamiger Oper von 1921.

Die Welt verändert sich mit jedem Tag. Die weiblichen Opferrollen gehen ihr nicht aus. Selbst die neueste aller Produktionen, Roland Schimmelpfennigs von Jörg Widmann komponierte Oper *Das Gesicht im Spiegel*, die sich der künstlichen Erschaffung des Menschen widmet, macht, als könnte es nicht anders sein, die Frau zum Versuchstier. Und damit zum Opfer.

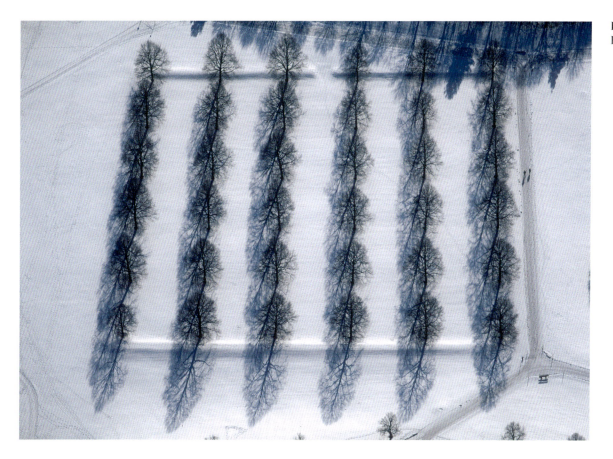

Klaus Leidorf:
Baumspiegelungen

Karl Pörnbacher

Magie von Wort und Musik

Der Orpheus-Mythos, seine Quellen und Ausprägungen

An Berichten über die besänftigende und berauschende, aggressive oder wohltuende, über die verzaubernde und bisweilen gar unheimliche Wirkung der Musik besteht kein Mangel. Religionsgemeinschaften wissen ebenso wie die Propagandaabteilungen totalitärer Staaten um die Einflußmöglichkeiten durch die Musik. Das Christentum betrachtet den Himmel als Urgrund der Musik, Gesänge sollen Glauben und Frömmigkeit stärken. Der Vergleich musikalischer Darbietungen mit himmlischen Klängen oder den Chören der Engel gilt als außerordentliches Lob. Der Opernkomponist erhofft immerhin, daß mit Hilfe einer strahlenden Arie, bevorzugt aus dem Mund eines Tenors, die Herzen der Zuhörer oder wenigstens der Zuhörerinnen dahinschmelzen.

Längst weiß man, in welchem Ausmaß sich der Mensch unbewußt durch Musik beeinflussen läßt. Der Kaufhauspsychologe versäumt nicht, die Kunden durch die gefühlsintensivierende Wirkung von Tönen zum großzügigen Einkaufen anzuregen und Anwandlungen einer vernunftgesteuerten Sparsamkeit zu unterdrücken. Klinikchefs erhoffen die heilende Wirkung der Musik.

Berichte vom Einfluß der Musik auf Tiere, die es in großer Zahl gibt, beschränken sich nicht nur auf die Darstellung der Gehörstrapazen eines sensiblen Pudels bei den schluchzenden Flageolettönen seiner Geige spielenden Herrin. Es gibt Bauern, die darauf schwören, daß Musik, bevorzugt von Mozart, die Milchproduktion im Kuhstall verbessert und erleichtert, während sie atonalen Klangkonstruktionen die gegenteilige Wirkung zuschreiben, dabei wohl vor allem vom eigenen Geschmack beeinflußt. Mittlerweile hört man sogar von Gärtnern, die davon überzeugt sind, daß ihre Pflanzen, zum Beispiel Tomaten, besser gedeihen, wenn sie musikalisch beschallt werden.

Alle diese Einflüsse erinnern an Sagen von der Macht und den Wirkungsmöglichkeiten des griechischen Sängers Orpheus, der in mythischer Vorzeit gelebt haben soll und dessen Wirken als genialer Dichter, Komponist und Sänger durchaus als Tatsache in Erwägung gezogen wird. Geschichten, die berichten, daß seine Musik nicht nur Menschen, Tiere und Pflanzen beeindruckte und beeinflußte, sondern auch die Wogen des Meeres heranrufen oder Flüsse zum Stillstand bringen und sogar Steine in Bewegung versetzen konnte, waren ebenso im übertragenen Sinn allegorisch zu verstehen, wie die Reaktion überirdischer und unterirdischer Wesen auf seine Musik. Eine derartige Auffassung bereitete den denkgeübten Griechen außerdem durchaus keine Schwierigkeiten, sondern, ganz im Gegenteil, eher intellektuelles Vergnügen.

Als sich Sokrates im Jahre 399 vor Christus vor den Richtern in Athen vergeblich gegen den Vorwurf verteidigte, er sei ein Verführer der Jugend und glaube nicht an die Götter, verwies er in seiner Verteidigungsrede darauf, daß er keine Angst vor dem Tod habe, sondern sich auch deshalb auf ihn freue, weil er im Jenseits allen früher Verstorbenen begegnen könne. Einige von ihnen, die ihm besonders wichtig waren, hob er mit Namen hervor: zunächst die beiden Dichter Homer und Hesiod, dann, als berühmtesten, Orpheus, dessen Name zum Synonym für einen großen Sänger und Musiker geworden war und um dessen Leben und Wirken sich bald eine Fülle von Sagen bildete. Als vierten nannte Sokrates Musaios, einen Schüler des Orpheus.

Die antiken Überlieferungen berichten übereinstimmend, daß Orpheus aus Thrakien stammte, wobei man in diese geographische Bestimmung großzügig auch Makedonien mit einbezog. Frühe Darstellungen auf Vasen zeigen Orpheus in thrakischer Kleidung inmitten thrakischer Zuhörer. Beide Gegenden, Thrakien und Makedonien, hatten bei den Griechen den Ruf des Rohen, Unzivilisierten, und ihr Unbehagen angesichts der Tatsache, daß ausgerechnet der berühmteste griechische Dichter und Musiker aus dem halbwilden, barbarischen Norden stammen sollte, ist durchaus verständlich.

Ähnlich wie bei Homer stritten sich auch wegen Orpheus zahlreiche Gemeinden um den Ruhm, sein Geburtsort zu sein. Zu den vielen Orten, die das ganz sicher von sich wissen wollten, gehörten Leibethra am Ostfuß des Olymp sowie das benachbarte Pimpleia. In beiden Städten soll es ein berühmtes Standbild des Orpheus aus Zypressenholz gegeben haben, und beide Städte wa-

Pehr Hilleström d.Ä.: Orfeus och Eurydike (Ausschnitt), Ende 18./Anfang 19. Jahrhundert

Orpheus-Relief in der Villa Albani, Rom

ren davon überzeugt, daß Orpheus hier nicht nur gelebt habe, sondern da sogar begraben worden sei. Ähnliche Ansprüche erhoben allerdings auch Dion am nördlichen Fuß des Olymp und mehrere Orte an der thrakischen Küste, vor allem am Fluß Hebros. Die Griechen nahmen derartige Behauptungen amüsiert zur Kenntnis.

Vage sind auch die Angaben über die Eltern des Orpheus. Wenn gelegentlich Apollon als sein Vater genannt wurde, so war den Griechen selbstverständlich bewußt, daß eine solche Feststellung nicht wörtlich verstanden werden durfte, sondern lediglich den außerordentlichen Rang dieses Künstlers ausdrücken sollte. (Der bereits genannte Hesiod, der um 700 vor Christus in Böotien gelebt haben soll, bezeichnete alle Sänger und Musiker generell, vor allem jedoch die Kitharaspieler, als Söhne oder Jünger des Apoll, eine Zuordnung, die sich bis ins 18. Jahrhundert erhalten hat. In *Capriccio*, dem »Konversationsstück für Musik« von Richard Strauss und Clemens Krauss, redet der Theaterdirektor La Roche die versammelten und heftig disputierenden Theaterleute passenderweise als »Streiter in Apoll« an.) Selbstverständlich wollte man Orpheus von vornehmen Eltern abstammen lassen. Als Name des Vaters ist Oiagros überliefert, den man immerhin zum kleinen thrakischen Stammeskönig gemacht hat. Die Herkunft der Mutter Kalliope – der Name bedeutet schöne Stimme – ist sagenhaften Ursprungs. Als Tochter des Zeus und der allwissenden Mnemosyne war sie von höchster Herkunft. Mnemosyne, eine Tochter des Himmels (= Uranos) und der Erde (= Gaia), galt als Personifikation der Weisheit und der Vernunft. Sie war es, die den Gegenständen ihren Namen gegeben hatte. Zeus verliebte sich in die schönlockige Mnemosyne, und durch ihn wurde sie zur Mutter der neun Musen. Deren erste war Kalliope, zuständig für das Epos und das eng damit verwandte Oratorium. Ihr wurde auch die Gabe zugesprochen, daß sie die Völker ohne Zwang und Gewalt, allein durch die überzeugende Kraft von Worten und der Musik zu regieren verstehe; diese hilfreiche und wohltätige Fähigkeit habe sie ihrem Sohn Orpheus weitervererbt. Deshalb wurde diesem neben seinen künstlerischen Fertigkeiten auch besondere Weisheit zugeschrieben. Dazu passen antike Bemühungen, die Bedeutung des Namens Orpheus zu erschließen, etwa durch den Hinweis auf das Arabische *arif* im Sinne von gelehrt oder auf das Hebräische *rapha*, der Arzt. Verschiedene Berichte weisen darauf hin, daß Orpheus eine hervorragende Erziehung erhalten hat. Nachdem man ihm in der Heimat nichts mehr beibringen konnte, sei er nach Ägypten gegangen, um sich in der Weisheits- und Götterlehre, vor allem aber in der Musik und im Spiel der Kithara zu vervollkommnen. Die Kithara, das wichtigste griechische und römische Saiteninstrument, ist bereits um 2000 vor Christus bezeugt. Weil sie viel Platz für Saiten hatte – es konnten zwischen sieben und achtzehn sein, die mit einem Plektron oder mit den Fingerspitzen angerissen wurden – verdrängte sie zunehmend die viel einfacher gebaute Lyra. Eine ausgefeilte Herstellungstechnik, bei der nicht nur der Resonanzboden, sondern auch die Seitenarme ausgehöhlt wurden, gab dem Instrument einen vollen, schönen Klang und vielseitige Spielmöglichkeiten. Orpheus soll erstmalig eine neunsaitige Kithara gespielt haben.

Die Griechen waren das erste Volk, das die Musik nicht nur als Mittel zur Erzeugung von rhythmischen Geräuschen nutzte, die zur Organisation von Gemeinschaftsarbeiten oder für die Kriegsführung dienten. Vielmehr bildeten sie diese auf der Grundlage bestimmter Formprinzipien zur Kunstform aus. Dabei galten Musik und Sprache als gleichberechtigt. Es war deshalb naheliegend, daß man dem Orpheus neben musikalischen Neuerungen auch die Erfindung des Hexameters zuschrieb, zumal man die Fähigkeit, durch Gesang und Melodie den Inhalt der Verse möglichst vollkommen auszudrücken, entsprechend zu schätzen wußte.

Verständlicherweise bildeten sich im Zusammenhang um die Person und das Wirken von Orpheus viele Sagen, die sich neben seiner Herkunft vor allem mit seiner Tätigkeit befaßten. Auf einem Tempelfries des 6. Jahrhunderts in Delphi ist er zum Beispiel als Teilnehmer der Argonautenfahrt dargestellt. Diese Abbildung zeigt noch einen weiteren berühmten Kitharaspieler, nämlich den aus Delphi stammenden Philammon, der wegen seiner herausragenden Begabung ebenfalls als Sohn des Apoll gerühmt wurde und zu-

Orpheus-Mosaik im Hatay-Museum, Antiochia

nächst den Takt für die Ruderer der Argo schlug. Nachdem sich jedoch Orpheus auf Bitten Iasons an dem Unternehmen beteiligte, obwohl er schon älter war, übertrug man ihm die Aufgabe des Philammon.

Frühe Fassungen der Argonautensage, zum Beispiel die von Apollonius Rhodius im 3. Jahrhundert vor Christus, charakterisierten Orpheus als genialen Musiker, der Feiern und Feste durch seine Kunst verschönte und die Zuhörer zu begeistern verstand. Sie schrieben ihm jedoch kein priesterliches Amt zu und ließen ihn weder über Zauberkräfte noch seherische Fähigkeiten verfügen.

Spätere Darstellungen hingegen umgaben sein Leben zunehmend mit phantastischen Ausschmückungen. Die sogenannte *Argonautika*, ein kurzes Epos von 1376 Versen, das vermutlich erst im späten 4. Jahrhundert nach Christus aufgeschrieben wurde, folgte zwar dem Handlungsschema des Apollonius, stilisierte Orpheus jedoch zum übermenschlichen Heroen, der anstelle des Iason zum eigentlichen Anführer wurde. Er erhielt die Funktion eines Zauberers, der durch seinen

Gesang und sein Kitharaspiel das kühne Unternehmen erst gelingen ließ. Als es zum Beispiel den Helden zunächst trotz aller Anstrengungen nicht gelang, die neu gebaute Argo wegen ihres Gewichts zum Wasser zu bringen, ließ Orpheus sie allein durch seinen Gesang und sein Spiel leicht ins Meer gleiten. Außerdem leitete er die großen Opferhandlungen vor der Abfahrt und stand später allen Dank- und Sühneopfern vor. Er besiegte den Kentauren Chiron im Sängerwettstreit, und nicht Herakles erinnerte die Männer der Argo, die sich in den Armen der schönen Lemnierinnen allzu wohlfühlten, an ihre Pflicht, das Goldene Vlies zu holen, sondern Orpheus.

Nur durch Orpheus gelang es Iason und den Argonauten, Kolchis zu erreichen und Hekate aus der Unterwelt zu holen, damit sie die Tore zu dem Hain öffnete, in dem sich das Goldene Vlies befand. Anschließend schläferte Orpheus durch sein Spiel den feuerspeienden Drachen ein, der das Vlies bewachte. Dank seiner Wunder- und Zauberkräfte konnten die Argonauten schließlich die vielen Gefahren auf der Heimfahrt überwinden. Als sie zum Beispiel an der Insel der Sirenen vorbeifuhren, suchten diese die Männer durch ihren Gesang anzulocken und zu verderben. Orpheus aber sang und spielte weit schöner und lauter als die verführerischen Frauen, so daß die Krieger nur ihm zuhörten. Die Sirenen aber stürzten sich dagegen vor Ärger ins Meer und kamen um.

Natürlich begeisterten die sagenhaften Geschichten um Orpheus mit ihren phantasievollen Berichten von Wundern und Zaubereien die Leser. Auch römische Autoren erzählten sie deshalb gerne. Die berühmteste Episode, sein Besuch in der Unterwelt, Thema unzähliger Darstellungen in Bild und Wort, war seit dem 5. Jahrhundert vor Christus bekannt. Überliefert wurde sie uns jedoch von römischen Autoren, so im 4. Buch der *Georgica* von Vergil und in den Büchern neun und zehn der *Metamorphosen* von Ovid, seinem Hauptwerk, in dem er vom Schicksal des Orpheus berichtet, von der Wirkung seines Spiels und Gesangs auf die Bewohner der Unterwelt und von seinem späteren Tod. Beide Texte bilden die Grundlage für die folgende Darstellung.

Orpheus hatte die anmutige Nymphe Eurydike geheiratet, die wegen ihrer Schönheit auch von Aristaeus, einem Sohn des Apoll und der thessalischen Nymphe Kyrene, begehrt wurde. Als er sie bedrängte, floh sie, trat versehentlich auf eine giftige Schlange und starb durch deren Biß.

Orpheus war untröstlich und verzweifelt. Vom Morgen bis zum Abend sang er so ausdrucksvoll von seinem Schmerz, daß die ganze Natur: Bäume und Felsen, das Wasser, die Vögel und die wilden Tiere Mitleid zeigte. Schließlich beschloß er, in der Unterwelt die Herrscher über die Toten zu bitten, ihm Eurydike zurückzugeben. In Tainaron, dem westlichen der beiden Kaps im Süden des Peloponnes, wo eine Höhle als Eingang zum Hades angesehen wurde, stieg er hinab.

Dort spielte er seine schönsten Melodien und bezauberte durch seinen Gesang alle Bewohner. In Scharen kamen die Geister der Verstorbenen und hörten ihm zu. Selbst die Verdammten vergaßen kurzzeitig ihre quälenden Arbeiten: Tantalos haschte nicht mehr nach den zurückweichenden Wellen und den köstlichen Früchten; Sisyphos ließ den Stein, den er unermüdlich nach oben rollte, zu Boden fallen und setzte sich, ruhig zuhörend, auf ihn. Das feurige Rad, an das Zeus den thessalischen König Ixion gekettet hatte, stand still. Selbst Kerberos, der grausige Wachhund der Unterwelt, schloß seine

drei riesigen Mäuler, mit denen er alle auffraß, welche die Unterwelt verlassen wollten. Charon, der mürrische Fährmann, der die Toten gegen einen Obolus über den Fluß Styx in den Hades führte, war nicht weniger bewegt als die entsetzlichen Furien, die sogar in Tränen des Mitleids ausbrachen.
Orpheus erflehte von Persephone, der Göttin der Unterwelt, die Rückgabe seiner Gemahlin: »Ihr Götter des unterirdischen Reiches, ich bin nicht herabgestiegen, um neugierig diese dunkle Welt des Tartaros zu durchspähen, auch nicht, um das dreiköpfige Ungeheuer, den schlangenumspielten Kerberos zu fesseln [wie Herakles es einst getan hatte], sondern um meiner Frau Eurydike willen bin ich da. Der giftige Biß einer Schlange hat sie mir geraubt. Ich habe versucht, das Leid zu ertragen, doch ich vermag es nicht. Erneuert Eurydikes grausam verkürztes Leben oder nehmt auch mich in die Unterwelt auf.«
Die Umstehenden zerflossen vor Mitleid, und auch Persephone konnte zuletzt den Bitten des Orpheus nicht widerstehen. Sie ließ Eurydike herbeirufen und erlaubte ihr, mit Orpheus in die Oberwelt zurückzukehren, allerdings unter einer Bedingung, wie sie im Märchen häufig vorkommt (und ziemlich ähnlich bereits im Alten Testament Lot, dem Neffen Abrahams, und seiner Familie gestellt wurde; auch hier mit betrüblichem Ausgang): Orpheus dürfe sich erst zur geliebten Frau umschauen, wenn er das Tageslicht wieder erreicht habe.
Beide stiegen schweigend und behutsam den langen steilen Pfad zur Erde hinauf. Schon waren sie nah am Ausgang, da drehte sich Orpheus um, überwältigt Sehnsucht nach Eurydike, aber auch beunruhigt vom Zweifel, ob sie ihm tatsächlich folgte. Da krachte es dreimal, und sofort glitt Eurydike zurück.

Vergebens breitete sie die Arme nach ihrem geliebten Manne aus. »Wer bringt mir Armen und dir das Verderben, mein Orpheus«, rief sie. »Welcher Trug war das? Schon werde ich weggezogen, zurück ins gräßliche Dunkel.« Der Abschied des Orpheus von Eurydike ist auf der römischen Kopie eines griechischen Reliefs aus dem 5. Jahrhundert vor Christus dargestellt, das dem Bildhauer Kallimachos zugeschrieben wird und sich in der Villa Albani in Rom befindet. Während Eurydike ihre Linke auf die Schulter des Orpheus legt, berührt er mit seiner Rechten ihren Handrücken. In seiner Linken hält er die Kithara. Hermes faßt Eurydike bereits an der rechten Hand, um sie wieder in die Unterwelt hinabzubegleiten.
In dieser Sage ist Orpheus nicht bloß der geniale Musiker, wie ihn die ursprüngliche Argonautensage gezeichnet hat. Weil er der einzige Mensch war, der durch seine Kunst den Göttern begegnen durfte, sah man ihn als Seher und Religionsstifter, der das Wissen um die Mysterien nach Hellas brachte. Er galt als Begründer einer Geheimlehre, die auch orientalische und ägyptische Vorstellungen enthielt und durch Weihungen, Opfer und Askese Läuterung von allen Vergehen sowie die göttliche Gnade für das diesseitige und jenseitige Leben versprach. Die ihm zugeschriebenen Texte über die Entstehung des Weltalls und zur Gotteslehre haben sich leider nicht erhalten. Dichtungen, die unter seinem Namen veröffentlicht wurden, sind in zahlreichen Handschriften überliefert. Dabei handelt es sich vor allem um etwa 1200 Verse, die in Wirklichkeit jedoch erst im 2. Jahrhundert nach Christus entstanden sind, sowie um die bereits genannte *Argonautica*.
Sagenumwoben ist auch der Tod des Orpheus. Eine frühe Überlieferung wollte wis-

sen, daß Zeus den Orpheus töten ließ, weil er in seinen Mysterien den Menschen göttliches Wissen überliefert habe. Später setzte sich die Ansicht durch, Orpheus sei von thrakischen Frauen zerrissen worden. Eine ähnliche, vielleicht sogar ältere Version verwies darauf, daß Orpheus nach der Rückkehr aus dem Hades nicht mehr Dionysos verehrt habe, sondern Apoll. Der gekränkte Dionysos habe ihn deshalb von seinen Dienerinnen töten lassen. Andere Erklärungen sagen, Orpheus habe sich nach dem endgültigen Verlust Eurydikes voll Trauer in die Einsamkeit zurückgezogen und alle Frauen, die ihn nur zu gerne getröstet hätten, zurückgewiesen. Aus Rache sei er dann von diesen Frauen umgebracht worden. Eine weitere Auslegung erklärt die Handlungsweise der Frauen mit der Tatsache, daß sich Orpheus der Knabenliebe zugewandt und diese in Thrakien eingeführt habe.

Die rachsüchtigen Frauen trennten den Kopf des Orpheus vom Rumpf, befestigten ihn mit einem Nagel an seiner Kithara und warfen ihn in das Thrakische Meer, dessen Wellen ihn nach Lesbos trugen. Dort wurde er begraben, und seitdem galt Lesbos als die gesangreichste aller Inseln. Zeus versetzte schließlich die Kithara des Orpheus als Sternbild an den Himmel. Dadurch sollte er unsterblich werden. Doch dies war er längst durch seine Musik, durch die ihm zugeschriebenen Schriften und die zahlreichen Sagen.

Vor allem die tragisch endende Ehe- und Liebesgeschichte als Beispiel unwandelbarer Treue und Zuneigung inspirierte viele Autoren und Komponisten. Formen und Vorstellungen variierten von der Nacherzählung dieser Episode, ihrer psychologischen und allegorischen Deutung bis zur grotesken Umkehr in der Geschichte des Ehemanns, der den Tod seiner Frau als wiedergewonnene Freiheit mit Freunden im lärmenden Gelage feiert. Die Ehefrau aber ist nur scheintot. Als sie wieder zu sich und zum Ehemann kommt, trifft diesen vor Schreck der Schlag; er ist, im Gegensatz zu seiner Frau, allerdings tatsächlich tot.

Schon Platon (427–347 vor Christus) ließ in seinem Dialog *Gastmahl* den Sophisten Phaidros die Hades-Episode völlig anders erzählen. Orpheus erscheint hier als Feigling, der den Gang in die Unterwelt erfunden hat, um sich damit großzutun, und Platons Schüler Aristoteles (384–322 vor Christus) stellte fest, daß Orpheus so, wie ihn die Sage stilisiert hatte, natürlich nie existiert habe.

Die altchristliche Malerei sah in Orpheus ein Symbol für Christus, nicht zuletzt auch wegen seines Hinabsteigens in den Hades, das mit Christi Niederfahrt zu den Gerechten in der Unterwelt vor seiner Auferstehung verglichen wurde. Eine Darstellung in den römischen Calixtus-Katakomben zeigt Orpheus zwischen Lämmern in der Gestalt des Guten Hirten, und auf einer Darstellung in den Domitilla-Katakomben, ebenfalls in Rom, lockt er durch Spiel und Gesang den Löwen, Kamele und Vögel an. Das Christentum sah in Christus als dem Sieger über den Tod den »verus Orpheus«, also den wahren, den eigentlichen Orpheus. Der spätantike Philosoph Boethius hingegen stellte in seinem *Trostbuch der Philosophie* (523/24) Orpheus als abschreckendes Beispiel eines Menschen vor, der der sinnlichen Liebe unheilbar verfallen war.

Unabhängig von allen Spekulationen über seine tatsächliche Existenz aber ist die Gestalt des Orpheus in ihren vielgestaltigen Formen und Inhalten längst zum faszinierenden Symbol für die Magie der Musik geworden und bis heute geblieben.

Ary Scheffer: Eurydice stervend in de armen van Orpheus, um 1814

Klaus Leidorf:
Soldatenfriedhof

112

Hans Joachim Kreutzer

Gesangsszenen

Unvorgreifliche Bemerkungen zu Schuberts Liedauffassung

Eine viel gebrauchte Kennzeichnung Franz Schuberts ist »Liederfürst«. Gemeint ist damit, daß das Lied den Schwerpunkt im Schaffens Schuberts bilde, nicht alleine quantitativ, sondern daß die Kompositionen Schuberts, auch solche in anderen Gattungen, ihre Eigenart aus der Tonlage seiner Liedkunst bezögen, die dann freilich eine entsprechende Einheitlichkeit aufweisen müßte. Eine solche Auffassung könnte unter zwei Voraussetzungen akzeptabel erscheinen: Zum einen wäre erfordert, daß die Lieder Schuberts zumindest gutenteils bekannt wären; zum andern müßte man mit Fug sagen können, daß diese Lieder einen auf weite Strecken übereinstimmenden Charakter be-

Franz Schubert. Aquarell von August Wilhelm Rieder, 1825

säßen und daß dieser mit einer angenommenen allgemeinen Liedauffassung mehr oder minder übereinstimmte.

Beide Voraussetzungen sind nicht gegeben. Das bedeutet, daß der Begriff Lied bei Schubert zur Disposition steht, daß er diskutiert werden kann, ja muß. Gegen die landläufige Auffassung vom sogenannten Schubertlied seien hier an ausgewählten Beispielen Einwände vorgebracht, nämlich sowohl aus dem Beginn wie dem Ende der Gesangskompositionen Schuberts. Dieses Ende ist ein zufälliges, von Erkrankung und Tod gesetzt; deshalb sei zusätzlich ein überschaubarer, thematisch deutlich umrissener, zudem hochprominenter Komplex in Schuberts Schaffen analysiert: die Dokumente seiner Begegnung mit dem bedeutendsten Werk Goethes, der Tragödie *Faust*. Lied also versus Tragödie, das sei hier so etwas wie die Vorzeichnung der Tonart. Mit diesen wenigen Beispielen soll nichts verabsolutiert werden. Wieviel da noch zu erwägen bleibt, sei mit dem Hinweis nur angedeutet, daß die Anziehungskraft, die Goethes *Wilhelm-Meister*-Roman auf Schubert ausübte, die des *Faust* um ein Mehrfaches übersteigt.

Vorweg ein wenig Skepsis. – Aus Schuberts Textvertonungen ist nur eine kleine Auswahl wirklich bekannt, und sie ist überaus einseitig, darin unterscheiden sich die Künstler von ihrem Publikum nur graduell. Während nun aber die philologisch-editorische Aufbereitung des Überlieferten sich in unserer Gegenwart allmählich der Vollständigkeit nähert (mit den kaum abschätzbaren Leistungen der *Neuen Ausgabe sämtlicher Werke* Franz Schuberts), schrumpfen die Programme für den Konzertsaal immer weiter; denn ein Publikum im eigentlichen Sinne hört bloß noch zu, es macht ja so gut wie keinen aktiven Gebrauch von dem, was wir zu Hand haben, zumindest haben könnten. Es existieren gegen 630 Lieder Schuberts, ihre verschiedenen Fassungen nicht gerechnet; nur weniges ist verlorengegangen. Daß davon zehn Prozent ungefähr in Gebrauch sein mögen, ist eine hochgreifende Schätzung. Diese Lieder sind seit langem immer die gleichen, es existiert eine Art Kanon. Ihn dokumentiert das siebenbändige *Schubert-Album* Max Friedlaenders, eröffnet von den großen Zyklen und anderen Zelebritäten; die späteren Bände bieten zunehmend um der Vollständigkeit willen gesammelte Kompositionen, die weithin zu Schuberts Lebzeiten noch nicht im Druck erschienen waren. Dieses Sammel- und Veröffentlichungsprinzip ergibt nun aber auch insofern ein verzerrtes Bild, als es stillschweigend den Letztfassungen den Vorzug gibt, so daß mehrfache Bearbeitungen ein und desselben Gedichts und damit der Entwicklungsgang der Liedkunst Schuberts nicht in den Blick kommen. Im Extremfall hat Schubert ein Lied (»Nur wer die Sehnsucht kennt«, Mignons Lied aus *Wilhelm Meister*) sechsmal komponiert.

An eine Revision des Schubert-Kanons ist kaum zu denken. Dies hat entscheidend zu tun mit dem Wandel des Adressatenkreises dieser Kunst. Liederabende als Konzertveranstaltungen für eine allgemeine Öffentlichkeit kamen erst im späteren 19. Jahrhundert auf. Schuberts Lieder aber richteten sich ursprünglich, ihrer ganzen Intention nach, an mehr oder minder definierte gesellige Kreise Gleichgesinnter. Dieser Gegensatz von anonymem Publikum einer jüngeren Zeit und der kultivierten Geselligkeit der Restaurationsepoche wird noch deutlicher bei den zahlreichen mehrstimmigen Gesangskompositionen, die weithin auf konkrete Personenkonstellationen und damit auf bestimmte Anlässe zielten. – Lassen wir die rund zwanzig Opern und Singspiele Schuberts hier beiseite und befragen wir einige der Gesänge, wie nicht nur Schubert, nach ihm vor allem Schumann, ihre Lieder nannten, auf ihre kompositorische Anlage. Daß in der Folge der Begriff Lied die Vorherrschaft behalten hat, beweist indirekt, daß die traditionelle Liedauffassung, gekennzeichnet durch strophische Gliederung, variierend oder nicht, eine erstaunliche Lebenskraft besitzt.

*

Wer heute Schuberts erstes Lied, *Hagars Klage* (datiert auf den 30. März 1811, D [Deutsch-Verzeichnis] 5), zu Gehör brächte, würde wohl Befremden, wenn nicht gar Abwehr auslösen. Der eine oder andere kennt vielleicht Claude Lorrains Gemälde, aber deshalb noch nicht die Geschichte, besser: Sie ist nicht mehr bekannt. Biblisches ist für PISA-Tests nicht vorgesehen. Hagar, die Magd der kinderlosen Sara, wurde von dieser Abraham gegeben, damit er Kinder erhalte. Später aber gebiert Sara doch einen Sohn, Isaak, und verlangt von Abraham, daß er Hagar und deren Sohn Ismael verstöße. Der Engel weist in der Wüste den Quell, der den verdürstenden Ismael rettet. Auf die Situation unmittelbar zuvor, die Todeserwartung, bezog sich Clemens August Schücking mit seinem Gedicht im Göttinger Musenalmanach 1781. Die Komposition Schuberts darauf, in der dieser in wesentlichen Zügen seinem großen Vorbild Johann Rudolf Zumsteeg folgt, böte mit ihren 369 Takten dem Interpreten große Probleme, vor allem aber die Einsicht, daß diese Szene auf eine imaginäre Bühne gehört. Hagar richtet ihre Klagerede an den bereits verstummten Ismael. Auf eine Largo-Einleitung des Klaviers (c-Moll) folgen unterschiedliche Partien ariosen Charakters. Schubert war mit Erfolg bemüht, den neunzehn Strophen Abwechslung zu verleihen, jedem neuen Gedanken mit einer neuen musikalischen Wendung gerecht zu werden. So ergibt sich alleine zwölfmaliger Tempowechsel, rezitativische Passagen nicht gerechnet. Geradezu fesselnd wäre eine Interpretation des Liedes auf der Grundlage der verwendeten Tonarten und ihrer unterschiedlichen Charaktere. Formmuster für Schuberts Komposition bilden Szene und Ballade. In seiner hochdramatischen Faktur gleicht dieses Lied dem Recitativo accompagnato der Oper, das Klavier – statt des Orchesters – wirkt wie ein Notbehelf. (Daß Schubert später eine Kontrafaktur des Textes, die an eine Selbstpersiflage heranreicht, in sein Autograph eintrug, sei nicht verschwiegen.)

In engster Nachbarschaft zum Drama steht, aber auf ganz andere Weise, auch die nächste Liedkomposition Schuberts, *Des Mädchens Klage* (»Der Eichwald brauset«, D 6), zwischen 1811 oder 1812 und 1816 in vier völlig selbständigen Kompositionen erarbeitet. Diese eigenartige Erscheinung, die Mehrfachkomposition, ist bei Schubert so gut wie immer Indiz ganz besonderer Wertschätzung für eine Dichtung, nicht etwa eines Ungenügens an der eigenen Leistung. Auch dieser Gesang bewegt sich fernab vom Lied nach herkömmlicher Auffassung: mit seinen vielen Wiederholungen, in kleinteiliger Gliederung, mit einer Folge unterschiedlichster Tempi und einer Begleitung, die wie ein Klavierauszug anmutet. Die Beziehung zum Drama ist in diesem Fall eine vermittelte. Schubert hatte seinen Text nicht der *Wallenstein*-Trilogie direkt entnommen, sondern einem Nach-

Claude Lorrain: Die Verstoßung der Hagar, 1668

klang dazu in Schillers Musenalmanach für das Jahr 1791. Dort ist der Text des Liedes erheblich länger. Es handelt sich um einen Selbstkommentar Schillers zu einer Szene aus dem Mittelteil der Trilogie, *Die Piccolomini* (III,7). Ohne Kenntnis der dramatischen Situation hielte es schwer, auszumachen, worin die Anziehung des Liedes liegen könnte; es ist mehr als fraglich, ob es überhaupt für sich alleine bestehen kann. In Schillers Drama ist die Situation ein überaus konzentrierter Moment des Innehaltens: Max und Thekla haben sich im Mittelpunkt der politischen Entwicklungen und Intrigen gefunden, und im gleichen Augenblick erkennt Thekla auch schon, daß das erträumte Glück nicht zu haben ist.

Im Bewußtsein dessen spielt sie mit völlig offenen Karten, denn Diplomatie hülfe zu gar nichts. Traum vom Glück und Untergangsgewißheit fließen in diesem hochgradig verdichtenden Moment ineinander, in dem Thekla ihr Lied singt.

Eindeutiger noch bezieht sich auf die *Wallenstein*-Tragödie Schuberts ein oder zwei Jahre später entstandenes Lied *Thekla (eine Geisterstimme)*, »Wo ich sei, und wo mich hingewendet« (D 73), obwohl es im Drama gar nicht vorkommt (1817 hat es Schubert vollkommen neu komponiert, D 595). Man hatte Schiller die Frage gestellt, ob Thekla am Grabe von Max gestorben sei. In Schillers Gedicht antwortet Thekla aus dem Jenseits. Er wehrt so die

117

Anna Milder-Hauptmann. Bild von Karl Jakob Leybold

Frage als nicht zur Sache gehörig verallgemeinernd ab. – Schubert in seinen Anfängen also: ein dramatisierender Liedkomponist in allen Fällen, ob auch ein Musikdramatiker, ist ein ganz eigenes Problem. Natürlich ließe sich erwägen, ob es sich bei diesen so hochgradig szenisch angelegten Gesängen lediglich um Vor- und Frühstufen eines allererst zu findenden spezifischen Liedstils handeln könnte. Eine solche Annahme ist leicht widerlegbar mit dem Hinweis auf Schuberts letztes Lied, *Der Hirt auf dem Felsen* (1828, D 965). Dieses Lied verdankt seine Entstehung der Welt des Theaters sogar im engeren Sinne, nämlich einer Anregung Anna Milder-Hauptmanns, auf deren Talent und Stimme hin Beethoven für sie die Titelrolle seines *Fidelio* angelegt hatte. Schubert dedizierte ihr seine Vertonung des Gedichtes »Ach um deine feuchten Schwingen, West, wie sehr ich dich beneide« (D 717) von Marianne von Willemer, das Goethe ohne Namensnennung in seinen 1819 erschienenen *Westöstlichen Divan* aufgenommen hatte; durch die Milder wurde es 1825 in Berlin auch öffentlich aufgeführt. Sie hatte sich für die Komposition begeistert, sich weitere gewünscht und Schubert in einem Brief vom 8. März 1825 einige Vorgaben genannt. Er möge ein Gedicht »womöglich von Goethe« wählen, »welches sich in verschiedenen Zeitmaßen singen ließe, damit man mehrere Empfindungen darstellen kann«.
Diese Bitte, die gewiß auf verschiedene Art musikalisch umgesetzt werden konnte, wurde von Schubert operngerecht interpretiert. Er trat dabei gleichsam als Mit-Dichter auf, indem er Strophen aus zwei verschiedenen Gedichten Wilhelm Müllers und einem weiteren von Helmina von Chézy in eine ganz bestimmte Anordnung brachte, die den genannten Vorgaben entsprach. Er schuf eine mehrteilige dramatische Opernarie mit einem konzertanten Vorspiel von 38 Takten für Klavier und Klarinette, letztere neben dem Horn die romantische Orchesterfarbe par excellence. Dann übernimmt die Sängerin (der Hirt dieser Arie ist mithin eine Hosenrolle) das Thema, in echogemäßem Wechsel mit der Klarinette. Auf einen langsamen, gramerfüllten Mittelteil (mit den beiden Strophen, die Helmina von Chézy zugeschrieben werden) folgt nach einer konzertierenden Kadenz der klavierbegleiteten Klarinette eine dreiteilige schnellere Schlußpartie, effektvoll gesteigert durch eine Stretta. – Faßt man Auftakt und Schlußpunkt von Schuberts Folge seiner Gesänge zusammen ins Auge, dann erhält man einen nachdrücklichen Hinweis auf den in vielen Fällen szenisch-dramatischen Grundcharakter seiner Gesangskompositionen. Die alther-

kömmliche Bezeichnung Lied will auf sie vielfach nicht so recht passen.

*

Nicht alleine Schuberts Neigung zur dramatischen Dichtart überhaupt, sondern ganz besonders seine Ausgestaltung von an sich gar nicht dramatischen Textvorlagen in operngemäß-dramatischen Kompositionen sind eng miteinander verwandt. Letzteres ereignete sich häufig und scheint, wie die vorangehenden Beispiele zeigen, auf einem Form- und Gattungsbewußtsein zu beruhen, das bei Schubert weit öfter zur Wirkung gelangte, als der Lied-Kanon heutiger Konzertprogramme vermuten ließe. Ein Drama als ein Ganzes hat Schubert nie musikalisch umzusetzen versucht, seine Singspiele und Opern haben stets ad hoc geschaffene Libretti zur Grundlage. Diese Haltung schließt nun aber nicht aus, daß Schuberts Schaffen im Einzelfall vom Fasziniertsein durch ein Drama bestimmt worden ist, und das nicht eben in beiläufiger Weise. Das herausragende Beispiel dafür ist Goethes *Faust*, aus dem Schubert Texte für fünf Kompositionen wählte. Gleichwohl, strengstes Gattungsbewußtsein auch hier: In allen Fällen handelt es sich um sehr verschiedene Texte für nicht miteinander verwandte Kompositionsarten. Die Texte selbst hingegen konvergieren in ganz starkem Maße. Größere Partien des Dramas als Textvorlagen scheint Schubert nicht ins Auge gefaßt zu haben. Er hat, man kann es getrost so sagen, Goethes *Faust* wie einen textlichen Steinbruch genutzt, was denn doch auf einiges Selbstbewußtsein schließen läßt.

Wenn es um zur Vertonung überhaupt nutzbarer Textpartien gegangen wäre, dann hätte der *Faust* natürlich weit mehr Möglichkeiten geboten. Die von Schubert getroffene Auswahl indes besagt über seine eigene kompositorische Physiognomie mehr als über Goethe oder gar das Thema Faust. Zur Komposition angeboten hätte sich etwa die Großszene *Walpurgisnacht*, zumal Goethe dafür Orchestermusik vorgeschrieben hat. Zahlreiche Komponisten haben sich bekanntermaßen den Gesängen im Studentenkreis von Auerbachs Keller gewidmet, zum Rattenlied und zum Flohlied gibt es die prominentesten Exempel. In *Faust*-Opernkompositionen des 19. Jahrhunderts durfte aber auch das Lied der Soldaten nicht fehlen, das unzweideutig das Thema Gewalt ins Spiel bringt, auch nicht das anzügliche Lied der Bauern unter der Linde, »Der Schäfer putzte sich zum Tanz«, das einen ziemlich direkten erotischen Charakter besitzt und mit Sicherheit in der Bühnenwirklichkeit als gesungen gedacht ist. Schubert überging all dieses ebenso wie das Lied des sinnverwirrten Gretchen im Kerker. Er wählte neben vier Auftritten Gretchens einen kurzen und prägnanten Ausschnitt aus der Eingangsszene *Nacht*, den Engelchor »Christ ist erstanden«. Er kann als Chor einer Kantate gedeutet werden, in der Faust selbst, wie es sich formgeschichtlich gehört, in Madrigalversen rezitativisch sozusagen erzählt, unterbrochen von respondierenden Chören der Weiber, der Engel und der Jünger. Schuberts vierstimmiger Chor (D 440) enthält indes nicht die geringste Reminiszenz an die *Faust*-Handlung. Ob der Komponist gewußt hat, daß er hier, im Wien der Ära Metternich, das Wittenberger Gesangbuch von 1529 zitierte? Es geht auf Goethe zurück, daß diese Textpartie sich die musikalischen Errungenschaften zunutze macht, die im ausgehenden 18. Jahrhundert in der Welt der Bühne mit den Geisterchören gewonnen worden

119

waren. Die stärksten Anregungen dafür enthielten Reichardts Hexenchöre zu Shakespeares *Macbeth*.

Doch auch die Lieder Gretchens haben musikalische Formkonventionen, schwerwiegend solche des Musiktheaters, zu ihrer Grundlage. Da ist der *König in Thule*, eine volksliedartige Romanze, die Szene *Gretchens Stube* (»Meine Ruh ist hin«), ein lyrischer Monolog, und vor allem Gretchen im Zwinger (»Ach neige, du Schmerzenreiche«), eine echte Preghiera aus dem Katalog der Arientypen der Oper des 18. Jahrhunderts. Das heißt nicht, daß Goethe sich diese Partien tatsächlich gesungen dachte, *Faust* ist kein Singspiel. Nur für den *König in Thule* gibt es eine entsprechende Bühnenanweisung, die gestützt wird durch den Umstand, daß Goethe einzig diese Verse unter seine Gedichte aufgenommen hat. Schubert muß also den Dramentext vor sich gehabt haben. Um so mehr fällt auf, daß er nichts aus der *Faust*-Handlung, die um Wissenschaft und ihren Mißbrauch, um Genuß und Erkenntnis kreist, komponiert hat, sondern so gut wie ausschließlich Partien aus der Gretchen-Tragödie: Schicksale eines Mädchens – ein überaus bedeutsamer Hinweis auf fundamentale Charakterzüge nicht eigentlich des Menschen Schubert, sehr wohl aber seiner musikalischen Veranlagung. Leid bis hin zur Verzweiflung, Einsamkeit, Nacht und Tod beherrschen alles. Sehnsucht und Wehmut charakterisieren die entsprechenden Situationen in einem übergreifenden Sinne. Vor eben diesem Hintergrund sind die Vertonungen der Verse Margaretes aus dem *Faust* zu verstehen. Betrachten wir sie in der Reihenfolge, wie sie der Handlungsverlauf des Dramas vorgibt.

»Es war ein König in Thule...« (D 367), entstanden 1816, 42 Jahre nach Goethes Text, also keine zeitgenössische Dichtung, singt Gretchen, »während sie sich auszieht«. »Thule« markiert die äußerste denkbare, eine letztlich unerreichbare Ferne. Damit wird, wie auch in dem Lied als Ganzem, Gretchens scheiterndes Lebensgeschick vorweggenommen: ein Traum von unwandelbarer Treue, Treue bis in den Tod. Ein Traum in nordischer Motivwelt, die in Goethes Dichtung relativ rar ist, in von Schubert verwendeten Texten aber außerordentlich verbreitet. Gretchen zitiert hier gleichsam, nämlich ein ihr bekanntes Lied. Den herkömmlichen Liedcharakter wahrt Schubert, indem er die sechs Strophen in drei Großstrophen anordnet. Anklänge an Zelters Vertonung, die unter allen die bekannteste geworden ist, sind spürbar.

Eine Ausnahmestellung in Schuberts Wirkungsgeschichte nimmt »Meine Ruh ist hin« (D 118) ein. In diesem Moment ist im Drama Gretchens Untergang bereits besiegelt. Schubert hat diesen lyrischen Monolog wie eine Auftrittsarie aufgefaßt, gegliedert durch eine Fermate auf dem Wort »Kuß«, auf dem zweithöchsten im Liede erreichten Ton (g^2) – der höchste aber ist a^2 auf »vergehen (sollt«). Der Faden, den die Spinnerin ebenso hervorbringt, wie sie ihm folgt, ist wie das Rad ein uraltes Schicksalssymbol. Schubert hat gewußt, was ihm mit diesem Lied gelungen war. In der Zählung seiner Werke, das heißt bei ihrer Veröffentlichung, hat er nur *Erlkönig* als Opus 1 den Vortritt gewahrt. Daß man freilich auf den Tag, an dem er die Reinschrift von »Meine Ruh ist hin« anfertigte (19. Oktober 1814), die Geburt des deutschen Kunstliedes datierte, ist nicht zu rechtfertigen. Emphatisch schrieb Thrasybulos Georgiades 1967: »Erst an diesem Text hat sich Schuberts Schaffen entzündet. Goethe hat

Schuberts Liedkraft geweckt, durch Goethe hat er erfahren, was ›Lied‹ ist. [...] Zugleich tat sich ihm die durch Goethe geschaffene neue deutsche Lyrik auf.« Da sollte man die Akzente vielleicht ein wenig zurechtrücken. Zunächst: Die Schaffung einer neuen Dichtersprache vollzog sich denn doch eher im Zeitalter Klopstocks. Und außerdem: Schubert hatte schon über vierzig Lieder komponiert, als er dieses niederschrieb, auf einen Text, der, wie angedeutet, immerhin schon gegen ein halbes Jahrhundert alt war. Unter Schuberts Textdichtern findet man bis dahin Namen wie Schiller, Metastasio und Pope, von Matthisson stammen alleine fünfzehn Gedichte, die möglicherweise einen Zyklus hatten bilden sollen.

Sehr nahe bei einer ihrer ganzen Natur nach bühnenbezogenen Gattung, dem Melodrama, bleibt Schubert 1814 mit der Szene *Dom*, »Wie anders, Gretchen, war dir's« (D 126), die in verschiedenen Handschriften sogar Angaben über einzusetzende Orchesterinstrumente enthält und außer von Chor und Orgel von zwei in der Tonhöhe unterschiedenen Stimmen auszuführen ist. Möglicherweise ist dies gar kein Klavierlied, sondern die Vorstufe zu einer Bühnenszene im strengeren Sinne, die in der Ausführung nicht zu Ende gediehen ist. Unter Schuberts Gesängen gibt es wohl kein Gegenstück dazu.

Die jüngste der fünf Kompositionen auf *Faust*-Texte schließlich ist *Gretchen im Zwinger*, »Ach neige, du Schmerzenreiche« (1817, D 564): Gretchen in vollständiger Einsamkeit und Verzweiflung. Der Zwinger ist der schmale Raum zwischen Stadtmauer und den ersten Häusern, das heißt aus der Gemeinschaft der Bürger ist Gretchen ausgeschlossen. Eine Flucht wäre aussichtslos gewesen. Auch wenn das Bittgebet, die Preghiera, eine szenische Opernsituation ist, besagt das nicht, daß Goethe sich die Szene gesungen dachte. Die extreme Ausdrucksintensität der Szene hat außer Schubert noch manchen weiteren Komponisten zur Vertonung veranlaßt.

Zwischen der ersten und der fünften Komposition Schuberts auf Texte aus *Faust* liegen nur gut zweieinhalb Jahre, doch in diesen zwei Jahren entstanden gegen 320 Lieder. So etwas wie ein Faust-Projekt Schuberts hat es nicht gegeben, auch steht sein Interesse an *Faust* weit zurück hinter dem an den Liedern des Harfners und Mignons. Schubert wählte – mit Ausnahme des Auferstehungschors – vollkommen verschiedengestaltige, in ihrer Form fest umgrenzte Verspartien aus, die ausnahmslos bühnengemäß waren und deren szenische Struktur ihm in allen Fällen durch eben diese ihre Vorprägung bei Goethe an die Hand gegeben worden ist. Auch sie sind, um Louis Spohrs Werktitel für sein Violinkonzert a-Moll op. 47 zu zitieren, »in Form einer Gesangsszene« (»in modo d'una scena cantante«) gehalten.

Klaus Leidorf:
Brücke

Uwe Schweikert

Unsterbliche Geliebte

Musik als Projektion der Biographie bei Beethoven, Wagner, Janáček und Berg

»Man komponiert nicht, man wird komponiert.« Gustav Mahler, von dem diese Äußerung stammt, ist ein eindrucksvolles Beispiel dafür, wie die Musik der Biographie zuvorkommen kann. Seine *Kindertotenlieder* entstanden Jahre vor dem Tod seiner fünfjährigen Tochter Maria Anna. Deshalb sollte man sich davor hüten, in ihnen eine Vorausahnung des erschütternden Ereignisses zu sehen, wie Mahlers Witwe Alma es in ihren Erinnerungen nahelegt. Das Verhältnis von Leben und Werk folgt grundsätzlich nicht der romantischen Vorstellung von Ursache und Wirkung. Selbst für die Literatur, die ein referentielles Material wie die Sprache bearbeitet, gilt: Das Ich, das im Leben schreibt, ist nicht identisch mit dem Ich, das im Werk spricht. »Ich«, so das Jahrhundertwort des französischen Lyrikers Arthur Rimbaud, »ist ein anderer.«

Zur Voraussetzung, zur Inspiration künstlerischen Schaffens gehören gewiß auch die persönlichen Umstände und Erlebnisse des Autors. Da er zugleich im Medium des künstlerischen Materials lebt, nimmt er alles, was ihn affiziert, als facettiertes, vielgestaltiges Ich wahr. Das beliebte Spiel des autobiographischen Schlüssellochblicks – sage mir, was dir widerfahren ist, und ich sage dir, was das Werk bedeutet – führt jedenfalls geradewegs ins Abseits. Dazu bedarf es nicht erst der Skepsis des dekonstruktivistischen Blicks und der Ich-Zertrümmerung der Postmoderne. Drei wahllos herausgegriffene Beispiele mögen dies bezeugen. Beethovens Äußerung »Ich lebe nur in meinen Noten« findet ihr Echo in Schuberts Überzeugung, er sei einzig zum Komponieren auf der Welt. Richard Wagner schließlich hat auf dem Höhepunkt seiner Liebe zu Mathilde Wesendonk selbst für den *Tristan* bekannt, daß die dichterische Konzeption dem Erleben vorausging. So bliebe auch bei ihm die von Carl Dahlhaus im Zusammenhang mit Beethovens »unsterblicher Geliebten« gestellte Frage unentschieden, »ob eigentlich die musikalischen Werke als Dokumente der ›inneren Biographie‹ oder umgekehrt die Lebensgeschichte als ästhetische Substanz der Werke gelten soll.« Das eine – so Dahlhaus, der die Frage nicht beantwortet – »wäre unverfänglich, das andre heikel.«

Diese Frage stellt sich mit besonderer Dringlichkeit im Falle der 1976 durch George H. Perle entdeckten und inzwischen durch Constantin Floros auch in Buchform vorgelegten Briefe Alban Bergs an Hanna Fuchs. Floros ist in mehreren Studien der musikalischen Sublimation dieser Liebe im Werk des Komponisten Berg nachgegangen und hat dabei vor allem das geheime, verschwiegene Programm der *Lyrischen Suite* in all seinen semantischen Verschlüsselungen entziffert. Floros liest das Werk, dessen ästhetische Autonomie er nicht antastet, als Dokument der inneren Biographie des Komponisten, und er hat hierbei Berg als Zeugen, der schon Hanna Fuchs in den Annotationen der ihr zugeeigneten Partitur auf diesen Weg wies. Dennoch darf angesichts der psychischen Disposition Bergs und der bis zu Dante und Petrarca zurückreichenden Konfiguration des Liebeserlebnisses als einer vita nova die »heikle« Alternative der ästhetischen Substantialisierung des Werks im Leben nicht von vornherein ausgeschlossen werden. Die entsagungsvolle Vergeistigung der Begegnung durch Dante und ihre schmerzvolle Verklärung durch Petrarca werden zum Modell der modernen Künstlerliebe. Die Muse ist eine projektive Gestalt, deren illusionäre Verlockungen den Narzißmus zugleich hervortreiben und stillen. Die mangelnde, ja oftmals gänzlich ausbleibende Resonanz gehört zu ihren Bedingungen.

Josephine Gräfin Deym, geb. Gräfin von Brunswick. Unsignierte Bleistiftminiatur. Wahrscheinlich war Josephine von Brunswick die Adressatin des Briefes, den Beethoven 1812 an die »unsterbliche Geliebte« schrieb.

»Mein Schicksal bist Du!«

Aus Anlaß der Prager Erstaufführung der *Drei Bruchstücke aus der Oper Wozzeck* hielt Alban Berg sich im Mai 1925 in der tschechischen Hauptstadt auf. Bei dieser Gelegenheit verliebte er sich in die Frau seines Gastgebers. Hanna Fuchs-Robettin, eine Schwester des Dichters Franz Werfel, war wie Berg selbst verheiratet und hatte zwei Kinder. Auf den sensiblen, in der Ehe festgefahrenen Berg muß diese Begegnung wie ein schicksalhafter Einbruch gewirkt haben, der sein ganzes weiteres Leben und damit auch sein Werk bestimmte.

Wenige Wochen nach der Begegnung schrieb Berg einen zwischen Delirium und Fatalismus taumelnden Brief – einen lyrischen Erguß von ausufernden 23 Seiten (noch im Druck sind es volle zwölf Seiten!), in denen er Hanna seiner ewigen Liebe versichert: »…ich bin seit diesem größten Ereignis nicht

Ludwig van Beethoven. Ölbild von Joseph Willibrord Mähler, 1804/05

Mathilde Wesendonk

mehr ich. Ich bin ein in stetem Herzklopfen dahintorkelnder Wahnsinniger geworden, dem alles, alles, was ihn früher bewegte, (Freude oder Schmerz bereitete): von den materiellsten Dingen bis zu den Geistigsten vollständig gleichgültig, unerklärlich, ja verhaßt geworden ist. Der Gedanke an meine Musik ist mir ebenso lästig und lächerlich, als jeder Bissen Nahrung, den ich gezwungen bin hinunterzuwürgen. Nur ein Gedanke, nur ein Trieb, nur eine Sehnsucht beseelt mich: das bist Du! Und in welchen Abstufungen: von den allerhöchsten Höhen menschlichen Glücksempfindens bis zu den aller, allertiefsten Tiefen menschlicher Verzweiflung bewegt sich meine, Tag und Nacht dahingaloppierende Phantasie. Davon kannst Du Dir keinen Begriff machen. Hätte ich es ja, dessen Herz fast 15 Jahre in gleich ruhigem Takte dahinging, nicht für möglich gehalten, welchen fürchterlich-großen Gewalten ich (mit einem Schlag, im 40. Lebensjahr, mit dieser meiner scheinbaren Selbsterkenntnis) unterworfen werden könnte!!! Und all dies um Dich, Du Einzige, Herrliche, Unsterblich-Geliebte! – – – «

Bergs Briefe an Hanna Fuchs, die uns sein Leben wie sein Werk in einem neuen Licht zeigen, sind unschätzbare, ja erschütternde Dokumente einer Leidenschaft, die zumindest im Falle Bergs bis zu seinem frühen Tod anhielt. Auf den depressiven Grundbaß einer allerdings stets dumpfer klingenden Exaltation, stets verzweifelter sich ausrasenden Gewißheit bleibt ihr Ton bis ans Ende gestimmt. Zuletzt hofft Berg nur noch auf die »Ewigkeit, die uns gehört«: »niemand kann mir die Gewißheit nehmen unserer Vereinigung in einem späteren Leben!« (Mai 1930) Wie Hanna Fuchs über diese ihr aufgedrängte maßlose Liebe gedacht hat, wissen wir nicht. Zwar ist bezeugt, daß die beiden

sich im konventionellen Rahmen, zumindest bis 1928, noch mehrmals begegnet sind. Aber ob Hanna Fuchs Bergs Zuneigung überhaupt und gar in diesem Ausmaß einer wahnhaften Verfallenheit geteilt hat, muß offen bleiben, da von ihr weder mündliche noch schriftliche Äußerungen überliefert, jedenfalls bis heute nicht bekannt sind. Theodor W. Adorno, der als Bergs Postillon d'amour in die Beziehung eingeweiht war, ohne wohl deren wahre Dimensionen zu ahnen, hat nach dem Tod des Komponisten gegenüber dessen Witwe – in gewiß beschwichtigender Absicht – das Ganze als einen »romantischen Irrtum« abzutun versucht. Daß die Affäre für Berg von Anfang an hoffnungslos war, dürfte für ihn keinen Hinderungsgrund bedeutet, sondern ihren Reiz noch erhöht

haben. Die Unerreichbarkeit der Geliebten und, damit ineins, die Flucht vor der Wirklichkeit ins Reich der Träume, gehört seit Dantes Liebe zu Beatrice und der Petrarcas zu Madonna Laura zu den Bedingungen der poetischen Fernliebe.
Liebe als Passion ist dem freien Willen entzogen; wen sie trifft, dem geschieht sie wie ein schicksalhaftes Verhängnis. Was als Ich sich inkarniert hat, will wieder Es werden. Der so schicksals- wie zahlengläubige Berg hat der Vorherbestimmtheit allerdings nach Kräften nachgeholfen. Musikalisch bedeutsam wird die erotische Verfallenheit, weil sie das Werk nicht nur mit ihrer Intensität des Fühlens und Erlebens durchtränkt, sondern weil sie es bis in die kleinsten technischen Zellen strukturiert. Mit Ausnahme des Violinkonzerts sind alle nach 1925 entstandenen Kompositionen Bergs – die zweite Vertonung des Storm-Liedes »Schließe mir die Augen beide«, die *Lyrische Suite*, die Konzertarie *Der Wein*, ja selbst die Oper *Lulu* – ein Bekenntnis seines »Liebe-Erlebens«. Schon in das 1925 abgeschlossene und Arnold Schönberg gewidmete Kammerkonzert hatte er nach eigenem Bekunden »die menschlich-seelischen Beziehungen« hineingeheimnist.
Bergs umfangreicher erster Brief an Hanna Fuchs ist aber nicht nur ein spontanes, augenblickliches Stenogramm seines erregten Zustands, sondern die sorgfältige Inszenierung einer auf Schopenhauer, Wagner und die nachtschwarze Romantik zurückweisenden Lebens- und Liebesphilosophie. Dem rückhaltlosen Bekenntnis widerspricht nicht, daß Berg sein Erleben gleichzeitig musikalisch deutet: »Eine Leidenschaft, nur vergleichbar der Tristan und Isoldens, Pelleas

Richard Wagner, Brüssel 1860. Dieses Bild war Mathilde Wesendonks Lieblingsaufnahme des Komponisten

und Melisandens – – – – – – – Nur daß wir uns ihr nicht hingeben, sondern nur konstatieren, daß hier das Schicksal das unternommen hat, was uns längst vorbestimmt war.« Nicht weniger bewußt als die in ihrem letzten Satz mit *Tristan*-Zitaten subtil unterfütterte *Lyrische Suite* verschränkt schon der Brief Expressivität und Konstruktion. Berg nennt mit *Tristan und Isolde* und *Pelléas et Mélisande* jene beiden Opern Wagners und Debussys, die ihn wegen ihrer Verherrlichung des Liebestodes seit seiner Jugend auch fasziniert haben. Ja, er spielt mit seiner Huldigung an die »Einzige, Herrliche, Unsterblich-Geliebte« noch auf ein weiteres Vorbild an, auf Beethoven und dessen Brief an die »Unsterbliche Geliebte«, den berühmtesten Liebesbrief der Musikgeschichte, in dessen Nachfolge er sich ganz bewußt stellt. Auch er hätte seine Zeilen wie Beethoven beginnen – »Mein Engel, mein alles, mein Ich« – und wie Beethoven sie enden können: »ewig dein / ewig mein / ewig unß«.

»Deine Liebe macht mich zum glücklichsten und zum unglücklichsten zugleich«

Kein Zweifel, daß Berg Beethovens Brief gekannt hat, kein Zweifel, daß er seine eigene Situation in der Lage Beethovens gespiegelt sah, ja daß er sich geradezu in sie hineingesteigert hat. Die Tatsache, daß Beethoven die »unsterbliche Geliebte« nicht beim Namen nennt, hat eine bis heute nicht abreißende Flut von Deutungen ausgelöst, die uns hier nicht näher beschäftigen soll. Die Fakten lassen sich demgegenüber kurz zusammenfassen: Überliefert wurde der Brief im Nachlaß Beethovens, was nur bedeuten kann, daß er entweder gar nicht abgeschickt oder von der Adressatin zurückgegeben wurde. Alles darüber hinaus bleibt Spekulation, auch wenn zu Recht vermutet werden darf, daß unüberschreitbare gesellschaftliche Schranken eine Vereinigung der Liebenden verhinderte: die »unsterbliche Geliebte« war wahrscheinlich verheiratet und stammte möglicherweise aus dem Adel. Von ihr, nicht von Beethoven, dem man die Ehelosigkeit oft genug als gleichsam metaphysische Geburtsurkunde seines Schaffens ausstellen wollte, hing darum die Ermöglichung eines Zusammenlebens ab, oder, wie es im Brief heißt: »mache daß ich mit dir leben kann.« Diese – so der Beethoven-Forscher Klaus Kropfinger – »als (innerer) Glück-Unglück-Kontrast gespiegelte Konstellation von Vereinigungs-Wunsch und Vereinigungs-Versagung« kehrt bei Berg wieder. Anders als Bergs exzentrische Erregung ist Beethovens Haltung gefaßt. Jedenfalls sollte man sich nicht wie Thomas Mann durch die flüchtige Handschrift dazu verführen lassen, Beethovens »sprechende Sprachmühe« (Klaus Kropfinger) als »halbwilde Unartikuliertheit« zu bezeichnen. Dagegen sei mit Nachdruck die skeptische Frage von Walther Brauneis weitergegeben, ob Beethoven in der Einsamkeit seiner künstlerischen Existenz nicht auch einer Selbsttäuschung unterlegen sein könnte, indem er die hingebungsvolle Bewunderung einer Frau für wahre Liebe hielt.

Gänzlich spekulativ bleibt schließlich die Überlegung, was das Erlebnis für die ästhetische Substanz des Werks, für das »Dienstgeschäft« also, wie Beethoven nüchtern genug die Musik in der ersten Eintragung seines 1812 begonnenen Tagebuchs bezeichnet, bedeutet haben mag. Keine der 1811/12, also in unmittelbarer Nachbarschaft entstandenen Kompositionen möchte man mit dem Brief in Verbindung bringen. Was Harry Goldschmidt und Marie-Elisabeth Tellenbach in ihren der »Unsterblichen Geliebten« gewidmeten Beethoven-Büchern als »Spuren in der Musik« anbieten, überzeugt nicht – auch nicht das Streichquartett f-Moll op. 95, das »Quartetto serioso«, mit seinen von Tellenbach so gedeuteten »Spuren von Abschied, Abwesenheit und Wiedersehen«. In die Sphäre wie in die Dimension des Erlebnisses reicht dagegen der 1816 komponierte Liederzyklus *An die ferne Geliebte*. Hier spricht sich die auch im Brief artikulierte Sehnsucht nach dem Unerreichbaren, sprechen »Glück und Qual« sich im Medium der Kunst aus. Wir werden zu Zeugen jenes inneren Dialogs, in den Beethoven mit dem Hörer tritt, jener gleichsam wortlosen Sprache, wodurch sie sich von aller vorausgegangenen Musik unterscheidet und die ihrem Schöpfer nicht zuletzt die Herzen seiner Hörerinnen eintrug. Der von Dahlhaus postulierte Gegensatz von innerer Biographie im Werk und ästhetischer Sublimation im Leben erweist sich für Beethoven als Scheinalternative: Innere Biographie und ästhetische Substanz verschmelzen, weil – so Adorno – »der Künstler...unmittelbar leben überhaupt nicht kann.« Das Werk *ist* das Leben. Oder um nochmals Beethoven selbst anzuführen: »Ich lebe nur in meinen Noten.«

»Laß uns selig dahinsterben«

Entsagung – Beethoven spricht in seinem Tagebuch von »innigster Ergebenheit in dein Schicksal« – ist auch das Stichwort, das die zweite von Alban Berg angeführte Liebe, die Richard Wagners zu Mathilde Wesendonk charakterisiert. Denn hinter dem ekstatisch verklärten Liebestod, wie er in *Tristan und Isolde* gefeiert wird, stand schon für die Zeitgenossen des Komponisten Beziehung zur Frau seines Zürcher Mäzens. Aber auch hier verdoppelt die Kunst nicht einfach das Leben. Im Gegenteil: Die Phantasie erhebt sich in Räume, in denen sie der Realität entzogen bleibt. Die künstlichen Paradiese, die Wagners Musik eröffnet, lassen sich nicht einfach aufs Konto einer bruchlosen Übersetzung der Biographie ins Werk verbuchen. Das Werk erst entfacht das Spiel mit dem Feuer und löscht es auch wieder. Mathilde ist ihm »Heilige« und liebe Muse, »Engel« und »Kind« – mit einem Wort: eine lockende Chimäre seiner Einbildungskraft. In der von seiner Frau abgefangenen »Morgenbeichte«, einem in die Bleistift-Skizze des *Tristan*-Vorspiels eingerollten Brief an Mathilde, der zur Aufdeckung der Beziehung führte, schreibt Wagner am 7. April 1858: »Sprechen und mich erklären kann ich auch gegen Dich nur noch, wenn ich Dich nicht sehe oder Dich nicht sehen – darf.« Ganz ähnlich und gleichfalls die Liebessophismen Tristans paraphrasierend, schließt ein Jahr später das exhibitionistische Tagebuch, das er für Mathilde nach der Trennung in Venedig führte: »Wo wir sind, sehen wir uns nicht; nur, wo wir nicht sind, da weilt unser Blick auf uns.« Tränen vergoß Wagner beim Komponieren, nicht beim Abschied von der Geliebten. Gewiß, Jahre danach, im Juni 1863, hat er der gemeinsamen Zürcher Freundin Eliza Wille bekannt, Mathilde sei und bleibe seine »erste und einzige Liebe«. Der Liebestod, das Verlöschen der Individualität im Nirwana der Schopenhauerschen Weltüberwindung, stand längst im Werkplan fest, als Wagner seinen verzweifelten Abschiedsbrief an Mathilde schrieb, in dem er seinen Verzicht, seine Entsagung wortreich deklamierte.

In der letzten Nacht vor seiner Flucht nach Venedig, einer Flucht in die künstlerische Sublimierung, um das Werk vor dem Leben zu retten, lag Wagner wach und dachte daran, wie er einst hatte sterben wollen: mit einem letzten Kuß Mathildes. So stirbt Tristan – »ewig einig, ohne End.« Die Frage bleibt, was der Wahr-, der Wahn-Traum für den Komponisten Wagner bedeutete. In einem der Briefe an Mathilde aus Venedig findet sich die Antwort: »Mit meinen dichterischen Konzeptionen war ich stets meinen Erfahrungen so weit voraus, daß ich meine moralische Ausbildung fast nur als von diesen Konzeptionen bestimmt und herbeigeführt betrachten kann. Fliegende[r] Holländer, Tannhäuser, Lohengrin, Nibelungen, Wodan, – waren alle eher in meinem Kopf als in meiner Erfahrung. In welch wunderbarer Beziehung ich nun aber jetzt zum Tristan stehe, das empfinden Sie wohl leicht. Ich sage es offen,

Hanna Fuchs-Robettin

weil es eine, wenn auch nicht der Welt, aber dem geweihten Geiste angehörige Erscheinung ist, daß nie eine Idee so bestimmt in die Erfahrung trat.«

Mathilde erzeugte in Wagner die Spannung und befriedigte zugleich, wie der Wagner-Biograph Martin Gregor-Dellin meint, »die Sucht nach der Sucht«, die sich in der *Tristan*-Musik substantialisiert. In der Ausreizung der funktionalen Harmonik und der Auflösung der rhythmischen Stabilität rüttelt Wagner gleichermaßen an den Pfeilern des musikalischen Satzes wie der bürgerlichen Ordnung. Er entledigt sich der Fesseln der überkommenen Harmonik, die er bis an ihre Grenzen dehnt. Ihre erotisierende, rauschhafte Wirkung, die stetige und zugleich hinhaltende Steigerung der Sehnsucht, mit der sie die höchste Liebeslust im Tode feiert, verdankt die Musik des *Tristan* nicht komponierter Autobiographie, sondern bewußter künstlerischer Reflexion und rational gesteuertem Einsatz der kompositionstechnischen Mittel. Mathilde Wesendonk ermöglichte es Wagner, Kunst und Leben in Balance, zugleich aber auch in Distanz zueinander zu halten. Nach der Vollendung von *Tristan und Isolde* war ihre Rolle als Muse, als Mittel zum Zweck ausgespielt.

»Ich habe keine größere Liebe kennen gelernt als die zu ihr.«

Ein abschweifender Blick sei an dieser Stelle auf eine musikalische Liebesbeziehung geworfen, die sich zur selben Zeit mit ähnlicher Rollenverteilung abspielte. Im Sommer 1917 lernte der damals 63jährige Leoš Janáček während eines Badeaufenthalts die 38 Jahre jüngere Kamila Stösslová kennen. Die Voraussetzungen – innere Nähe bei äuße-

rer Unerreichbarkeit – waren dieselben wie bei Beethoven, Wagner und Berg. Wie Mathilde Wesendonk und Hanna Fuchs war auch Kamila verheiratet und hatte zwei Kinder. Und auch sie dachte trotz der ihr von Janáček angetragenen Seelenverwandtschaft niemals daran, ihre Familie zu verlassen. Sie hat den alternden Komponisten in seinem Drängen, nicht nur seelisch, sondern auch körperlich mit ihr zu verschmelzen, stets auf Distanz gehalten, ihm erst sehr spät das briefliche Du erlaubt, gar kleinere Zärtlichkeiten gestattet. Für Janáček war sie die Muse, die seinen kreativen Altersschub auslöste und ihn zu einigen seiner bedeutendsten Kompositionen inspirierte – dem Liederzyklus *Tagebuch eines Verschollenen*, den Opern *Katja Kabanova*, *Die Sache Makropulos* und *Aus einem Totenhaus* sowie dem autobiogra-

Alban Berg

phisch getönten 2. Streichquartett mit dem bezeichnenden Untertitel *Intime Briefe*.
Liest man die mehr als siebenhundert Briefe Janáčeks sowie die wenigen erhaltenen Gegenbriefe Kamilas, so wird die Beziehung vollends rätselhaft. Wie im Falle Bergs gewinnt man den Eindruck, daß auch Janáček einer Projektion seiner erotischen Obsessionen erlegen ist. Da sie sich seinen Annäherungen gegenüber gleichgültig verhielt, mußte sich seine Leidenschaft in der ekstatischen Gefühlssprache seiner Musik Bahn brechen. Zudem war Kamila – wie wohl auch Hanna Fuchs – wahrscheinlich unmusikalisch, jedenfalls an Janáčeks Schaffen kaum interessiert. »Ihre Musik spannt nur die Nerven, aber das Herz nicht«, schreibt sie verständnislos. Für Janáčeks ins Abseits gestellte Ehefrau Zdenka war die Sache klar: »Sie gewann die Zuneigung meines Mannes durch ihre gute Laune, ihr Lachen, ihr Temperament, ihr zigeunerhaftes Aussehen und ihren drallen Körper.« Das erklärt vielleicht die Faszination beim ersten Kennenlernen, nicht aber Janáčeks ausdauerndes Werben, noch weniger die oftmals geradezu pennälerhaft sentimentalen Briefergüsse, die den Janáček-Biographen Meinhard Saremba zu Recht an »die dürftige Prosa des um eine Jüngere balzenden Pensionärs« erinnern. Wenige Tage vor seinem Tod notiert der 74jährige in einem für Kamila angelegten Album: »Und ich erwarte den Augenblick, wenn ich Dich umarme und ganz mit Küssen bedecke, den Augenblick, wenn die Schranken fallen, wenn der Vorhang sich hebt, wenn ich Dich erblicke, wie schön Dich Gott schuf... Dich zu küssen, ist wie Süßigkeiten essen; wie süß ist Dein lebendiges Fleisch. Im Mund fühlt man, als würde darin etwas Geheimnisvolles entstehen und wachsen.«

Auch in dieser Beziehung stellt sich die Frage nach der Bedeutung, die sie für den emotionalen Haushalt des Komponisten und damit für seine Schaffenspsychologie besaß. Janáčeks Musik bezwingt über die Originalität ihrer Sprache hinaus nicht zuletzt durch eine Ausdrucksvielfalt, die vom ekstatischen Jubel bis zu ekstatischer Verzweiflung, von emphatischer Wärme bis zur eisigen Kälte reicht. Und die Opern offenbaren einen Reichtum an Gestalten, einen mit musikdramatischen Mitteln ans Licht gebrachten Einblick in die Abgründe der menschlichen Seele, wie man ihn nur noch bei Mozart und Verdi findet.
Von diesem inneren Reichtum der Musik scheint das äußere Leben Janáčeks gänzlich abgespalten gewesen zu sein. Liest man die Autobiographie seiner Ehefrau Zdenka, so begegnet man einem abschreckend beziehungsunfähigen, cholerischen Egoisten, des-

sen eigentliches Leben in der Musik stattfand. Als Janáček 1917 Kamila begegnete, führte er jene anonym erschienenen Gedichte des Zyklus *Tagebuch eines Verschollenen* mit sich, in denen ein Bauernbursche schildert, wie er sich in eine Zigeunerin verliebt und schließlich mit ihr von zuhause durchbrennt – erkennbar eine Wunschphantasie des Komponisten, der allerdings nicht seinem Lust-, sondern dem Realitätsprinzip gehorchte, das ihn zum Werk trieb. Die Zefka der Lieder immerhin identifizierte er mit Kamila – und dies in einem Ausmaß, daß er sich nicht nur in die Fiktion verliebte, sondern diese schließlich für wirklich hielt. Kamila wurde ihm zum Medium des Komponierens und gleichzeitig zum Inhalt seiner Musik. »Die Noten«, schreibt er 1917 in einem seiner Feuilletons, »sind ein Schaufenster in die ›Werkstatt der Seele‹.«

Dies gilt auch für ein Werk absoluter Musik wie das im Februar 1928 innerhalb von drei Wochen vollendete 2. Streichquartett: »Unser Leben wird darin enthalten sein. Es soll ›Liebesbriefe‹ heißen. Ich glaube, es wird reizend klingen. Wir hatten ja genug Erlebnisse! Die werden wie kleine Feuer in meiner Seele sein und in ihr die schönsten Melodien entfachen... Das Ganze wird hauptsächlich ein besonderes Instrument enthalten. Es heißt Viola d'amour – Liebesviola. Ach, ich freue mich darauf... Es ist meine erste Komposition, deren Töne von all dem Liebenswürdigen durchglüht sind, was wir miteinander erlebt haben. Hinter jedem Ton stehst Du, lebhaft, nahe, strahlend vor Liebe... Deine Erscheinung hat mich befreit... seit elf Jahren bist Du mir, ohne es zu wissen, überall Beschützerin.. in meinen Kompositionen, dort, wo reines Gefühl, Aufrichtigkeit, Wahrheit, glühende Liebe wärmt, bist Du...«

Auf die symbolische Wahl einer Viola d'amore hat Janáček aus praktischen Gründen dann doch verzichtet. Auch wenn das Quartett inspiriert, ja durchglüht ist von den Empfindungen, die ihn während der Niederschrift begleiteten und an denen er Kamila brieflich teilnehmen ließ, so folgt es nirgendwo einem außermusikalischen Programm. Als Liebesbrief in Noten vermittelt es sich dem Hörer durch die Leidenschaftlichkeit seines Ausdrucks, durch die Erregtheit seines Klangs, durch die gestische Prägnanz seiner musikalischen Sprache – ein rauschhaftes Feuer, das der eigentliche ›Inhalt‹ von Janáčeks Liebe zu Kamila war.

»Jede Note wird bewußt Dir gewidmet sein!«

Ein Streichquartett hat auch Alban Berg mit der 1925/26 komponierten *Lyrischen Suite* als Bekenntnis seines »Liebe-Erlebens« Hanna Fuchs geweiht. Weit mehr als Wagners *Tristan* und Janáčeks 2. Streichquartett ist es ein Dokument der inneren Biographie seines Autors. Schon im ersten großen Brief hat Berg der Geliebten geschworen, »in mathematisch kühlster Überlegung... dieses seelisch heißeste Erlebnis zu Ende [zu] führen«: »Am liebsten schriebe ich Lieder. Aber wie könnte ich!: die Worte der Texte verrieten mich. So müssen es Lieder ohne Worte sein, in denen nur der Wissende – – nur Du wirst lesen können. Vielleicht wird's ein Streichquartett! Im Rahmen dieser vier Sätze« – es wurden schließlich sechs – »soll sich alles abspielen, was ich seit dem Moment, wo ich Euer Haus betrat durchmachte.« Aus diesem Vorsatz, den Berg in der Tat in »mathematisch kühlster Überlegung« umsetzte, hat Adorno geschlossen, »daß er H. F. weit mehr liebte, um die Lyrische Suite schreiben zu können, als daß er die Lyrische Suite um der Liebe willen schrieb.«

Bei Berg – das sieht Adorno richtig – ist die Musik nicht nur ein Spiegel des Lebens, sie weist diesem vielmehr selbst die Richtung. Was und wie er seine Liebe zu Hanna Fuchs erlebt, ist von Anfang an musikalisch chiffriert, ja determiniert. Der mittlere Satz des Kammerkonzerts, an dem er zur Zeit der Begegnung mit Hanna arbeitete, beginnt »mit unseren Initialen«, nämlich den Tönen H und F, A und B. Daß schon das Jahre zuvor vollendete Streichquartett mit einem Motiv beginnt, in dem F und H die zentralen Töne sind, ja daß er als Schüler ein Epos mit dem Titel *Hanna* schrieb, erscheint ihm im nachhinein als bedeutungsvolle Vorherbestimmung des Schicksals. Als ihm dann auch noch bewußt wird, daß die »Anfangs- und Endtöne des Tristan-Themas« die Buchstaben A F H B ineinander verschlingen, wird auch diese musikalische Chiffre zum Glied des geheimen Bandes, das Hanna/Isolde mit Alban/Tristan verbindet.

Biographisches Erleben, musikalische Chiffrenschrift, semantisch aufgeladene Zitate (zu den Wagner-Zitaten treten noch solche aus Alexander Zemlinskys *Lyrischer Symphonie*) sowie aus Bergs eigener Schicksalszahl 23 und der für Hanna gesetzten Zahl 10 errechnete Zahlenverhältnisse sorgen für eine totale Determinierung aller Parameter der Komposition. Mit den Zemlinsky-Zitaten und ihrem verschwiegenen Text (»Du bist mein Eigen, mein Eigen«, »Du, die in meinen endlosen Träumen wohnt«, »Laß Liebe in Erinn'rung schmelzen und Schmerz in Lieder«) gibt er seinem Schicksal einen Sinn. Er erlebt, was die Musik ihm vorgespielt hat, und setzt wiederum in Töne, was ihm in der potenzierten Realität widerfährt. Zugleich aber hat er verhindert, daß irgendein anderer als Hanna vom Gehalt einer Intention erfahren

Kamila Stösslova mit Ehemann David Stössel und Leoš Janáček (rechts) im Sommer 1927 in Luhacovice

konnte, die als Substanz absoluter Musik für sich selbst sprechen sollte. Daß die *Lyrische Suite* mehr ist als kabbalistische Alchemie, verdankt sie ihrer gestischen Unmittelbarkeit sowie ihrer Expressivität, mit der sie die Hörer bannt.

Bergs geheimes Programm ist nicht nur durch seine ausführliche briefliche Beschreibung, sondern auch durch eine sorgfältig annotierte Partitur überliefert, die er eigens für Hanna Fuchs eingerichtet und ihr »geweiht« hat. Darin hat er den dritten und vierten Satz, das Liebesgeflüster und den Liebesdialog, mit den genauen biographischen Daten versehen und den letzten Satz, den Liebestod, mit den Worten »De profundis clamavi« überschrieben, dem Anfang des biblischen Psalms und Titel jenes Baudelaire-Gedichts, das er in der Hanna zugeeigneten Partitur Zeile für Zeile den Noten unterlegt. Auf diese Weise entsteht eine totale Semantisierung der Musik, die sich allerdings nur dem erschließt, der über den Schlüssel zu ihrem esoterischen Programm verfügt. Konstruktion und Expressivität, Prädestination und Freiheit verbinden sich zu einem obsessiven Dispositiv, das nicht erst durch Hanna Fuchs in Berg ausgelöst wurde, sondern das sein von Zahlenmystik und Astrologie beherrschtes Denken seit jeher bestimmte. An Arnold Schönberg schrieb er am 10. April 1914: »Wenn das, was ich schreibe, nicht das ist, was ich erlebt habe, richtet sich vielleicht mein Leben einmal nach meinen Kompositionen, die ja dann die reinsten Prophezeiungen wären.« Noch das Violinkonzert, mit dem er sich, freilich unwissend, sein eigenes Requiem komponierte, sollte dieses Lebensgesetz bestätigen.

Kurt Malisch

Menschliche Stimme und Kunstgesang

Stimmlagen, Stimmfächer, Stimmgattungen: Entwicklungen und Bewertungen

Die seit Mitte des 16. Jahrhunderts eingeführte Differenzierung von den vier Stimmlagen Sopran, Alt, Tenor und Baß nach dem jeweils durchschnittlichen Tonumfang oder -ambitus blieb bis zum frühen 19. Jahrhundert die wesentliche Grundlage für die Kategorisierung von Stimmen. Andere Merkmale wie das Timbre oder besondere technische Fähigkeiten waren für die Bezeichnung der Stimmen bedeutungslos. So umfassen etwa die mit Sopran oder mit Baß bezeichneten Partien bei Mozart eine Vielzahl von Stimmtypen, die in Tessitura und Charakter überaus verschieden sind, terminologisch aber nicht differenziert werden. Eine Ausnahme bildet der Begriff Basso buffo, bei dem die Stimmlagen- mit einer Charakterbezeichnung verbunden ist. Erst die Entstehung der romantischen Oper führte seit den 1820er Jahren zu einem radikalen Wandel des Singens, der die Entwicklung neuer Sänger- und Stimmentypen auslöste.

Dieser Wandel brachte auch eine weitere Auffächerung der vier Stimmlagen: Zwischen Sopran und Alt schob sich der Mezzosopran, zwischen Tenor und Baß der Bariton. Des weiteren ist seit der Romantik auch eine alle Lagen erfassende Dramatisierung der Tongebung zu beobachten und damit gleichzeitig ein Zurücktreten einiger Grundzüge der klassischen Gesangstechnik wie das Streben nach größtmöglicher Flexibilität der Stimme und optimaler Registervermischung. Es entstand nun eine deutliche Differenzierung zwischen dramatischen schweren und lyrischen leichten Stimmen, was auch die Terminologie geprägt hat. Im Fall des Soprans konnten nun bis zu fünf Fächer voneinander abgegrenzt werden: lyrischer (hoher) Sopran, jugendlich dramatischer Sopran, dramatischer Koloratursopran, dramatischer Sopran, hochdramatischer Sopran. Neben diesen sozusagen seriösen Fächern sind noch die des Spiel- und Charakterfachs zu unterscheiden. Analog dazu gab es in der Tenorlage: lyrischer (hoher) Koloraturtenor (»tenore di grazia«), lyrischer Tenor, Zwischenfach-Tenor (Spintotenor), Heldentenor; und zusätzlich noch den Buffo- oder Charaktertenor.

Nicht minder wichtig als diese Veränderungen im Bereich der Stimmlagen und Stimmfächer sind jene im Verhältnis zwischen Komponist und Sänger beziehungsweise zwischen Werk und Sänger, die zeitlich etwa parallel dazu verliefen. Vor dem 19. Jahrhundert war es gang und gäbe, daß die Komponisten bestimmten, ihnen bekannten Sängern gleichsam in die Kehle komponierten. Sie legten deren gesanglich-expressives Können ihrem Schaffensprozeß unmittelbar zugrunde. Bildeten in der älteren Musikgeschichte Komponist und Sänger sogar häufig eine Personalunion – zum Beispiel Johannes Ockeghem, Josquin Desprez, Iacopo Peri, Giulio Caccini, Johann Adolph Hasse, Carl Heinrich Graun –, so verfügten spätere Komponi-

Lauritz Melchior,
Ramón Vinay,
Lilli Lehmann,
Mirella Freni
(von links)

sten zumindest über sehr genaue Kenntnisse in allen Fragen der Gesangskunst. Mozarts bekannte Bemerkung, »daß die aria einem sänger so accurat angemessen sey, wie ein gutgemachts kleid«, ist Ausdruck einer allgemein verbreiteten Einstellung der Komponisten zu den Sängern, für die, ja mit denen sie ihre Werke schrieben. Vor allem die Oper war bis weit ins 19. Jahrhundert hinein einem wirkungsästhetischen Denken verpflichtet. War im Barock der Notentext häufig bewußt als Skelett angelegt, das einen idealen Ausgangspunkt bot für immer neue improvisatorische Hinzufügungen und Umgestaltungen, so war es noch bis in die Mitte des 19. Jahrhunderts möglich und üblich, Arien und andere Teile auszutauschen oder zu verändern, um sie an die jeweilige Aufführungssituation, das heißt den Möglichkeiten der zur Verfügung stehenden Sänger anzupassen. Noch Jules Massenet hat 1902 die tenorale Titelpartie seines *Werther* für den Bariton Mattia Battistini (1856–1928) entsprechend umgeschrieben.

Erst mit der Festigung eines geschlossenen Werkbegriffs für die Oper, etwa seit den mittleren Werken Verdis und den Musikdramen Wagners, ließ die enge Ausrichtung am sängerischen Können nach. Das bedeutete: Nicht mehr die Komponisten richteten sich nach den Sängern, sondern die Sänger hatten sich an den Komponisten zu orientieren; damit trat die Individualität der Ausführenden hinter die ästhetische Autonomie des Werks zurück. Moderne Ausnahmen von dieser Regel sind die engen musikalischen Partnerschaften

von Francis Poulenc und Pierre Bernac, Aribert Reimann und Dietrich Fischer-Dieskau oder von Peter Pears und Benjamin Britten. Das bedeutete zum einen: Spätestens ab Ende des 19. Jahrhunderts gibt es einen hochdifferenzierten, individualisierten Katalog von Stimmfächern mit deren präziser Zuordnung zu jeweiligen Opernpartien. Zum andern: Jeder Sänger wird nach seinen stimmlichen Eigenschaften und Fähigkeiten einem bestimmten Stimmfach und damit bestimmten Partien zugeordnet. Andererseits ist zu beobachten, daß die Fachzuordnung für die Sänger gleichsam zu einem gesicherten, genau abgezäunten Territorium wurde, in dem man sich sicher fühlen konnte. Gravierende Auswirkungen hatte dies für die jungen Sänger, deren Ausbildung einseitiger wurde. Dann aber steigerte sich mit der Spezialisierung auch der Perfektionsdruck. Grenzüberschreitungen, das heißt Mißachtungen dieser Zuordnungen wurden mißtrauisch und skeptisch registriert. Wie rigide dieses Denken in stimmlichen Schubladen geworden ist, wird deutlich, wenn man sich eine so universale Sängerin wie die Sopranistin Lilli Lehmann (1848–1929) vergegenwärtigt. Eine Karriere wie die ihre wäre heute undenkbar. Nicht weniger als hundertsiebzig divergierendste Rollen hat sie verkörpert: von der Pamina und Königin der Nacht bis zu den drei Brünnhilden-Partien in der *Ring*-Tetralogie, von Donizettis Lucia bis zur Ortrud, von Bellinis Norma bis zur Isolde.

Auch die Praxis unseres heutigen Musiklebens widerlegt auf vielfältige und frappie-

Alfredo Kraus, Peter Anders, Ruggero Raimondi, Hans Hotter (von links)

rende Weise den Sinn einer allzu engen Denkweise in Stimmfächern. Dies belegen nicht nur die häufigen – und durchaus erfolgreichen – Wechsel im Stimmfach, die es in Sängerkarrieren immer wieder zu beobachten gibt. Ja sogar geglückte Stimm*lagen*wechsel sind keine Seltenheit. Manche Sänger haben bei diesen Grenzüberschreitungen ihre Stimmen nicht nur bewahrt, sondern entwickelt, manche haben sie gewissermaßen erst gefunden, manche aber – leider keine Seltenheit – auch dadurch verloren. Gewiß werden die Grundqualitäten einer Stimme: Stimmlage und Stimmtimbre, zunächst durch die Natur vorgegeben. Allerdings erlauben schon diese beiden Eigenschaften Fehleinschätzungen, was zum Teil daran liegt, daß Stimmen sich nicht perfekt kategorisieren und einordnen lassen; das heißt: Es gibt immer wieder Stimmen, die gleichsam zwischen benachbarten Stimmlagen sitzen, also zwischen Sopran oder Mezzo, zwischen Tenor oder Bariton, zwischen Bariton und Baß.

Ein prominentes Beispiel für die Schwierigkeit einer solch eindeutigen Zuordnung ist der Belgier José van Dam, der sowohl erfolgreich Heldenbaritonpartien gesungen hat (wie Amfortas und Holländer) als auch in Baßpartien reüssierte (wie König Philipp und Sarastro). Die Entscheidung über die Zugehörigkeit zu dieser oder jener Stimmlage wird in den meisten Fällen durch den Stimmumfang getroffen, beziehungsweise ein Sänger wählt überwiegend jene Lage, die für ihn komfortabler zu bewältigen ist. So gibt es relativ hell gefärbte Baritone, die tenoral klingen, sich letztlich aber doch eher im Baritonfach wohlfühlen. Dazu gehören eine ganze

Reihe von Liedsängern der Gegenwart wie Andreas Schmidt, Roman Trekel, Stephan Genz, Christian Gerhaher. Ähnliches gilt für helle, hohe Mezzostimmen, die eben doch keine Soprane sind, wie Frederica von Stade, Angelika Kirchschlager, Jennifer Larmore, Magdalena Kožená oder Anne Sofie von Otter. Außerdem sind zumal Stimmfarbe und -umfang im Laufe einer Ausbildung und einer Karriere Veränderungen unterworfen. Ein natürliches Nachdunkeln einer Stimme ist häufig zu beobachten, eine Ausweitung des Stimmumfangs in eine oder beide Richtungen ebenso. Auch die Gewichtszunahme einer Stimme, ihr Gewinn an Dramatik, an Größe und Volumen, wenn sie kontinuierlich und in Maßen gefordert, gleichsam trainiert wird, zählt zu den natürlichen Veränderungsprozessen. Die Frage ist nur: Gibt sich die Natur in jedem Fall, zu jeder Zeit und jedem Ohr auch entsprechend zu erkennen? Auffällig ist, daß die meisten Lagenwechsel von unten nach oben erfolgen: von der tieferen zur höheren Stimmlage. Zum guten Teil hat dies mit den Rollen beziehungsweise Rollentypen zu tun. Ein Baß, der sonst meist als ehrwürdiger, aber ein wenig langweiliger Fürst, Priester oder Patriarch auf der Bühne steht, strebt begreiflicherweise zu den attraktiveren, charakterlich reizvolleren, farbigeren Baritonrollen. Mit Erfolg verwirklichten dies Ettore Bastianini (1922–1967) oder Ferdinand Frantz (1906–1959), die beide als Bässe begonnen haben. In jüngerer Zeit hat Ruggero Raimondi (* 1941) sich von seiner angestammten Baßlage aus immer mehr zum Bariton gewandelt. Eindrucksvolle Beispiele für geglückte und dauerhaft stabile Stimmlagenwechsel sind besonders häufig im Bereich der Heldentenöre, in Form eines Aufstiegs vom Bariton zum Tenor: dies belegen die erfolgreichen Karrieren von Lauritz Melchior (1890–1973), Ludwig Suthaus (1906–1971), Set Svanholm (1904–1964) oder Helge Brilioth (* 1931). Ein veritables stimmliches Chamläeon verkörperte der Chilene Ramón Vinay (1912–1996): Er begann als Bariton, wechselte zum Tenor, ging zurück in die Baritonlage und stieg dann sogar hinunter zum Baß. Als einziger Sänger der Bayreuther Festspielgeschichte ist er auf dem Grünen Hügel als Tenor (1952–57) und als Bariton (1962) aufgetreten.

Lagenwechsel betreffen mitunter nur bestimmte Partien, wie im Fall der Mezzosopranistin Christa Ludwig (* 1928), die als *Fidelio*-Leonore, Donna Elvira und Lady Macbeth vorübergehend zur Sopranistin mutierte, aber letztlich in der Mezzolage blieb. Anders liegt der Fall bei Martha Mödl (1912–2001), die ebenfalls als Mezzo debütiert hat, schon früh ins hochdramatische Sopranfach ging, dort ihre eigentliche große Karriere gemacht hat, bis sie dann ebenfalls wieder die Ausgangsstimmlage wählte. Daß solche Lagenwechsel nicht selten enorme stimmliche Probleme – vor allem bei hohen Tönen – mit sich bringen, zeigen die Experimente der Mezzosopranistin Grace Bumbry (* 1937) mit Sopranrollen wie Salome, Aida oder Jenufa.

Weniger spektakulär als solche Stimmlagenveränderungen sind die natürlichen, altersbedingten Entwicklungen, die viele, wenn auch keineswegs alle Stimmen kennzeichnen. Häufig ist der allmähliche Übergang vom leichteren ins schwerere Fach, etwa vom lyrischen zum Zwischenfachtenor oder vom jugendlich-dramatischen Sopran zum hochdramatischen. Tenöre wie Peter Anders (1908–1954), Hans Hopf (1916–1993), Thomas Moser (* 1945), Robert Gambill (* 1955) haben sich von ihren lyrischen Ausgangsrollen sogar bis zum Heldentenor entwickelt, von Mozart zu Wagner; Soprane wie Lucia Popp (1939–1993) oder Mirella Freni (* 1935) wechselten vom lyrischen zum jugendlich-dramatischen Fach.

Andererseits gibt es Stimmen, die scheinbar alterslos geblieben sind wie der Tenor Alfredo Kraus. Während seiner gesamten Karriere hat er sich mit fast schon asketisch anmutender Konsequenz auf einige wenige Partien des lyrischen Stimmfachs – die meisten von Bellini und Donizetti – beschränkt und sich damit die Frische seines Timbres, die Leichtigkeit der Tongebung und die phänomenale Höhensicherheit bis zuletzt bewahren können.

Ein spezifisches Phänomen sind die sogenannten Mikrofonstimmen, die im Aufnahmestudio Partien riskieren können, denen sie auf der Bühne nicht gewachsen wären. Solche Fälle sind so alt wie die Geschichte der Tonaufzeichnung. Schon Enrico Caruso (1873–1921) hat sich auf Platte – wenn auch nur ausschnittsweise - an den Otello gewagt, den er auf der Bühne klugerweise nie gesungen hat. Ein modernes Beispiel ist Angela Gheorghiu (* 1965), die im Studio sehr überzeugend dramatische Partien wie Tosca und Leonora (*Il trovatore*) verkörpert. Auf der Bühne wären ihr diese Partien nicht zugänglich, da ihr lyrischer Sopran nicht genügend Volumen und Tragfähigkeit besitzt. Charakteristisch für diesen Typus phonogener Stimmen ist gerade, daß sie sich mit technischer Hilfe vorzüglich abbilden lassen, ohne diese Unterstützung aber weit geringere Wirkung haben: Keineswegs zufällig erhielt Joseph Schmidt (1904–1942) den Beinamen Rundfunk-Caruso. Auch Nicolai Gedda (* 1925) ist ein Sänger, dessen faszinierende Studiowirkung in keinem Verhältnis steht zum – oft enttäuschenden – Bühneneindruck. Es gibt auch den umgekehrten Fall: Stimmen, die so riesig dimensioniert sind, so von einer Raumwirkung und -entfaltung abhängig sind, daß sie vom Mikrofon nicht oder nur annäherungsweise eingefangen werden können. Von Antonio Paoli (1871–1947), einem der bedeutendsten Interpreten von Verdis Otello Anfang des 20. Jahrhunderts, wird berichtet, daß der Schalldruck seiner Riesenstimme so gewaltig gewesen sei, daß die Karbonfilter des Aufnahmeapparats zersprangen.

Überblickt man die zu einem Stimmfach gehörenden Partien, dann fällt auf, daß sie keineswegs über einen Kamm zu scheren sind, daß nicht alle dieser Rollen jedem Sänger dieses Stimmfachs gleich gut liegen. Für einen überragenden Heldenbariton wie Hans Hotter (* 1909) gilt dies etwa für den Sachs in den *Meistersingern*, der – wie er selbst sagt – ihm »nicht in die Kehle komponiert war«. Die dramatische Sopranistin Leontyne Price (* 1927) scheiterte an der Titelrolle von Puccinis *La fanciulla del West*, die sie nach wenigen Versuchen wieder aufgegeben hat. Andere Sänger sind solchen Aufgaben gleich von vornherein aus dem Weg gegangen wie Lauritz Melchior der Rolle des Walther von Stolzing, dessen Tessitura ihm zu hoch lag. Trotz eines lukrativen Angebots der New Yorker Metropolitan Opera hat er sie als einzige der großen Wagnerschen Heldentenorrollen nie auf der Bühne gesungen.

Entscheidend für die Bewältigung einer Partie ist indes nicht nur deren Notentext, sondern die ihn begleitende Orchestrierung. So hat Alfredo Kraus – bis auf einige Male am Karriereanfang – die für ihn durchaus im Bereich seiner vokalen Möglichkeiten liegende Rolle des Rodolfo in *La bohème* gemieden, da Puccinis Orchestrierung sehr kompakt ist und dadurch eine Überbelastung der Stimme absehbar gewesen wäre. Gerade in sogenannten Grenzpartien ist es eine grundlegende Bedingung, die Stimme nicht zu forcieren, sondern eine schlanke, fokussierte Tongebung beizubehalten. Beispiele einer derart eisernen Prinzipientreue sind Wolfgang Windgassen (1914–1974) oder Nicolai Gedda, auch wenn sie sich deshalb den Vorwurf allzu ökonomischer Singweise gefallen lassen mußten.

Doch solch vorsichtiger Umgang mit dem kostbaren Naturgeschenk der Stimme ist die große Seltenheit, das Gegenteil vielmehr die Regel, nämlich Überforderungen, Überanstrengungen, Überstrapazierungen, die zahlreiche Sänger ihren Stimmen zumuten und damit ihre Karriere drastisch verkürzen. So lesen sich Sängerbiographien oft als Leidensgeschichten, dokumentieren discographische Hinterlassenschaften nicht selten stimmliche Tragödien. Allzu oft werden Ratschläge mißachtet wie jener der britischen Sopranistin Isobel Baillie (1895–1983): »Never sing louder than lovely!« – »Räume nie der Lautstärke Vorrang vor dem Wohllaut ein!« – eine Maxime, die durch eine Formulierung des Tenors Alfredo Kraus ergänzt wird. Kraus hat gesagt: »Ein Sänger ist wie ein Boxer oder Gewichtheber. Wenn man versucht, mehr zu heben, als man tragen kann, wird man zusammenbrechen; oder wenn man mit jemandem kämpft, der schwerer ist, wird man verlieren. Ein Sänger kann nur eine Partie tragen, die so schwer wie seine Stimme ist!« Das sind pragmatische Gedanken, die auf den Punkt bringen, was in theoretischen Debatten um Stimmfächer und Stimmengattungen oft nur vage umrissen wird.

Klaus Leidorf:
Bungalow-Sied-
lung

Die besondere Geschichte

Thomas Kunst

Gedicht unter Glas

Atmet nicht. Leckt nicht. Ich sage nur halbrosa. Ich sage nur Trisha. Ich sage nur Adventsmarzipan. Ich sage nur Handschlag. Ich sage nur Flieger. Ich sage nur Wintergarten mit Gott. Ich sage nur keine Bescheidenheit. Nur Bookmark. Nur Butter. Nur Börsencrash. Natürlich sage ich nur Tankstelle. Nur Handelskette. Ich sage immer nur. Ich sage nur kein Europa der Welt. Ich sage nur Smith & Wollensky. Ich sage nur Tschinuk-Lachs. Ich sage nur ohne zu lieben. Ich sage nur häng nicht so an mir, Justy. Ich sage nur faul endlich aus meinen Augen, Trisha. Ich sage immer nur. Ich sage nur Engel des Wassers. Ich sage nur Tokyo. Ich sage nur Fee von der Wiederkehr. Ich sage nur Villa rustica. Ich sage nur Küchentisch. Ich sage nur LaGuardia. Nur Glück. Nur Lametta. Nur trink dieses Glas noch aus. Ich sage nur Wellblech und Lilien. Ich sage nur der Hudson und die Docks. Ich sage immer nur. Ich sage nur Ostküste. Ich sage nur dans le lit. Ich sage nur Trusty und Jish. Ich sage nur deine Haare bei Van Beeveren. Ich sage nur zlahtina chambre. Nur jetzt leider nicht. Nur mach dein Paris noch aus. Dein Helsinki. Dein Rom. Ich sage nur complimente. Ich sage nur der Hudson. Ich sage nur die Docks. Ich sage nur Schwesterchen. Nur kann ich mich auf deinen Körper auch verlassen. Ich sage nur Schneenutten. Ich sage nur Schwarzbündel. Ich sage nur jüdische Grenzen. Ich sage nur ultimativ. Nur Guanin. Nur ferne Länder. Ich sage nur Schaum. Nur Terminal II. Nur Gift. Nur Gas. Nur Familienunterbrechung. Aber ich sage immer nur. Ich sage nur laß mich in Ruhe. Ich sage nur lieb mich nicht mehr. Häng nicht so an mir. Ich sage nur Hitze. Nur Haß. Ich sage nur sinnvolles Tochterkind. Ich sage nur Bureausterne in den Fabriken. Ich sage nur zu schneller Passat. Nur Stolz. Nur Tod. Nur Liebeslässigkeit. Von hier ist es nur ein Seitensprung bis in den Himmel. Wie gehen die Geschäfte, Trusty. Hast du richtig spekuliert, Jisha. Ich sage nur halbrosa. Ich sage nur Filme im Winter. Nur Filme im Winter. Die Filme im Winter. Nur Filme. Nur Winter. Ich sage nur Filme. Ich sage nur Winter. Ich sage nur Filme, Trisha, die Filme im Winter. Die Filme. Die Winter. Nur Filme. Nur Winter. Siehst du sie nicht. Siehst du sie denn nicht. Du, ich rede mit dir. Es könnte doch einfach sein, ich rede mit dir. Siehst du nicht diese ultimativen Zugeständnisse an den Flüssen. An all deinen Meeren. Die sture Hilflosigkeit einer vereinzelten Zuneigung. Die späte Anteilnahme der Verlegenheit am Trost. Diese unüberwindlichen Zugeständnisse einer wirklichen Liebe. Siehst du sie denn nicht. Ich rede mit dir, Trish. Wo auch anders als an den Flüssen. Und an jedem deiner Meere. Kein Mut hört zu. Kein Gott der Gegenseitigkeit gibt acht. Kein Wunsch hält eine zweite Fieberkurve ein. Du kannst doch Fieber kriegen, Kinderfrau. Nicht die geringste Orchidee von dir benimmt sich in den Nächten auch nur halbwegs proletarisch. Woran ich das merke. Woran ich das merke. Siehst du sie denn nicht. Es könnte doch immerhin sein, ich rede mit dir. Über die unvermeidliche Schönheit zufriedener Fabriken. Über die jüdische Gelassenheit von allgemeinen Bäumen. Blut und die Reste von Schnee. Jazz und die Reste von Blut, Schnee und Jazz. In den hohen Steinen deiner Städte hat sich mein Bureau verkantet. Holzgeflechte, Strom und selbst die abgebremste Leidenschaft zu grosser, ungestümer Seidenwürfel. Wenn ich mal Zucker brauche, gehe ich runter. Wenn ich mal Pferde brauche, gehe ich hoch. Du schläfst doch noch nicht. Du hast doch noch eine Drehung für mich, mein Stern. Ein Zucken und ein Schweifen. Ein Schleifen ohne Lässigkeit und Ende. Aus Nüchternheit. Aus Stolz und Sinnlichkeit und Stil. In den fatalen Möglichkeiten zögerlicher Gier. In den hohen Blöcken deiner Städte hat sich mein Bureau verkantet. Atmet nicht. Leckt nicht. Auch Bücher sind, glaube ich, immer so. Die Musik wackelt nicht mehr. Mein Kopfende hat schon für weniger Sätze gespielt. Nichts von dem, was einmal noch und dann für immer, dicht gedrängt, in Richtung Straße rutschte, wollte aber wirklich bleiben. Mein Kopfende nicht. Die Musik und die Bücher nicht. Die Bücher waren, glaube ich, schon immer so. Du sagst doch immer bis die Tage mal. Und im Moment. Was von dir bleiben soll, ist nicht mehr lang in meinen Augen. Mein Gott, du siehst sie nicht. Du siehst sie nicht mehr. Diese warmen, blauen Kamillengitter auf den Stühlen. Deine Haare schon im Tee. Wo kommen sie her. Wo kommen, aber wo kommen die Winde her. Diese Ähnlichkeiten im Winter. Die Kinder in Filmen. Die Kinder. Wo kommen sie her. Die Erfinder der Winter. Die Behinderer der Winde. Camilla an den kleinen Tagen. Und in den Nächten Ivany. Wenn ich mal Milch brauche, gehe ich runter. Wenn ich mal Milch brauche, gehe ich hoch. Die Fenster haben meistens weißes Glück. Mit nichts dahinter. Als würden die klaren Motive des Lebens und der Liebe zu unrecht da draußen ablaufen. Ich seh, wie deine Finger, ohne Ringe an den Rändern, langsam sinnvoll werden. Ich habe doch immer alles richtig gemacht. Ich war die Fee für dich. Ich war auch Engel, Schwesterchen und Stern. Nur noch Kalendermut, Zisternen, Chokki, Jahreszeiten, und du wirst sehen, ich wäre niemals gerne deine Frau gewesen, Brubru. Aber Mutter, warum hat Vater dich denn, früher einmal, auf den Bildern, so getragen. Konntest du deine Füße, konntest du deine Haare nicht mehr leiden. Du sagst doch immer bis die Tage mal. Und leider immer wieder im Moment. Mein Gott, du siehst sie nicht. Wo kommen sie her. Wo kommen, aber wo kommen die Kinder her. Die Behinderer der Winde. Wo kommen sie her. Ich habe sie zuerst in Asien, auf den Schiffen, gesehen. Auf den unüberwindlichen Schiffen. Ich war nie in Asien. Aber ich hab sie gesehen. Die Schiffe in Asien. Auf dem Lande. In der Stadt. Mit gründlichen Kindern an Deck. Ich hab sie gesehen. Siehst du sie nicht. Das Schlimmste am Tod ist sicherlich, daß auch die Wahrnehmungen danach nichts mehr richtig für dich tun können. Was nützen da noch Gleichgewicht und Gier. Und eine souveräne Täuschung ohne Trauer. Die Augen waren, glaube ich, schon immer so. Und das, was meine Augen nicht mehr wiederholen, war nie da. Aber das Krankenhausmesser war da. Deine Aktien im Keller waren da. Deine hochgekrempelte Sonnenbrille war da. Die hellbraunen Autobahndecken waren doch da. Für die Stühle im Hof. Im Loftbassin. Da draußen. Im Winter. Ein für alle Mal. Sie waren da. Siehst du sie nicht. Siehst du sie denn nicht. Du, ich rede mit dir, Puppe. Es könnte doch immerhin möglich sein, ich rede mit dir. Verlaß dich nur nicht mehr auf deine Briefe. Und halt von mir aus gern die Unterschiede ein. Du bist nicht gerade wesentlich mit deinem Mund, wenn du an Sätze denkst, die ich nicht einmal schreiben würde. Die einzige Möglichkeit, dich zu lieben, ist die, dich zu belästigen. Die einzige Möglichkeit, mich zu belästigen, ist die, mich zu lieben. Und du wirst sehen, was meine Briefe nicht mehr wiederholen, geht vorbei. Ich habe sie zuerst in Asien, auf den Schiffen, gesehen. Auf den unüberwindlichen Schiffen. Ich war nie in Asien. Aber ich hab sie gesehen. Ich schwöre. Bei deinen Lederabdrücken im Flur. Und dem gleichen Monat deiner Hände beim Verzeihen. Ich war nie in Asien. Auf den Märkten. Aber ich hab sie gesehen. Ich hab die ganzen Jahre meiner Augen noch nie für unachtsames Glück gehalten. Aber meine Augen haben auch schon für weniger Sätze gespielt. Ich hoffe, meine scheue Ausgeglichenheit enttäuscht dich nicht. Denn ohne die Enttäuschung gibt es keinen Trotz. Und ohne Trotz gibt es nicht gleich die ungeteilte Schönheit anderer, Brubru. Ich habe dir zuliebe das Wort jemals benutzt. Jemals zu Weihnachten. Jemals versprochen. Jemals in Asien, München oder Rom. Ich bete einmal am Tag warm. Ich gehe nicht mehr ans Fenster. Ich fahre nicht mehr so heftig. Ich trinke nicht mehr so laut. Ich schieße nicht mehr auf die High Society. Nur noch aus Spaß. Ich lasse keine Bankangestellten mehr in die Fabriken. Ich höre deine Musik nicht mehr allein. Ich mute nur den Augenwinkeln zu, daß du noch da bist. Meine Augen waren, glaube ich, schon immer so. Sie wiederholen nichts, was sich nicht lohnt. Die Vordertür deines Wagens beim Losfahren lohnt sich nicht. Die allgemeinen Bäume lohnen sich nicht. Die Lässigkeit deiner Sehnsucht beim Betrinken lohnt sich nicht. Siehst du sie nicht. Siehst du sie denn nicht. Lässigkeit und Wehmut ohne Ende. Jemals in Asien. Aber jemals auch in deinem Hirn, Trish. Meine Straße spielt nicht mehr mit dir. Mein Telephon spielt nicht mehr mit dir. Die Entfernung zwischen Vertrautheit und Dezember spielt nicht mehr mit dir. Was soll ich dir denn noch alles zumuten, damit du endlich begreifst, daß meine Sehnsucht nichts, aber auch rein gar nichts mit deiner Hingabe an meine Zurückhaltung zu tun hat. Ich habe sie zuerst in Asien, auf den Schiffen, gesehen. Auf den begnadeten Schiffen. Ich war nie in Asien. Aber ich hab sie gesehen. Deine Hingabe. Auf den Schiffen. Mit den gründlichen Kindern an Deck. Bedeutet dir das alles gar nichts. Sag nicht, du hast nicht aufgepaßt. Sag nicht, du hättest dir den breiten Schnee der Adern meiner Brüste fast noch schöner vorgestellt. Blut und die Reste von Schnee. Jazz und die Reste von Blut, Schnee und Jazz. Die Märkte in Europa. Ich schieße wirklich nicht mehr. Es gibt keine Melancholie der fantastischen Zahlen. Deine Kinder in Asien. Gründliche Kinder. Die Erfinder der Winter. Die Winter in Filmen. Meine Schiffe nur bei Wind wohl. Und nur bei Wind und allgemeinen Sternen. Ich kann noch immer nicht glauben, daß wir es wirklich geschafft haben sollen. Geschafft mit Kindern und Geschäften. Siehst du sie nicht. Siehst du sie denn nicht. Die Kinder bei Wind. Die Kinder in Filmen. Wo kommen sie her. Ich habe sie zuerst in Asien, auf den Märkten, gesehen. Auf den unüberwindlichen Märkten. Auf dem Lande. In der Stadt. Ich hab sie gesehen. Ich habe auch die Müdigkeit gesehen. Die Müdigkeit der losen Männer, Bru. Die Müdigkeit der losen Männer vor den Werken ihrer Industrie. Ich hab mir nichts dabei gedacht. Ich habe ihre stumpfen Finger in mich reingeknickt. Ich weiss ja, daß ich mich auf dich verlassen kann. Denn ich allein bin Trish. Bin Justy. Denn ich allein bin deine Frau aus einer Schneeausgabe. Ich bin die Frau von einer Seltenheit der Turmuhren im Flur. Hast du gehört, ich kann nicht mehr. Kannst du dir vorstellen, wie die Winter gehen. Wie ohne Hilfestellung unsere Winter gehen. Ich muß mich wohl auf das beschränken, was ich kann, ich wirklich kann. Ich kann noch ohne Selbstmitleid an einem großen Wasser stehen. Ich habe unterwegs nur eine Kleinigkeit getrunken. Mach mir nichts vor, ich kann auch ohne dich am Wasser stehen. Und das, das konnte ich schon immer. In einem Jahrzehnt der Broker, Kondome und Ameisen, ja, Ameisen. Mach das noch mal. Mach das ruhig noch mal. Konntest du deine Probleme denn nicht anders lösen. Ich kann mir doch vorstellen, was ich will. Es geht nicht mehr. Es geht einfach nicht mehr. Meine eingespielten Modelle versagen. Ich liebe sehr gern Modelle. Die Herbergen, der Strand und auch die öffentlichen Kinodämmerungen. Die Bankreihen am Stadtrand. Die Stühle in den Wäldern. Die Haare nie allein. Und selbst die Strumpfhosen schon nicht mal mehr im Liegen. Ich glaube, unter all den Decken in den Häusern gibt es keine Sicherheiten mehr. Die Kurse sacken. Dein Bureau rutscht aus. Führe lieber die Ameisen aus. Sei gut zu den Brokern deiner Heimatcities. Das ist doch eine Kleinigkeit für dich. Gott sei Dank, habe ich nicht gerade eingeatmet, als du mich angerufen hast, um mich von deinen neuesten Kalkulationen zu unterrichten. Gott sei Dank nicht.

Ich habe unterwegs schon eine Kleinigkeit getrunken. Nur eine Kleinigkeit, in einem Jahrzehnt der Makler, Medien und Brombeeren. Ich kann mich nicht daran erinnern, etwas Falsches gesagt zu haben. Dezente Brombeernote. Gran Reserva. Wo auch immer du sein magst. Aber die Ameisen und Brombeeren haben es bestimmt gut bei dir. Die Broker und die Ameisen. Die Müdigkeit und Amerika. Die Kinder und die Märkte in Asien. Aber was weißt denn du schon. In einem Jahrzehnt der stundenlangen Liebe. In einem Jahrhundert altmodischer Umarmungsgifte. In einem Jahrtausend der Krankheiten und Musik. Ich habe kein Verständnis mehr für das, was übrigbleibt. Die Flaschen und die Ameisen. Die Zahlen im Keller. Aber die Kinder und die Schiffskelche in Asien. Die Ameisen und, auf ihre Art, die Gelassenheit der Meere. Das Verschwimmen der Meere.

Tris and Jus and Bru.

Ich sage nur madness. Nur Handschlag. Und Flieger. Gelacht wird aber nicht. Das geht doch alles vom Atmen ab, du Dummerle.

Ich sage ja nur.

Klaus Leidorf:
Feld mit Blau-
kraut

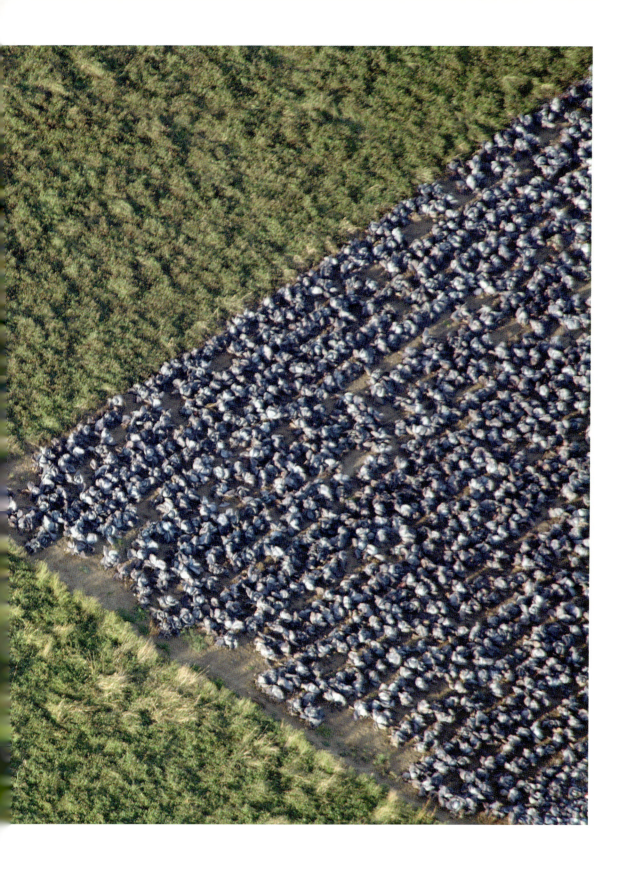

Münchner Opern-Festspiele 2002: Das Festspiel-Publikum vor dem Portikus des Nationaltheaters

Die Münchner Opern-Festspiele 2003

Einführungsmatinee
zur Premiere *Rodelinda, Regina de' Longobardi*

Gesprächsrunde mit Mitwirkenden der Produktion; Leitung: Hella Bartnig

Cuvilliés-Theater; 22. Juni

Eröffnungsvortrag Angela Merkel

»Hat unsere Kultur Zukunft?«
Kultur heute zwischen Publikumserwartung, künstlerischem Anspruch und Finanzmöglichkeit

Cuvilliés-Theater; 27. Juni

Festspiel+ Live Sculpture
Lenin on the Road

Max-Joseph-Platz

Festspiel+ Eröffnungsfest
Festspiel-Nacht der HypoVereinsbank

Fünf Höfe, Kunsthalle der Hypo-Kulturstiftung; 27. Juni

Kultur live
aus der Bayerischen Staatsoper

Diskussion mit Publikumsbeteiligung über kulturelle Gegenwartsfragen

»Der schönste Wahnsinn der Welt! Was wir an der Oper haben«
Einblicke und Ausblicke mit prominenten Gästen

Hörfunk-Live-Übertragung in Bayern 2 Radio
In Zusammenarbeit mit dem Bayerischen Rundfunk

Nationaltheater, Königssaal; 28. Juni

Rodelinda, Regina de' Longobardi

Georg Friedrich Händel

Münchner Erstaufführung

Musikalische Leitung: Ivor Bolton
Inszenierung: David Alden
Bühne: Paul Steinberg
Kostüme: Buki Shiff
Licht: Pat Collins

Rodelinda: Dorothea Röschmann
Bertarido: Michael Chance
Grimoaldo: Paul Nilon
Eduige: Felicity Palmer

Im Rahmen von *Oper für alle* wurde während der Festspiele 2002 Händels *Giulio Cesare in Egitto* auf den Max-Joseph-Platz übertragen.

Unulfo: Christopher Robson
Garibaldo: Umberto Chiummo

Nationaltheater
Festspiel-Premiere am Samstag, 28. Juni
2., 5., 9. Juli

Einführung vor den Vorstellungen am 2., 5. und 9. Juli in der ehemaligen Abendkasse.

Festspiel-Gottesdienst

Mitglieder des Bayerischen Staatsorchesters
Mitglieder des Chores der Bayerischen Staatsoper

In Zusammenarbeit mit der Künstlerseelsorge
der Erzdiözese München und Freising

St. Michael (Neuhauser Straße); 29. Juni

Don Carlo
Giuseppe Verdi

Musikalische Leitung: Zubin Mehta
Inszenierung, Bühne, Kostüme und Lichtkonzept: Jürgen Rose
Mitarbeit Inszenierung: Franziska Severin
Licht: Michael Bauer
Chöre: Udo Mehrpohl

Filippo II.: Matti Salminen
Don Carlo: Ramon Vargas
Rodrigo, Marquis von Posa: Paolo Gavanelli
Der Großinquisitor: Paata Burchuladze
Ein Mönch: Mario Luperi
Elisabetta von Valois: Miriam Gauci
Prinzessin Eboli: Violeta Urmana
Tebaldo: Dilbèr
Gräfin von Aremberg: Lucy Craig
Graf von Lerma: Francesco Petrozzi
Eine Stimme vom Himmel: Margarita De Arellano
Flandrische Deputierte: Gerhard Auer, Taras Konoshchenko, Kaiser Nkosi, Rüdiger Trebes, Hans Wilbrink, Jan Zinkler

Nationaltheater; 29. Juni, 3. Juli

Bayerisches Staatsballett
Raymonda
Ballett von Marius Petipa
Neufassung von Ray Barra
Musik von Alexander Glasunow

Choreographie: Ray Barra nach Marius Petipa
Bühne und Kostüme: Klaus Hellenstein
Licht: Christian Kass
Musikalische Einrichtung: Maria Babanina
Musikalische Leitung: Alexander Titov

Solisten und Ensemble des Bayerischen Staatsballetts
Das Bayerische Staatsorchester

Nationaltheater; 30. Juni

Festspiel+ Chorkonzert
One equal music

Leitung: Ivor Bolton
Choir of Clare College, Cambridge

Mit freundlicher Unterstützung der Erzdiözese München und Freising

Herz-Jesu-Kirche; 30. Juni

Saul
Georg Friedrich Händel

Musikalische Leitung: Ivor Bolton
Inszenierung: Christof Loy
Bühne und Kostüme: Herbert Murauer
Licht: Reinhard Traub
Choreographische Mitarbeit: Jacqueline Davenport
Produktionsdramaturgie: Peter Heilker
Chöre: Udo Mehrpohl

Saul: Alastair Miles
Jonathan: John Mark Ainsley
David: David Daniels
Merab: Rebecca Evans
Michal: Rosemary Joshua
High Priest: Kevin Conners
Witch of Endor: Robert Tear
Apparation of Samuel: Jonathan Lemalu
Doeg: Jacques-Greg Belobo
An Amalekite: Manolito Mario Franz
Adriel: Thomas Diestler

Nationaltheater; 1., 4. Juli

Einführung vor den Vorstellungen am 1. und 4. Juli in der ehemaligen Abendkasse.

Festspiel+ Konzerte
Un-akademische Konzerte

1. Konzert: Cecil Taylor (piano); Tony Oxley (drums)
Prinzregententheater; 1. Juli

2. Konzert: Perkussions-Kompositionen von Kaija Saariaho und Ludger Brümmer mit Wolfram Winkel und Werner Hofmeister (Perkussion)
Bayerischer Rundfunk, Studio 2; 4. Juli

In Zusammenarbeit mit *Unterwegs – Musik erfahren*
Eine Veranstaltungsreihe der *BMW Group*

Hans-Jürgen von Bose, *K. Projekt 12/14*. Auftragswerk der Bayerischen Staatsoper. Uraufführung am 27. Juni 2002 im Cuvilliés-Theater. Inszenierung: Robert Lehmeier, Ausstattung: Harald B. Thor, Videos: Marie Reich

Stimme: Christopher Robson
Violoncello: Sebastian Hess

Festspiel+ 2002

Oben: *Väter Unser*. Szenische Anhörung für gehobene Ansprüche von und mit Martin Hägler, Ruedi Häusermann, Theodor Huser und Philipp Läng in der Muffathalle

Unten links: Festspiel-Nacht der HypoVereinsbank in den Fünf Höfen

Unten rechts: Jan Garbarek im Nationaltheater

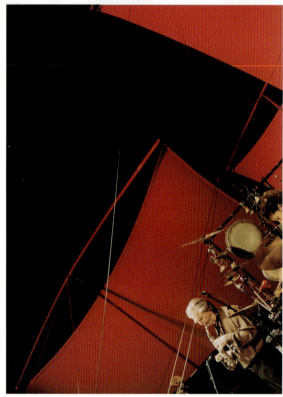

Festspiel+ 2002

Motettenkonzert mit Ivor Bolton und dem Choir of Clare College, Cambridge in der Herz-Jesu-Kirche (von links:) Richard Gaul (Kommunikationschef BMW), Herbert Bauderer (Leitung der BMW Niederlassung München, Plácido Domingo und Staatsintendant Sir Peter Jonas werben für *Oper für alle*. Dank der BMW Niederlassung München gab es während der Festspiele 2002 audiovisuelle Live-Übertragungen der Opern *Giulio Cesare in Egitto* und *Pique Dame* auf den Max-Joseph-Platz. Plácido Domingo sang den Hermann in *Pique Dame*.

Falstaff

Giuseppe Verdi

Musikalische Leitung: Zubin Mehta
Inszenierung: Eike Gramss
Bühne und Kostüme: Gottfried Pilz
Licht: Manfred Voss
Chöre: Udo Mehrpohl

Sir John Falstaff: Ambrogio Maestri
Ford: Lucio Gallo
Fenton: Rainer Trost
Dr Cajus: Ulrich Reß
Bardolfo: Anthony Mee
Pistola: Mario Luperi
Mrs Alice Ford: Adrianne Pieczonka
Nannetta: Rebecca Evans
Mrs Quickly: Marjana Lipovsek
Mrs Meg Page: Katarina Karnéus

Nationaltheater; 6., 10., 13. Juli

13. Juli: *Oper für alle* dank der BMW Niederlassung München
Audiovisuelle Live-Übertragung auf den Max-Joseph-Platz

Liederabend Thomas Allen

Malcolm Martineau, Klavier

Werke von Joseph Haydn, Ludwig van Beethoven,
Franz Schubert, Hugo Wolf, Maurice Ravel, Benjamin Britten

Prinzregententheater; 6. Juli

Lucia di Lammermoor

Gaëtano Donizetti

Musikalische Leitung: Marcello Viotti
Inszenierung: Robert Carsen
Bühne und Kostüme: Richard Hudson
Licht: Wolfgang Göbbel
Chöre: Eduard Asimont

Lord Enrico Ashton: Paolo Gavanelli
Lucia Ashton: Edita Gruberova
Sir Edgardo di Ravenswood: Marcelo Alvarez
Lord Arturo Buklaw: Francesco Petrozzi
Raimondo Bide-the-Bent: Roberto Scandiuzzi
Alisa: Helena Jungwirth
Normanno: Manolito Mario Franz

Nationaltheater; 7., 11. Juli

Bayerisches Staatsballett
Porträt Jiří Kylián

Svadebka
Ballett von Jiří Kylián
Musik von Igor Strawinsky (*Les Noces*)

Choreographie: Jiří Kylián
Bühne und Kostüme: John Macfarlane
Licht: Jennifer Tipton

Bella Figura
Ballett von Jiří Kylián
Musik von Lukas Foss, Giovanni Battista Pergolesi, Alessandro Marcello, Antonio Vivaldi, Giuseppe Torelli

Choreographie und Bühne: Jiří Kylián
Kostüme: Joke Visser
Licht: Tom Bevoort

Sechs Tänze
Ballett von Jiří Kylián
Musik von Wolfgang Amadeus Mozart (*Sechs deutsche Tänze*, KV 271)

Choreographie, Bühne und Kostüme: Jiří Kylián
Licht: Joop Caboort

Solisten und Ensemble des Bayerischen Staatsballetts
Gesangssolisten der Bayerischen Staatsoper
Das Bayerische Staatsorchester
Musikalische Leitung: Gabriel Feltz

Nationaltheater; 8. Juli

Festspiel+
Podiums-Diskussion

»Gegen.Welten«. Eine Auseinandersetzung mit dem Thema der Münchner Opern-Festspiele 2003

In Zusammenarbeit mit der Katholischen Akademie Bayern

Katholische Akademie Bayern; 10. Juli

Bayerisches Staatsballett
Schwanensee

Ballett von Marius Petipa
Neufassung von Ray Barra
Musik von Peter I. Tschaikowsky

Choreographie: Ray Barra nach Marius Petipa und Lew Iwanow
Bühne und Kostüme: John Macfarlane
Musikalische Leitung: Valeri Ovsianikov

Solisten und Ensemble des Bayerischen Staatsballetts
Das Bayerische Staatsorchester

Nationaltheater; 12. Juli

Festspiel-Galakonzert

Werke von Giuseppe Verdi, Charles Gounod, Gaëtano Donizetti, Jules Massenet, Giacomo Puccini u.a.

Leitung: Marco Armiliato
Solisten: Anna Netrebko, Ramon Vargas
Das Bayerische Staatsorchester

Nationaltheater; 12. Juli

Einführungsmatinee zur Uraufführung
Das Gesicht im Spiegel

Gesprächsrunde mit Mitwirkenden der Produktion;
Leitung: Hella Bartnig

Cuvilliés-Theater; 13. Juli

Il ritorno d'Ulisse in patria
Claudio Monteverdi

Musikalische Leitung: Christopher Moulds
Inszenierung: David Alden
Bühne: Ian MacNeil
Kostüme: Gideon Davey
Licht: Simon Mills

Ulisse: Rodney Gilfry
Penelope: Vivica Genaux
Telemaco: Toby Spence
L'humana fragilità/Pisandro: Dominique Visse
Fortuna/Giunone/Melanto: Alison Hagley
Tempo/Antinoo/Nettuno: Clive Bayley
Amore: Solist des Tölzer Knabenchors
Ericlea: Elena Zilio
Eumete: Kenneth Roberson
Eurimaco: Christian Baumgärtel (13./20./23. Juli)
         Daniel Norman (15./18. Juli)
Giove/Anfinomo: Guy de Mey
Iro: Robert Wörle
Minerva: Francesca Provvisionato

Monteverdi-Continuo-Ensemble
Mitglieder des Bayerischen Staatsorchesters

Prinzregententheater; 13., 15., 18., 20., 23. Juli

Richard Wagner, *Die Walküre*. Premiere am 30. Juni 2002 im Nationaltheater. Dirigent: Zubin Mehta, Regie: Hans-Peter Lehmann nach dem Gesamtkonzept von Herbert Wernicke

Linke Seite oben: (von links) John Tomlinson (Wotan), Mihoko Fujimura (Fricka), Gabriele Schnaut (Brünnhilde)

Linke Seite, unten links: John Tomlinson (Wotan), Gabriele Schnaut (Brünnhilde)

Linke Seite, unten rechts: John Tomlinson (Wotan), Mihoko Fujimura (Fricka)

Rechte Seite oben: Die Walküren Jennifer Trost, Ingrid Bartz, Heile Grötzinger, Sally du Randt, Ann-Katrin Naidu, Anne Pellekoorne, Marita Knobel und Irmgard Vilsmaier

Rechte Seite unten: Gabriele Schnaut (Brünnhilde), John Tomlinson (Wotan)

Elektra

Richard Strauss

Musikalische Leitung: Peter Schneider
Inszenierung, Bühne, Kostüme und Licht: Herbert Wernicke
Chöre: Eduard Asimont

Klytämnestra: Jane Henschel
Elektra: Gabriele Schnaut
Chrysothemis: Inga Nielsen
Aegisth: Chris Merritt
Orest: René Pape
Pfleger des Orest: Karl Helm
Vertraute: Anita Berry
Schleppträgerin: Julia Rempe
Junger Diener: Kevin Conners
Alter Diener: Gerhard Auer
Aufseherin: Marita Knobel
Erste Magd: Anne Pellekoorne
Zweite Magd: Helena Jungwirth
Dritte Magd: Ingrid Bartz
Vierte Magd: Jennifer Trost
Fünfte Magd: Aga Mikolaj

Nationaltheater; 14. Juli

Liederabend
Dorothea Röschmann
und Ian Bostridge

Graham Johnson, Klavier

Werke von Robert Schumann

Prinzregententheater; 14. Juli

Die Entführung aus dem Serail

Wolfgang Amadeus Mozart

Musikalische Leitung: Daniel Harding
Inszenierung: Martin Duncan
Regie-Mitarbeit und Ausstattung: Ultz
Choreographie: Jonathan Lunn
Licht: Stan Pressner
Chöre: Eduard Asimont

Konstanze: Elena Mosuc
Blonde: Deborah York
Belmonte: Roberto Saccà
Pedrillo: Kevin Conners
Osmin: Paata Burchuladze
Bassa Selim: Bernd Schmidt
Erzählerin: Fatma Genç

Nationaltheater; 15., 19. Juli

Festspiel+ Konzert
Der Raum

Auf den Spuren der Klangarchitektur der Herz-Jesu-Kirche von und mit Matthias Kaul

Mit freundlicher Unterstützung der Erzdiözese München und Freising

Herz-Jesu-Kirche; 15. Juli

I puritani

Vincenzo Bellini

Musikalische Leitung: Friedrich Haider
Inszenierung: Jonathan Miller
Bühne: Isabella Bywater
Kostüme: Clare Mitchell
Licht: Davy Cunningham
Chöre: Udo Mehrpohl

Lord Gualtiero Valton: Gerhard Auer
Sir Giorgio: Alastair Miles
Lord Arturo Talbo: José Bros
Sir Riccardo Forth: Paolo Gavanelli
Sir Bruno Roberton: Francesco Petrozzi
Enrichetta di Francia: Liliana Mattei
Elvira: Edita Gruberova

Nationaltheater; 16. Juli

Bayerisches Staatsballett
Porträt John Neumeier

Dämmern

Ballett von John Neumeier
Musik von Alexander Skrjabin

Choreographie, Bühne, Kostüme, Licht: John Neumeier

In the Blue Garden

Ballett von John Neumeier
Musik von Maurice Ravel

Choreographie und Licht: John Neumeier
Bühne und Kostüme: Zack Brown

Jupiter-Sinfonie

Ballett von John Neumeier
Musik von Wolfgang Amadeus Mozart

Choreographie und Licht: John Neumeier
Bühne und Kostüme: Klaus Hellenstein

Solisten und Ensemble des Bayerischen Staatsballetts
Klavier: Svetlana Behrisch
Das Bayerische Staatsorchester
Musikalische Leitung: Oliver von Dohnányi

Nationaltheater; 17. Juli

Das Gesicht im Spiegel
Jörg Widmann

Auftragswerk der Bayerischen Staatsoper
Uraufführung

Musikalische Leitung: Peter Rundel
Inszenierung: Falk Richter
Bühne: Katrin Hoffmann
Kostüme: Martin Krämer
Licht: Carsten Sander
Video-Design: Martin Rottenkolber, Meike Dresenkamp

Patrizia: Salome Kammer
Bruno: Dale Duesing
Milton: Richard Salter
Justine: Julia Rempe
Chor der Kinder: Tölzer Knabenchor

Cuvilliés-Theater
Festspiel-Premiere am Donnerstag, 17. Juli
19., 21., 22. Juli

Mit freundlicher Unterstützung der Gesellschaft zur Förderung der Münchner Opern-Festspiele e.V.

Einführung vor den Vorstellungen am 19., 21. und 22. Juli

Liederabend
Vesselina Kasarova

Charles Spencer, Klavier

Werke von Joseph Haydn, Charles Gounod, Georges Bizet, Johannes Brahms, Peter I. Tschaikowsky, Gioacchino Rossini

Nationaltheater; 18. Juli

Festspiel+ Konzert
Darwins Tochter

für vier Musiker (Flöte, Klarinette, Posaune, Tuba, Klavier), zwei Sprecher und Tonband
Text: Ute Mings; Musik: Christian Mings

Akademietheater; 18., 20. Juli

Festspiel+ Nacht-Konzert
Herbie Hancock

Herbie Hancock (piano); Bobby Hutcherson (vibraphon); NN (double bass); NN (drums)

In Zusammenarbeit mit LOFT music. Eine Veranstaltung im Rahmen des *Münchner Klaviersommers*

Nationaltheater; 19. Juli

La traviata
Giuseppe Verdi

Musikalische Leitung: Fabio Luisi
Inszenierung: Günter Krämer
Bühne: Andreas Reinhardt
Kostüme: Carlo Diappi
Licht: Wolfgang Göbbel
Chöre: Eduard Asimont

Violetta Valéry: Anna Netrebko
Flora Bervoix: Ann-Katrin Naidu
Annina: Helena Jungwirth
Alfredo Germont: Rolando Villazon
Giorgio Germont: Paolo Gavanelli
Gaston: Ulrich Reß
Baron Douphol: Taras Konoshchenko
Marquis d'Obigny: Gerhard Auer
Doktor Grenvil: Karl Helm
Giuseppe, Diener Violettas: Manolito Mario Franz
Gärtner: Rüdiger Trebes

Nationaltheater; 20. Juli

Festspiel-Konzert

Samuel Barber: Symphonie Nr. 1 in einem Satz, op. 9
Richard Strauss: *Vier letzte Lieder*
Robert Schumann: Symphonie Nr. 4, d-Moll, op. 120

Leitung: Wolfgang Sawallisch
Solistin: Renée Fleming, Sopran
Das Bayerische Staatsorchester

Nationaltheater; 21. Juli

Rinaldo
Georg Friedrich Händel

Musikalische Leitung: Ivor Bolton
Inszenierung: David Alden
Bühne: Paul Steinberg
Kostüme: Buki Shiff
Licht: Pat Collins

Goffredo: Dominique Visse
Almirena: Deborah York
Rinaldo: Ann Murray
Eustazio: Axel Köhler
Argante: Nathan Berg
Armida: Veronica Cangemi
Mago cristiano/Donna/Araldo: Christopher Robson
Due Sirene: Veronica Cangemi, Deborah York

Nationaltheater; 22., 24. Juli

Einführung vor den Vorstellungen am 22. und 24. Juli in der ehemaligen Abendkasse.

Igor Strawinsky, *The Rake's Progress*. Premiere am 14. Juli 2002 im Prinzregententheater. Dirigent: Ivor Bolton, Inszenierung: Martin Duncan, Bühne und Kostüme: Ultz

Linke Seite: Ian Bostridge (Tom Rakewell) sowie unten links: Anne Pellekoorne (Mother Goose, im Hintergrund)

Rechte Seite oben: Christopher Robson (Baba the Turk), Dorothea Röschmann (Anne Trulove), Robert Tear (Sellem) und das Vokal Ensemble München

Rechte Seite unten: Ian Bostridge (Tom Rakewell), Statisterie und Gerhard Auer (Caretaker, ganz rechts)

Igor Strawinsky, *The Rake's Progress*

Linke Seite: Ian Bostridge (Tom Rakewell) und William Shimell (Nick Shadow)

Rechte Seite oben: Dorothea Röschmann (Anne Trulove), Ian Bostridge (Tom Rakewell), Lynton Black (Trulove, ganz rechts), Ritual Dancers und Morris Dancers

Rechte Seite unten: Ian Bostridge (Tom Rakewell) und Mitglieder des Vokal Ensembles München

Tannhäuser
Richard Wagner

Musikalische Leitung: Jun Märkl
Inszenierung: David Alden
Bühne: Roni Toren
Kostüme: Buki Shiff
Choreographie: Vivienne Newport
Licht: Pat Collins
Chöre: Udo Mehrpohl

Landgraf Hermann: Kurt Moll
Tannhäuser: Robert Gambill
Wolfram von Eschenbach: Simon Keenlyside
Walther von der Vogelweide: Ulrich Reß
Heinrich der Schreiber: Francesco Petrozzi
Reinmar von Zweter: Gerhard Auer
Elisabeth: Emily Magee
Venus: Waltraud Meier (23. Juli)
    Nadja Michael (26. Juli)
Ein junger Hirt: Solist des Tölzer Knabenchors
Edelknaben: Solisten des Tölzer Knabenchors

Nationaltheater; 23., 26. Juli

Festspiel-Kammerkonzert
des Bayerischen Staatsorchesters

Wolfgang Amadeus Mozart: *Ein musikalischer Spaß*, KV 522; Oboenquartett, F-Dur, KV 370; Hornquintett, Es-Dur, KV 407; Divertimento für Oboe, zwei Violinen, Viola, Baß und zwei Hörner, D-Dur, KV 251

Yamei Yu, Albena Danailova (Violine); Dietrich Cramer, Monika Hettinger (Viola); Michael Rieber (Kontrabaß); Simon Dent (Oboe); Johannes Dengler, Wolfram Sirotek (Horn)

Cuvilliés-Theater; 24., 27. Juli

Festspiel+ Konzert
Le pas du chat noir

Anouar Brahem (oud), François Couturier (piano), Jean-Louis Matinier (accordion)

In Zusammenarbeit mit Manfred Eicher (ECM)
Prinzregententheater; 24. Juli

Der Rosenkavalier
Richard Strauss

Musikalische Leitung: Peter Schneider
Nach einer Konzeption von Otto Schenk und Jürgen Rose
Chöre: Eduard Asimont

Die Feldmarschallin: Cheryl Studer
Der Baron Ochs auf Lerchenau: Franz Hawlata
Octavian: Kristine Jepson
Herr von Faninal: Eike Wilm Schulte
Sophie: Rosemary Joshua
Leitmetzerin: Irmgard Vilsmaier
Valzacchi: Ulrich Reß
Annina: Anne Pellekoorne
Ein Polizeikommissar: Gerhard Auer
Der Haushofmeister bei der Feldmarschallin: Hermann Sapell
Der Haushofmeister bei Faninal: Francesco Petrozzi
Notar: Hans Wilbrink
Ein Wirt: Francesco Petrozzi
Ein Sänger: Eduardo Villa
Drei adelige Waisen: Anja Augustin, Kremena Dilcheva, Claudia Schneider
Modistin: Julia Rempe
Ein Tierhändler: Manolito Mario Franz

Nationaltheater; 25., 29. Juli

Liederabend
Jonathan Lemalu

Malcolm Martineau, Klavier

Werke von Wolfgang Amadeus Mozart, Johannes Brahms, Hugo Wolf, Roger Quilter

Cuvilliés-Theater; 25. Juli

Manon Lescaut
Giacomo Puccini

Musikalische Leitung: Fabio Luisi
Inszenierung: Andreas Homoki
Bühne und Kostüme: Wolfgang Gussmann
Licht: Franck Evin
Chöre: Udo Mehrpohl

Manon Lescaut: Maria Guleghina
Lescaut: Paolo Gavanelli
Il cavaliere Renato Des Grieux: Sergej Larin
Geronte di Ravoir: Karl Helm
Edmondo: Francesco Petrozzi
L'oste/Un sergente/Un comandante: Rüdiger Trebes
Il maestro di ballo: Manolito Mario Franz
Un musico: Helena Jungwirth
Un lampionaio: Kevin Conners

Nationaltheater; 27., 30. Juli

Bayerisches Staatsballett
Ein Sommernachtstraum

Ballett von John Neumeier nach William Shakespeare
Musik von Felix Mendelssohn Bartholdy und György Ligeti

Choreographie: John Neumeier
Bühne und Kostüme: Jürgen Rose
Musikalische Leitung: Oliver von Dohnányi

Solisten und Ensemble des Bayerischen Staatsballetts
Das Bayerische Staatsorchester

Nationaltheater; 28. Juli

Festspiel+ Szenisches Konzert
Antenne Karger. Text & Ton

Markus Wolff und Martin Schütz (Idee), Hans Koch (Reeds, Elektronik), Martin Schütz (Cello, Elektronik), Fredy Studer (Schlagzeug), Markus Wolff (Text, Kassette, Tanz)

Koproduktion mit GO-Theaterproduktionen und Gare du Nord, Bahnhof für Neue Musik, Basel

Akademietheater; 29., 30. Juli

Festspiel+ Musik-Theater
Unser Oskar

Eine Sprachoper für Oskar Maria Graf
von und mit Andreas Ammer (Konzept, Text, Regie und Laptop), Sebastian Hess (Komposition und Cello), Oskar Maria Graf (in Originaldokumenten), Sepp Bierbichler und Michael Tregor (Sprecher), Michael Acher (Flügelhorn, E-Baß), Ralph Beerkircher (E-Gitarre), Moritz Eggert (Klavier), Bachhauser Blasmusik

Koproduktion mit dem Bayerischen Rundfunk/Hörspiel und Medienkunst

Hörfunk-Live-Übertragung der Premiere in Bayern 2 Radio

Cuvilliés-Theater; 30., 31. Juli

Die Meistersinger von Nürnberg
Richard Wagner

Musikalische Leitung: Peter Schneider
Inszenierung: August Everding
Bühne und Kostüme: Jürgen Rose
Chöre: Udo Mehrpohl

Hans Sachs: Jan-Hendrik Rootering
Veit Pogner: René Pape
Kunz Vogelgesang: Claes H. Ahnsjö
Konrad Nachtigall: Jan Zinkler
Sixtus Beckmesser: Eike Wilm Schulte
Fritz Kothner: Alfred Kuhn
Balthasar Zorn: Kevin Conners
Ulrich Eißlinger: Hermann Sapell
Augustin Moser: Francesco Petrozzi
Hermann Ortel: Hans Günter Nöcker
Hans Schwarz: Rüdiger Trebes
Hans Folz: Gerhard Auer
Walther von Stolzing: Robert Dean Smith
David: Ulrich Reß
Eva: Emily Magee
Magdalena: Katharina Kammerloher
Ein Nachtwächter: Karl Helm

Nationaltheater; 31. Juli

Oper für alle: Tausende hielten am 26. Juli 2002 trotz Regens auf dem Max-Joseph-Platz aus, um die audiovisuelle Live-Übertragung von Tschaikowskys *Pique Dame* zu verfolgen und am Ende das Ensemble um Plácido Domingo zu feiern.

Pierre Mendell:
Plakatmotive für
den *Ring des
Nibelungen*

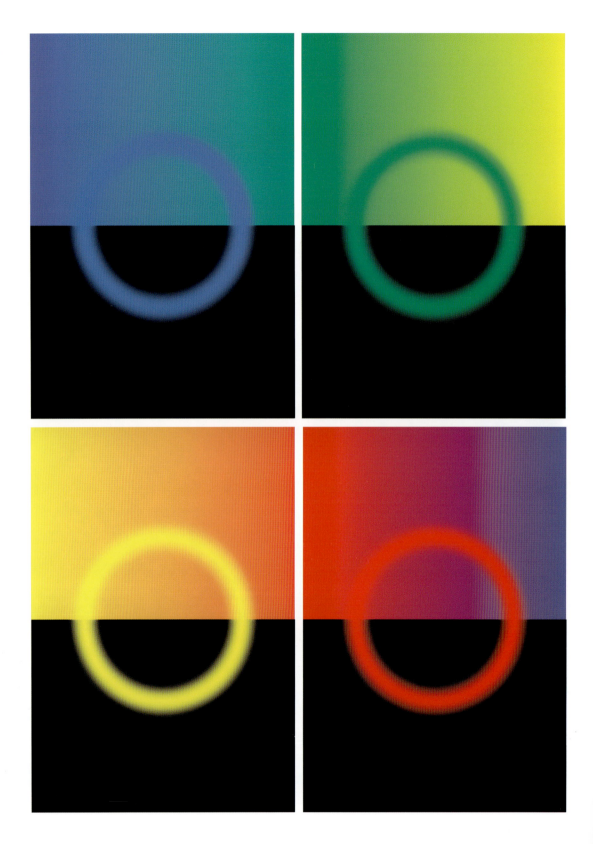

Rückblick auf die Spielzeit 2002/2003

Pierre Mendell:
Plakate für die
Neuproduktionen
der Spielzeit
2002/2003

Premieren der Spielzeit 2002/2003

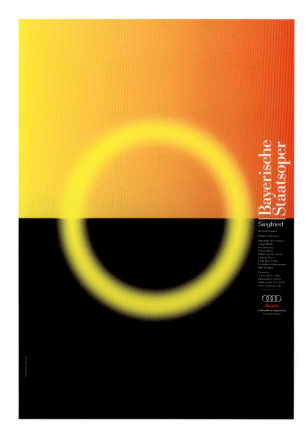

3. November 2002 – Nationaltheater

Siegfried

Richard Wagner

Musikalische Leitung: Zubin Mehta
Inszenierung: David Alden
Bühne und Kostüme: Gideon Davey
Licht: Max Keller
Produktionsdramaturgie: Nike Wagner

Gabriele Schnaut (Brünnhilde), Anna Larsson (Erda), Margarita De Arellano (Waldvogel); Stig Andersen (Siegfried), Helmut Pampuch (Mime), John Tomlinson (Wanderer), Franz-Josef Kapellmann (Alberich), Kurt Rydl (Fafner), Jurij Rosstalnyi (Grane)

Kulturelles Engagement braucht Partner

 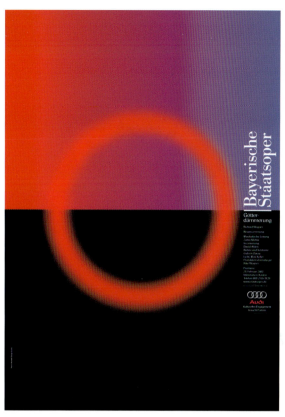

15. Januar 2003 – Nationaltheater

Die Entführung aus dem Serail

Wolfgang Amadeus Mozart
Johann Gottlieb Stephanie d.J.

Musikalische Leitung: Daniel Harding
Inszenierung: Martin Duncan
Regie-Mitarbeit und Ausstattung: Ultz
Choreographie: Jonathan Lunn
Licht: Stan Pressner
Chöre: Eduard Asimont

Sandrine Piau (Konstanze), Deborah York (Blonde), Fatma Genç (Erzählerin); Roberto Saccà (Belmonte), Kevin Conners (Pedrillo), Paata Burchuladze (Osmin), Bernd Schmidt (Bassa Selim)

28. Februar 2003 – Nationaltheater

Götterdämmerung

Richard Wagner

Musikalische Leitung: Zubin Mehta
Inszenierung: David Alden
Bühne und Kostüme: Gideon Davey
Choreographische Mitarbeit: Beate Vollack
Licht: Max Keller
Produktionsdramaturgie: Nike Wagner
Chöre: Udo Mehrpohl

Gabriele Schnaut (Brünnhilde), Nancy Gustafson (Gutrune), Marjana Lipovsek (Waltraute), Margarita De Arellano (Woglinde), Ann-Katrin Naidu (Wellgunde), Hannah Esther Minutillo (Floßhilde), Catherine Wyn-Rogers (1. Norn), Jennifer Trost (2. Norn), Irmgard Vilsmaier (3. Norn), Beate Vollack (Grimhild); Stig Andersen (Siegfried), Juha Uusitalo (Gunther), Matti Salminen (Hagen), Franz-Josef Kapellmann (Alberich), Johannes Benner (Grane)

Kulturelles Engagement braucht Partner

 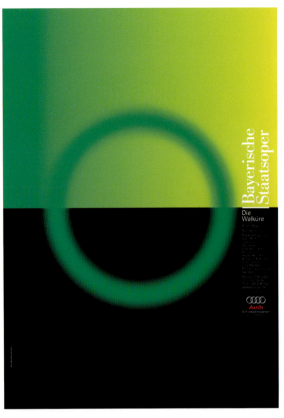

28. April 2003 – Nationaltheater

Saul

Georg Friedrich Händel
Charles Jennens

In englischer Sprache mit deutschen Übertiteln

Musikalische Leitung: Ivor Bolton
Inszenierung: Christof Loy
Bühne und Kostüme: Herbert Murauer
Licht: Reinhard Traub
Choreographische Mitarbeit: Jaqueline Davenport
Produktionsdramaturgie: Peter Heilker
Chöre: Udo Mehrpohl

Rebecca Evans (Merab), Rosemary Joshua (Michal); Alastair Miles (Saul), John Mark Ainsley (Jonathan), David Daniels (David), Kevin Conners (High Priest), Robert Tear (Hexe von Endor), Jonathan Lemalu (Apparition of Samuel), Robert Gardner (Abner), Jacques-Greg Belobo (Doeg), Manolito Mario Franz (An Amalekite), Thomas Diestler (Adriel)

7. Mai 2003 – Nationaltheater

Die Walküre

Richard Wagner

Musikalische Leitung: Zubin Mehta
Inszenierung: David Alden
Bühne und Kostüme: Gideon Davey
Choreographische Mitarbeit: Beate Vollack
Licht: Max Keller
Produktionsdramaturgie: Nike Wagner

Waltraud Meier (Sieglinde), Gabriele Schnaut (Brünnhilde), Marjana Lipovsek (Fricka), Irmgard Vilsmaier (Gerhilde), Jennifer Trost (Ortlinde), Ann-Katrin Naidu (Waltraute), Anne Pellekoorne (Schwertleite), Sally du Randt (Helmwige), Heike Grötzinger (Siegrune), Marita Knobel (Grimgerde), Ingrid Bartz (Roßweiße); Peter Seiffert (Siegmund), Kurt Rydl (Hunding), John Tomlinson (Wotan), Johannes Benner (Grane)

Kulturelles Engagement braucht Partner

28. Juni 2003 – Nationaltheater

Rodelinda, Regina de' Longobardi

Georg Friedrich Händel
Nicola Francesco Haym

Münchner Erstaufführung
In italienischer Sprache mit deutschen Übertiteln

Musikalische Leitung: Ivor Bolton
Inszenierung: David Alden
Bühne: Paul Steinberg
Kostüme: Buki Shiff
Licht: Pat Collins

Dorothea Röschmann (Rodelinda), Felicity Palmer (Eduige); Michael Chance (Bertarido), Paul Nilon (Grimoaldo), Christopher Robson (Unulfo), Umberto Chiummo (Garibaldo)

17. Juli 2003 – Cuvilliés-Theater

Das Gesicht im Spiegel

Jörg Widmann
Roland Schimmelpfennig

Auftragswerk der Bayerischen Staatsoper
Uraufführung

Musikalische Leitung: Peter Rundel
Inszenierung: Falk Richter
Bühne: Katrin Hoffmann
Kostüme: Martin Krämer
Licht: Carsten Sander
Video-Design: Martin Rottenkolber, Meike Dresenkamp

Patrizia: Salome Kammer
Bruno: Dale Duesing
Milton: Richard Salter
Justine: Julia Rempe
Chor der Kinder: Tölzer Knabenchor

Leoš Janáček, *Das schlaue Füchslein*. Premiere am 31. Mai 2002 im Nationaltheater. Dirigent: Jun Märkl, Inszenierung, Bühne und Kostüme: Jürgen Rose

Linke Seite: Juliane Banse (Füchsin Schlaukopf), Statisterie

Rechte Seite oben: Stella Doufexis (Fuchs Goldrücken, links), Juliane Banse (Füchsin Schlaukopf)

Rechte Seite unten: Beate Vollack (Libelle), Michael Volle (Förster), Juliane Banse (Füchsin Schlaukopf)

Leoš Janáček, *Das schlaue Füchslein*

Linke Seite oben: Statisterie

Linke Seite unten: Damen des Chores der Bayerischen Staatsoper, Tommaso Randazzo (Hahn), Juliane Banse (Füchsin Schlaukopf)

Rechte Seite: Solist der Augsburger Domsingknaben (Frosch), Michael Volle (Förster), Statisterie

Lucia Lacarra und Norbert Graf in dem Ballett *In the Blue Garden* von John Neumeier

Bayerisches Staatsballett

Ballettdirektor Ivan Liška
Premieren der Spielzeit 2002/2003

4. Dezember 2002 – Nationaltheater

Porträt Jiří Kylián

Svadebka

Ballett von Jiří Kylián
Musik von Igor Strawinsky (*Les Noces*)

Choreographie: Jiří Kylián
Einstudierung: Cherie Trevaskis, Hans Knill
Bühne und Kostüme: John Macfarlane
Licht: Jennifer Tipton
Lichteinrichtung: Joop Caboort

Bella Figura

Ballett von Jiří Kylián
Musik von Lukas Foss, Giovanni Battista Pergolesi, Alessandro Marcello, Antonio Vivaldi, Giuseppe Torelli

Choreographie, Bühne: Jiří Kylián
Einstudierung: Megumi Nakamura, Hans Knill
Kostüme: Joke Visser
Licht: Tom Bevoort

Sechs Tänze

Ballette von Jiří Kylián
Musik von Wolfgang Amadeus Mozart (*Sechs deutsche Tänze*, KV 271)

Choreographie, Bühne, Kostüme: Jiří Kylián
Einstudierung: Roslyn Anderson
Licht: Joop Caboort

Solisten und Ensemble des Bayerischen Staatsballetts
Bella Figura: Jennifer Trost (Sopran); Anne Pellekoorne (Alt); Eva Kluge, Reinhard Pobel (Mandolinen); Simon Dent (Oboe)
Das Bayerische Staatsorchester
Musikalische Leitung: Gabriel Feltz

23. März 2003 – Nationaltheater

Porträt John Neumeier

Dämmern

Ballett von John Neumeier
Musik von Alexander Skrjabin

Choreographie, Bühne, Kostüme, Licht: John Neumeier
Einstudierung: Kevin Haigen

In the Blue Garden

Ballett von John Neumeier
Musik von Maurice Ravel

Choreographie und Licht: John Neumeier
Einstudierung: Victor Hughes
Bühne und Kostüme: Zack Brown

Jupiter-Sinfonie

Ballett von John Neumeier
Musik von Wolfgang Amadeus Mozart

Choreographie und Licht: John Neumeier
Einstudierung: Susanne Menck, Kevin Haigen
Bühne und Kostüme: Klaus Hellenstein

Solisten und Ensemble des Bayerischen Staatsballetts
Klavier: Svetlana Behrisch
Das Bayerische Staatsorchester
Musikalische Leitung: Oliver von Dohnányi

Ballettwoche 2003

23. und 27. März 2003 – Nationaltheater

Porträt John Neumeier

Dämmern

Ballett von John Neumeier
Musik von Alexander Skrjabin

Choreographie, Bühne, Kostüme, Licht: John Neumeier
Einstudierung: Kevin Haigen

In the Blue Garden

Ballett von John Neumeier
Musik von Maurice Ravel

Choreographie und Licht: John Neumeier
Einstudierung: Victor Hughes
Bühne und Kostüme: Zack Brown

Jupiter-Sinfonie

Ballett von John Neumeier
Musik von Wolfgang Amadeus Mozart

Choreographie und Licht: John Neumeier
Einstudierung: Susanne Menck, Kevin Haigen
Bühne und Kostüme: Klaus Hellenstein

Solisten und Ensemble des Bayerischen Staatsballetts
Klavier: Svetlana Behrisch
Das Bayerische Staatsorchester
Musikalische Leitung: Oliver von Dohnányi

24. März 2003 – Probenhaus des Bayerischen Staatsballetts, Platzl 7

Ballett extra

Tag der offenen Tür
Ein Arbeitstag beim Bayerischen Staatsballett
Training, Proben, Gespräche, Begegnungen

25. und 26. März 2003 – Nationaltheater

Gastspiel Les Ballets de Monte Carlo

Cendrillon

Ballett von Jean-Christophe Maillot
Musik von Sergej Prokofjew

Choreographie: Jean-Christophe Maillot
Bühne: Ernest Pignon-Ernest
Kostüme: Jérôme Kaplan
Licht: Dominique Drillot

Ensemble des Ballets de Monte Carlo
Das Bayerische Staatsorchester
Musikalische Leitung: Nicolas Brochot

28. März 2003 – Nationaltheater

Schwanensee

Ballett von Marius Petipa
Neufassung von Ray Barra
Musik von Peter I. Tschaikowsky

Choreographie: Ray Barra nach Marius Petipa und Lew Iwanow
Bühne und Kostüme: John Macfarlane

Solisten und Ensemble des Bayerischen Staatsballetts
Das Bayerische Staatsorchester
Musikalische Leitung: Valeri Ovsianikov

29. März 2003 – Nationaltheater

Porträt Jiří Kylián

Svadebka

Ballett von Jiří Kylián
Musik von Igor Strawinsky (*Les Noces*)

Choreographie: Jiří Kylián
Einstudierung: Cherie Trevaskis, Hans Knill
Bühne und Kostüme: John Macfarlane
Licht: Jennifer Tipton
Lichteinrichtung: Joop Caboort

Bella Figura

Ballett von Jiří Kylián
Musik von Lukas Foss, Giovanni Battista Pergolesi, Alessandro Marcello, Antonio Vivaldi, Giuseppe Torelli

Choreographie, Bühne: Jiří Kylián
Einstudierung: Megumi Nakamura, Hans Knill
Kostüme: Joke Visser
Licht: Tom Bevoort

Sechs Tänze

Ballette von Jiří Kylián
Musik von Wolfgang Amadeus Mozart (*Sechs deutsche Tänze*, KV 271)

Choreographie, Bühne, Kostüme: Jiří Kylián
Einstudierung: Roslyn Anderson
Licht: Joop Caboort

Solisten und Ensemble des Bayerischen Staatsballetts
Bella Figura: Anita Berry (Sopran); Anne Pellekoorne (Alt); Eva Kluge, Reinhard Pobel (Mandolinen); Simon Dent (Oboe)
Das Bayerische Staatsorchester
Musikalische Leitung: Gabriel Feltz

Bayerisches Staatsballett: *Porträt Jiří Kylián*. Premiere am 4. Dezember 2002 im Nationaltheater.

Oben sowie unten links: *Sechs Tänze*; unten rechts: *Svadebka*

Solisten und Ensemble des Bayerischen Staatsballetts

Bayerisches Staatsballett: *Porträt John Neumeier*. Premiere am 23. März 2003 im Nationaltheater.

Oben sowie unten links: *Jupiter-Sinfonie*; unten rechts: *Dämmern*

Solisten und Ensemble des Bayerischen Staatsballetts

Akademiekonzerte

des Bayerischen Staatsorchesters
Nationaltheater
Generalmusikdirektor: Zubin Mehta

30. September und 1. Oktober 2002

1. Akademiekonzert

Anton Webern: *Im Sommerwind*; Passacaglia, op. 1; Sechs Stücke für Orchester, op. 6; Konzert, op. 24
Johannes Brahms: Konzert für Klavier und Orchester Nr. 2, B-Dur, op. 83

Leitung: Zubin Mehta
Yefim Bronfman, Klavier

11. und 12. November 2002

2. Akademiekonzert

Johannes Brahms: Konzert für Klavier und Orchester Nr. 1, d-Moll, op.15
Sergej Prokofjew: *Alexander Newski*, Kantate für Mezzosopran, Chor und Orchester, op. 78

Leitung: Zubin Mehta
Anna Larsson, Mezzosopran; Daniel Barenboim, Klavier

Der Chor der Bayerischen Staatsoper
Choreinstudierung: Eduard Asimont

8., 9. und 10. Dezember 2002

3. Akademiekonzert

Zoltán Kodály: *Háry János-Suite*
George Gershwin: *Rhapsody in Blue* (Instrumentierung: Ferde Grofé)
Modest Mussorgsky *Bilder einer Ausstellung* (Bearbeitung: Sergej Gorchakow)

Leitung: Kurt Masur
Fazil Say, Klavier

20. und 21. Januar 2003

4. Akademiekonzert

Ralph Vaughan Williams: Overture to the incidental music for Aristophanes' *The Wasps*
Jean Sibelius: Symphonie Nr. 6, d-Moll, op. 104
Edward Elgar: *Sea Pictures*, Liedzyklus für Alt und Orchester, op. 37
Richard Wagner: Ouvertüre zu *Rienzi*

Leitung: Ivor Bolton
Jane Henschel, Mezzosopran

7. und 8. April 2003

5. Akademiekonzert

Modest Mussorgsky: Vorspiel zu der Oper *Chowanschtschina* (Instrumentierung: Dmitri Schostakowitsch)
Dmitri Schostakowitsch: Suite nach Gedichten von Michelangelo Buonarroti, op. 145a
Peter I. Tschaikowsky: Symphonie Nr. 4, f-Moll. op. 36

Leitung: Gilbert Varga
Sergei Leiferkus, Bariton

1., 2. und 3. Juni 2003

6. Akademiekonzert

Joseph Haydn: Symphonie Nr. 96, D-Dur, *The Miracle*
Béla Bartók: Konzertsuite *Der wunderbare Mandarin*
Edward Elgar: Konzert für Violine und Orchester, h-Moll, op. 61

Leitung: Zubin Mehta
Midori, Violine

Kammerkonzerte

des Bayerischen Staatsorchesters
Cuvilliés-Theater

Künstlerische Betreuung: Roswitha Timm, Andrea Ikker

13. und 15. Oktober 2002

1. Kammerkonzert

Dmitri Schostakowitsch: Streichquartett, Nr. 3, op. 73
Franz Schubert: Streichquartett, Es-Dur, op. 125, Nr. 1
Johannes Brahms: Klavierquintett, f-Moll, op. 34

Dorothea Ebert, Katharina Lindenbaum-Schwarz (Violine); Ruth Elena Schindel (Viola); Rupert Buchner (Violoncello); Julian Riehm (Klavier)

24. und 26. November 2002

2. Kammerkonzert

»Morgen, Kinder, wird's was geben...«
Eine musikalische Wundertüte, weihnachtlich verpackt und engelhaft dargeboten

OperaBrass – Die Blechbläser der Bayerischen Staatsoper
Andreas Öttl, Ralf Scholtes, Friedemann Schuck, Frank

Beethovens *Missa solemnis* stand auf dem Programm des Festspiel-Konzerts am 28. Juli 2002. Wolfgang Sawallisch dirigierte das Bayerische Staatsorchester, den Chor der Bayerischen Staatsoper und die Solisten Luana DeVol, Marjana Lipovsek, Thomas Moser und Jan-Hendrik Rootering.

Bloedhorn (Trompete); Ulrich Pförtsch, Thomas Klotz, Richard Heunisch, Fritz Winter (Posaune); Rainer Schmitz (Horn); Alexander von Puttkamer (Tuba); Gerd Quellmelz, Dieter Pöll (Schlagzeug)

26. und 28. Januar 2003

3. Kammerkonzert

Franz Schubert: Streichtrio in einem Satz, B-Dur, D 471
Ludwig van Beethoven: Streichtrio, G-Dur, op. 9, Nr. 1
Wolfgang Amadeus Mozart: Divertimento für Streichtrio, Es-Dur, KV 563

Katharina Lindenbaum-Schwarz (Violine); Roland Metzger (Viola); Peter Wöpke (Violoncello)

16. und 18. März 2003

4. Kammerkonzert

Joseph Haydn: Streichquartett, G-Dur, Hob. III:75
Jean Françaix: Oktett für Bläser und Streicher
Richard Strauss/Franz Hasenöhrl: *Till Eulenspiegel – einmal anders*
Ludwig van Beethoven: Septett, Es-Dur, op. 20

Michael Durner, Immanuel Drißner (Violine); Johannes Zahlten (Viola); Dietrich von Kaltenborn (Violoncello); Reinhard Schmid (Kontrabaß); Hans Schöneberger (Klarinette); Thomas Eberhard (Fagott); Johannes Dengler (Horn)

18. und 20. Mai 2003

5. Kammerkonzert

Joseph Haydn: Streichquartett, d-Moll, Hob. III:83
Edvard Grieg: Streichquartett, g-Moll, op. 27
Alberto Ginastera: Streichquartett Nr. 2, op. 26

Markus Wolf, Markus Kern (Violine); Tilo Widenmeyer (Viola); Gerhard Zank (Violoncello)

15. und 17. Juni 2003

6. Kammerkonzert
25 Jahre Leopolder Quartett

Wolfgang Amadeus Mozart: Streichquartett, C-Dur, KV 465
Felix Mendelssohn Bartholdy: Streichquartett, Es-Dur, op. 12
Ludwig van Beethoven: Streichquartett, e-Moll, op. 59, Nr. 2

Leopolder Quartett: Wolfgang Leopolder, Adrian Lazar (Violine); Johannes Zahlten (Viola); Friedrich Kleinknecht (Violoncello)

Richard Wagner, *Siegfried*. Premiere am 3. November 2002 im Nationaltheater. Dirigent: Zubin Mehta, Inszenierung: David Alden, Bühne und Kostüme: Gideon Davey

Linke Seite oben: Stig Andersen (Siegfried), Helmut Pampuch (Mime)

Linke Seite, unten links: John Tomlinson (Wanderer), Helmut Pampuch (Mime)

Linke Seite, unten rechts: John Tomlinson (Wanderer), Franz-Josef Kapellmann (Alberich)

Rechte Seite: Stig Andersen (Siegfried), Gabriele Schnaut (Brünnhilde)

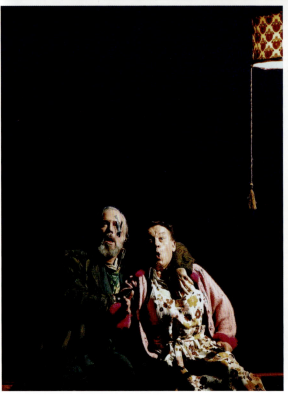

Richard Wagner, *Siegfried*

Stig Andersen (Siegfried) sowie Helmut Pampuch (Mime; linke Seite, unten links)

XX/XXI – Neue Kammermusik in der Pinakothek der Moderne

USA *plus*

Pinakothek der Moderne, Ernst-von-Siemens-Auditorium

14. Februar 2003

1. Konzert

Jörn Arnecke: In Stille. Streichquartett Nr. 1 (Uraufführung des Auftragswerks)
John Cage: Four
Charles Ives: Streichquartett Nr. 2

Albena Danailova, Michael Arlt (Violine); Christiane Arnold (Viola); Dietrich von Kaltenborn (Violoncello)

21. März 2003

2. Konzert

John Cheetham: Scherzo
Anthony Plog: Four Sketches
Charles Ives: A Brass Serenade
Alexander Strauch: Damals/Jetzt/Demnächst (Uraufführung des Auftragswerks)
David Sampson: Morning Music

Ralf Scholtes, Frank Bloedhorn (Trompete); Johannes Dengler (Horn); Ulrich Pförtsch (Posaune); Uwe Füssel (Baßposaune); Dorothea Keller (Violine); Thomas März (Schlagzeug)

16. Mai 2003

3. Konzert

Samuel Barber: Summer Music
Uros Rojko: Septetto fluido für Bläserquintett, Klavier und Kontrabaß (Uraufführung des Auftragswerks)
Milton Babitt: Woodwind Quartet
Elliott Carter: Eight Etudes and a Fantasy

Vera Becker (Flöte); Lisa Outred (Oboe); Stefan Schneider (Klarinette); Thomas Eberhard (Fagott); Johannes Kaltenbrunner (Horn); Marc Lawson (Klavier); Lars Jacob (Kontrabaß)

6. Juni 2003

4. Konzert

Leonard Bernstein: Sonate für Klarinette und Klavier
Charlotte Seither: (Uraufführung des Auftragswerks)
Elliott Carter: Triple Duo

Vera Becker (Flöte); Stefan Schneider (Klarinette, Baßklarinette); Thomas Klotz (Posaune); Gerd Quellmelz (Schlagzeug); Jan Philipp Schulze (Klavier); Ulrich Grußendorf (Violine); Oliver Göske (Violoncello)

Sonderkonzerte

26. Oktober 2002 – Pinakothek der Moderne, Ernst-von-Siemens-Auditorium

Faites votre jeu

Eine (halb)szenische Revue mit Werken von Mauricio Kagel

Michael Tregor (Sprecher); Xsemble München: Jürgen Key (Klarinette), Barton Weber (Klavier), Harald Lillmeyer (Gitarre), Stefan Eblenkamp (Perkussion), Wolfram Winkel (Perkussion), Florian Pedarnig (Harfe), Nicolaus Richter de Vroe (Violine), Frank Reinecke (Kontrabaß), Moritz Eggert a.G. (Klavier)

Konzeption: Barbara Zuber und Peter Heilker; Regie: Florentine Klepper; Produktionsleitung: Cornel Franz

Eine Produktion der Bayerischen Staatsoper in Zusammenarbeit mit der Pinakothek der Moderne

25. November 2002 – Cuvilliés-Theater

Opernkonzert

des *Jungen Ensembles* der Bayerischen Staatsoper und der Jungen Münchner Philharmonie

Werke von Wolfgang Amadeus Mozart und Gioacchino Rossini

Leitung: Mark Mast
Victoria Safronov (Sopran), Kremena Dilcheva (Mezzosopran), Manolito Mario Franz (Tenor), Robert Gardner (Bariton), Jacques-Greg Belobo (Baß)

4. März 2003 – Cuvilliés-Theater

Faschings-Kammerkonzert

des Bayerischen Staatsorchesters

Hackes musikalisches Tierleben

Axel Hacke (Autor und Sprecher); KKISS-Quintett des Bayerischen Staatsorchesters: Andrea Ikker (Flöte), Heike Steinbrecher (Oboe), Jürgen Key (Klarinette), Rainer Schmitz (Horn), Gabriele Rheineck a.G. (Fagott); Daniela Huber (Arrangements)

Benefizveranstaltung zugunsten der flugeschädigten Dresdner Semperoper

20. März 2003 – Bayerische HypoVereinsbank

Konzert

des *Jungen Ensembles* der Bayerischen Staatsoper für die Hypo-Vereinsbank

Werke von Johann Strauß, Wolfgang Amadeus Mozart, Gioacchino Rossini, Emmerich Kálmán, Jerry Bock, Franz Lehár

Kremena Dilcheva (Mezzosopran), Manolito Mario Franz (Tenor), Kaiser Nkosi (Baß); Katja Borissova (Klavier)

4. April 2003 – Cuvilliés-Theater

Sonder-Kammerkonzert

der Orchesterakademie des Bayerischen Staatsorchesters

Werke von Wolfgang Amadeus Mozart, Georg Philipp Telemann, Carl Maria von Weber, Antonín Dvořák

Nadja Zwiener, Katharina Hackmann (Violine); Martina Engel (Viola); Anja Fabricius (Violoncello); Reo Watanabe (Kontrabaß); Fruzsina Varga (Flöte); Konrad Müller (Trompete); Neville Dove (Klavier)

12. Juli 2003 – Nationaltheater

Festspiel-Galakonzert

Werke von Giuseppe Verdi, Charles Gounod, Gaëtano Donizetti, Jules Massenet, Giacomo Puccini u.a.

Leitung: Marco Armiliato
Anna Netrebko, Sopran; Ramon Vargas, Tenor
Das Bayerische Staatsorchester

21. Juli 2003 – Nationaltheater

Festspiel-Konzert

Samuel Barber: Symphonie Nr. 1 in einem Satz, op. 9
Richard Strauss: *Vier letzte Lieder*
Robert Schumann: Symphonie Nr. 4, d-Moll, op. 120

Leitung: Wolfgang Sawallisch
Renée Fleming, Sopran
Das Bayerische Staatsorchester

24. und 27. Juli 2003 – Cuvilliés-Theater

Festspiel-Kammerkonzert

des Bayerischen Staatsorchesters

Wolfgang Amadeus Mozart: *Ein musikalischer Spaß*, KV 522; Oboenquartett, F-Dur, KV 370; Hornquintett, Es-Dur, KV 407; Divertimento für Oboe, zwei Violinen, Viola, Baß und zwei Hörner, D-Dur, KV 251

Yamei Yu, Albena Danailova (Violine); Dietrich Cramer, Monika Hettinger (Viola); Michael Rieber (Kontrabaß); Simon Dent (Oboe); Johannes Dengler, Wolfram Sirotek (Horn)

Liederabende

22. Oktober 2002 – Cuvilliés-Theater

Julie Kaufmann

Donald Sulzen, Klavier

Werke von Claude Debussy, George Crumb, Samuel Barber, Olivier Messiaen

6. Juli 2003 – Prinzregententheater

Thomas Allen

Malcolm Martineau, Klavier

Werke von Joseph Haydn, Ludwig van Beethoven, Franz Schubert, Hugo Wolf, Maurice Ravel, Benjamin Britten

14. Juli 2003 – Prinzregententheater

Dorothea Röschmann / Ian Bostridge

Graham Johnson, Klavier

Werke von Robert Schumann

18. Juli 2003 – Nationaltheater

Vesselina Kasarova

Charles Spencer, Klavier

Werke von Joseph Haydn, Charles Gounod, Georges Bizet, Johannes Brahms, Peter I. Tschaikowsky, Gioacchino Rossini

25. Juli 2003 – Cuvilliés-Theater

Jonathan Lemalu

Malcolm Martineau, Klavier

Werke von Wolfgang Amadeus Mozart, Johannes Brahms, Hugo Wolf, Roger Quilter

Wolfgang Amadeus Mozart, *Die Entführung aus dem Serail*. Premiere am 15. Januar 2003 im Nationaltheater. Dirigent: Daniel Harding, Inszenierung: Martin Duncan, Regie-Mitarbeit und Ausstattung: Ultz

Linke Seite: Bernd Schmidt (Bassa Selim), Sandrine Piau (Konstanze)

Rechte Seite oben: Bernd Schmidt (Bassa Selim), Roberto Saccà (Belmonte), Paata Burchuladze (Osmin)

Rechte Seite unten: Kevin Conners (Pedrillo), Roberto Saccà (Belmonte) sowie die Doubles für Konstanze und Blonde

193

Einführungsmatineen zu den Neuinszenierungen

27. Oktober 2002 – Cuvilliés-Theater

Richard Wagner: Siegfried

Mit David Alden (Inszenierung), Klaus Sallmann (Studienleiter der Bayerischen Staatsoper), Stig Andersen (Siegfried), Helmut Pampuch (Mime), Joachim Kalka (Übersetzer und Kritiker), Ingrid Zellner (Dramaturgin)
Leitung: Nike Wagner

12. Januar 2003 – Cuvilliés-Theater

Wolfgang Amadeus Mozart: Die Entführung aus dem Serail

Mit Daniel Harding (Musikalische Leitung), Martin Duncan (Inszenierung), Ultz (Regie-Mitarbeit und Ausstattung), Kevin Conners (Pedrillo), Christopher Balme (Professor für Theaterwissenschaft), Peter Heilker (Dramaturg)
Leitung: Hella Bartnig

23. Februar 2003 – Cuvilliés-Theater

Richard Wagner: Götterdämmerung

Mit Zubin Mehta (Musikalische Leitung), David Alden (Inszenierung), Klaus Sallmann (Studienleiter der Bayerischen Staatsoper), Stig Andersen (Siegfried), Margarita De Arellano (Woglinde), Ann-Katrin Naidu (Wellgunde), Hannah Esther Minutillo (Floßhilde), Joachim Kalka (Übersetzer und Kritiker), Ingrid Zellner (Dramaturgin)
Leitung: Nike Wagner

27. April 2003 – Cuvilliés-Theater

Georg Friedrich Händel: Saul

Mit Christof Loy (Inszenierung), Herbert Murauer (Ausstattung), John Mark Ainsley (Jonathan), Robert Howarth (Musikalische Assistenz), Ruth Smith (Händel-Forscherin, University of Cambridge), Jochen Wagner (Evangelische Akademie Tutzing)
Leitung: Peter Heilker

22. Juni 2003 – Cuvilliés-Theater

Georg Friedrich Händel: Rodelinda

Mit Ivor Bolton (Musikalische Leitung), David Alden (Inszenierung), Reinhard Strohm (Professor für Musikwissenschaft) und Mitwirkenden der Produktion
Leitung: Hella Bartnig

13. Juli 2003 – Cuvilliés-Theater

Jörg Widmann: Das Gesicht im Spiegel

Mit Jörg Widmann (Komponist), Roland Schimmelpfennig (Librettist), Peter Rundel (Musikalische Leitung), Falk Richter (Inszenierung), Hanspeter Krellmann (freier Dramaturg) und Mitwirkenden der Produktion
Leitung: Hella Bartnig

Aufführungsstatistik 2002/2003

Opern

	Anzahl der Auff.
Aida	3
Anna Bolena	4
Un ballo in maschera	9
Il barbiere di Siviglia	3
La bohème	4
Carmen	5
La Cenerentola	5
Così fan tutte	3
Don Carlo	5
Don Giovanni	6
Elektra	4
Die Entführung aus dem Serail	8
Falstaff	6
Fidelio	5
Die Fledermaus	7
Der Freischütz	4
Das Gesicht im Spiegel	4
Götterdämmerung	5
Hänsel und Gretel	4
Lucia di Lammermoor	2
Madama Butterfly	3
Manon Lescaut	7
Die Meistersinger von Nürnberg	1
Le nozze di Figaro	6
Pique Dame	3
I puritani	3
The Rake's Progress	5
Das Rheingold	4
Rinaldo	6
Il ritorno d'Ulisse in patria	5
Rodelinda, Regina de' Longobardi	4
Der Rosenkavalier	4
Saul	7
Das schlaue Füchslein	4
Siegfried	6
Tannhäuser	2
Tosca	6
La traviata	8
Il trovatore	4
Die verkaufte Braut	7
Die Walküre	5
Xerxes (Serse)	7
Die Zauberflöte	7
Anzahl der Opernaufführungen	**210**

Ballette

	Anzahl der Auff.
After Dark	4
Artifact II	4
Bella Figura	9
Brahms-Schönberg Quartett	2
Dämmern	6
In the Blue Garden	6
In the Night	2
Jupiter-Sinfonie	6
Onegin	6
Raymonda	9
Le Sacre du Printemps	4
Schwanensee	12
Sechs Tänze	9
the second detail	4
Ein Sommernachtstraum	8
Svadebka	9
Der Widerspenstigen Zähmung	8
Gastspiel Les Ballets de Monte Carlo: Cendrillon	2
Gastspiel Palucca-Schule Dresden	1
Gastspiele des Bayerischen Staatsballetts in Ludwigshafen, Gütersloh, Ingolstadt, Italien	16
Junge Choreographen	2
Ballett extra/Ballettlabor	13
Theater und Schule	2
Sonderveranstaltung Modenschau	1
Anzahl der Ballettaufführungen	**145**

Konzerte und Liederabende

Akademiekonzerte	14
Kammerkonzerte	12
XX/XXI – Neue Kammermusik	4
Sonderkonzerte	7
Liederabende	5
Festspiel-Gottesdienst	1
Gastkonzerte des Bayerischen Staatsorchesters in Pisa, Barcelona, Valencia, München, Innsbruck, Palermo	7
Anzahl der Konzerte und Liederabende	**50**

Sonstiges

Einführungsmatineen zu den Opernpremieren	6
Einführungen vor den Vorstellungen	46
Opern-Werkstatt (Einführungen für Kinder)	7
Kultur live aus der Bayerischen Staatsoper	5
Eröffnungsvortrag zu den Münchner Opern-Festspielen 2003	1
Veranstaltungen der Reihe *Festspiel+*	11
Anzahl dieser Veranstaltungen	**76**

Richard Wagner, *Götterdämmerung*. Premiere am 28. Februar 2003 im Nationaltheater. Dirigent: Zubin Mehta, Inszenierung: David Alden, Bühne und Kostüme: Gideon Davey

Linke Seite oben: Matti Salminen (Hagen), Stig Andersen (Siegfried), Juha Uusitalo (Gunther)

Linke Seite unten sowie rechte Seite: Gabriele Schnaut (Brünnhilde), Stig Andersen (Siegfried)

Richard Wagner, *Götterdämmerung*

Linke Seite: Gabriele Schnaut (Brünnhilde), Matti Salminen (Hagen)

Rechte Seite oben: Nancy Gustafson (Gutrune), Stig Andersen (Siegfried), Matti Salminen (Hagen), Juha Uusitalo (Gunther)

Rechte Seite unten: Schlußbild

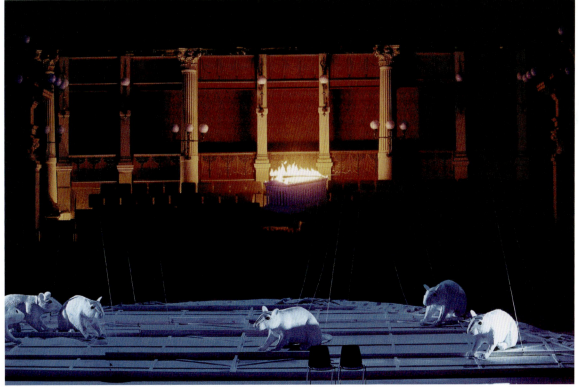

Baustelle Maximilianshöfe mit dem neuen Probengebäude der Bayerischen Staatsoper im Vordergrund

Vorschau auf die Spielzeit
2003/2004

Gesellschaft zur Förderung der
Münchner Opern-Festspiele

Premieren der Spielzeit 2003/2004

20. Oktober 2003 – Nationaltheater

Orphée et Eurydice
Christoph Willibald Gluck
In der Fassung von Hector Berlioz (1859)

Musikalische Leitung: Ivor Bolton
Inszenierung, Bühne, Kostüme: Nigel Lowery
Mitarbeit Inszenierung und Choreographie: Amir Hosseinpour
Licht: NN
Chöre: Eduard Asimont

Vesselina Kasarova (Orphée), Rosemary Joshua (Eurydice), Deborah York (L'Amour)

19. Januar 2004 – Nationaltheater

Roberto Devereux
Gaëtano Donizetti
Musikalische Leitung: Friedrich Haider
Inszenierung: Christof Loy
Bühne und Kostüme: Herbert Murauer
Licht: Reinhard Traub
Produktionsdramaturgie: Peter Heilker
Chöre: Andrés Máspero

Edita Gruberova (Elisabetta), Jeanne Piland (Sara); Paolo Gavanelli (Nottingham), Zoran Todorovich (Roberto)

24. April 2004 – Nationaltheater

Lulu
Alban Berg
Orchestrierung des dritten Aktes vervollständigt von Friedrich Cerha

Musikalische Leitung: Michael Boder
Inszenierung: David Alden
Bühne: Giles Cadle
Kostüme: Brigitte Reiffenstuel
Licht: Pat Collins

Margarita De Arellano (Lulu), Katarina Karnéus (Geschwitz), Ulrike Helzel (Theatergarderobiere/Gymnasiast/Groom); Will Hartmann (Maler/Neger), Tom Fox (Dr. Schön/Jack), NN (Alwa), Kurt Moll (Schigolch), Jacek Strauch (Tierbändiger/Athlet), Robert Wörle (Prinz/Marquis), Alfred Kuhn (Theaterdirektor/Bankier)

Fünfmal verlieh Hans Zehetmair, Bayerischer Staatsminister für Wissenschaft, Forschung und Kunst, im Jahre 2003 den Titel Bayerische Kammersängerin und Bayerischer Kammersänger: an Christopher Robson, Gabriele Schnaut und Matti Salminen (Foto links) sowie an Thomas Allen und Felicity Lott (Foto rechts).

30. Mai 2004 – Nationaltheater

Roméo et Juliette

Charles Gounod

Musikalische Leitung: Marcello Viotti
Inszenierung: Andreas Homoki
Bühne und Kostüme: Gideon Davey
Licht: Franck Evin
Chöre: Andrés Máspero

Angela-Maria Blasi (Juliette), Anna Bonitatibus (Stéphano); Marcelo Alvarez (Roméo), Maurizio Muraro (Frère Laurent)

29. Juni 2004 – Nationaltheater

Die Meistersinger von Nürnberg

Richard Wagner

Musikalische Leitung: Zubin Mehta
Inszenierung: Thomas Langhoff
Bühne und Kostüme: Gottfried Pilz
Licht: Manfred Voss
Produktionsdramaturgie: Eva Walch
Chöre: Andrés Máspero

Michaela Kaune (Eva), Katharina Kammerloher (Magdalena); Jan-Hendrik Rootering (Hans Sachs), Kurt Moll (Veit Pogner), Eike Wilm Schulte (Sixtus Beckmesser), Juha Uusitalo (Fritz Kothner), Robert Dean Smith (Walther von Stolzing), Kevin Conners (David)

19. Juli 2004 – Prinzregententheater

The Rape of Lucretia

Benjamin Britten

Musikalische Leitung: Ivor Bolton
Inszenierung: Deborah Warner
Ausstattung: NN
Licht: Jean Kalman

Sarah Connolly (Lucretia), Anne-Marie Owens (Bianca), Deborah York (Lucia), Susan Bullock (Female Chorus); Ian Bostridge (Male Chorus), Alan Held (Collatinus), Martin Gantner (Junius), Christopher Maltman (Prince Tarquinius)

26. Juli 2004 – Nationaltheater

Pelléas et Mélisande

Claude Debussy

Musikalische Leitung: Paul Daniel
Inszenierung: Richard Jones
Bühne: Antony McDonald
Kostüme: Nicky Gillibrand
Licht: Matthew Richardson
Chöre: Eduard Asimont

Joan Rodgers (Mélisande), Catherine Wyn-Rogers (Geneviève); Garry Magee (Pelléas), Robert Hayward (Golaud), Clive Bayley (Arkel)

Koproduktion mit der English National Opera

Bayerisches Staatsballett

Ballettdirektor Ivan Liška
Premieren der Spielzeit 2003/2004

2. Dezember 2003 – Nationaltheater

Dornröschen

Ballett von Marius Petipa
Musik von Peter I. Tschaikowsky

Choreographie: Marius Petipa
Inszenierung: Ivan Liška
Bühne und Kostüme nach Peter Farmer

Solisten und Ensemble des Bayerischen Staatsballetts

Das Bayerische Staatsorchester
Musikalische Leitung: Myron Romanul

10. März 2004 – Nationaltheater

Porträt Mats Ek

A Sort of

Ballett von Mats Ek
Musik von Henryk Mikolaj Górecki

Choreographie: Mats Ek
Bühne und Kostüme: Maria Geber
Licht: Ellen Ruge

Apartment

Ballett von Mats Ek
Musik von Fläskkvartetten

Choreographie: Mats Ek
Bühne und Kostüme: Peder Freiij
Licht: Eric Berglund

Solisten und Ensemble des Bayerischen Staatsballetts

Das Bayerische Staatsorchester
Musikalische Leitung: Myron Romanul

Lucia Lacarra, Maria Eichwald, Guan Deng, Amilcar Moret Gonzalez und Norbert Graf in dem Ballett *In the Blue Garden* von John Neumeier

Akademiekonzerte

des Bayerischen Staatsorchesters
Nationaltheater
Generalmusikdirektor: Zubin Mehta

27. und 28. Oktober 2003

1. Akademiekonzert

Leitung: Yoel Levi
Tianwa Yang, Violine

Sergej Prokofiew: Konzert für Violine und Orchester Nr. 2, g-Moll, op. 63
Dmitri Schostakowitsch: Symphonie Nr. 7, C-Dur, op. 60 *Leningrader Symphonie*

10. und 11. November 2003

2. Akademiekonzert

Leitung: Mikko Franck
Hélène Grimaud, Klavier

Einojuhani Rautavaara: *Angels and Visitations*
Béla Bartók: Konzert für Klavier und Orchester Nr. 3
Claude Debussy: *Images*

15. und 16. Dezember 2003

3. Akademiekonzert

Leitung: Neeme Järvi

Camille Saint-Saëns: Ouvertüre zu *La Princesse Jaune*
Jules Massenet: Nocturne aus *La Navarraise*
Giacomo Meyerbeer: Krönungsmarsch aus *Le Prophète*
Daniel François Esprit Auber: Ouvertüre zu *Le domino noir*
Jules Massenet: Invocation aus *Les Erinnyes*
Ferdinand Hérold: Ouvertüre zu *Zampa*
Jules Massenet: Entracte (Sevillana) aus *Don César de Bazan*
Jacques Offenbach: Ouvertüre zu *Orphée aux enfers*
Léo Delibes: *Coppelia*-Suite; *Sylvia*-Suite

22. und 23. März 2004

4. Akademiekonzert

Leitung: Zubin Mehta
Marjana Lipovsek, Mezzosopran

Der Frauen- und Kinderchor der Bayerischen Staatsoper
Choreinstudierung: Eduard Asimont

Gustav Mahler: Symphonie Nr. 3, d-Moll

10. und 11. Mai 2004

5. Akademiekonzert

Leitung: Semyon Bychkov
Juliane Banse, Sopran

Zoltán Kodály: *Tänze aus Galanta*
Mauricio Kagel: Auftragswerk für den WDR (*Münchner Erstaufführung*)
Dmitri Schostakowitsch: Symphonie Nr. 6, h-Moll, op. 54

7. und 8. Juni 2004

6. Akademiekonzert

Leitung: Zubin Mehta

Richard Strauss: *Don Quixote*, op. 35 (Yves Savary, Violoncello solo); *Ein Heldenleben*, op. 40 (Markus Wolf, Violine solo)

Kammerkonzerte

des Bayerischen Staatsorchesters
Der Veranstaltungsort wird noch bekannt gegeben.

Künstlerische Betreuung: Roswitha Timm, Andrea Ikker

12. (Matinee) und 14. Oktober 2003

1. Kammerkonzert

Johann Sebastian Bach: Musikalisches Opfer, BWV 1079
Jan Dismas Zelenka: Sonate Nr. 4, g-Moll, ZWV 181
Johann Christian Bach: Quintett Nr. 5, F-Dur, op. 11

Henrik Wiese (Flöte); Hagen Wangenheim (Oboe); Heike Steinbrecher (Oboe/Englischhorn); Holger Schinköthe (Fagott); Barbara Burgdorf (Violine); Roland Metzger (Viola/Violine); Yves Savary (Violoncello); Michael Rieber (Kontrabaß); Ivor Bolton (Cembalo)

23. (Matinee) und 25. November 2003

2. Kammerkonzert

Joseph Haydn: Streichquartett D-Dur, Hob. III:63 *Lerchenquartett*
Dmitri Schostakowitsch: Streichquartett Nr. 7, fis-Moll, op. 108
Peter I. Tschaikowsky: Streichquartett Nr. 1, D-Dur, op. 11

Michael Arlt, Immanuel Drißner (Violine); Tilo Widenmeyer (Viola); Dietrich von Kaltenborn (Violoncello)

11. (Matinee) und 13. Januar 2004

3. Kammerkonzert

Béla Bartók: Streichquartett Nr. 5
Johannes Brahms: Streichquartett Nr. 2, a-Moll, op. 51, Nr. 2

Schumann-Quartett: Barbara Burgdorf, Traudi Pauer (Violine); Stephan Finkentey (Viola); Oliver Göske (Violoncello)

7. (Matinee) und 9. März 2004

4. Kammerkonzert

Malcolm Arnold: Quartett, op. 61, für Oboe, Violine, Viola, Violoncello
Jean Françaix: Quartett für Englischhorn, Violine, Viola, Violoncello
Antonín Dvořák: Klavierquartett Nr. 1, D-Dur, op. 23

Heike Steinbrecher (Oboe/Englischhorn); Immanuel Drißner (Violine); Stephan Finkentey (Viola); Udo Hendrichs (Violoncello); Nobuko Nishimura (Klavier)

18. (Matinee) und 20. April 2004

5. Kammerkonzert

Benjamin Britten: Phantasy op. 2, Quartett in einem Satz für Oboe, Violine, Viola, Violoncello
Jean Barrière: Sonate à deux, g-Moll
Sergej Prokofjew: Quintett, g-Moll, op. 39
Franz Schubert: Klavierquintett, A-Dur, D 667 *Forellenquintett*

Bernhard Emmerling (Oboe); Hartmut Graf (Klarinette); Yamei Yu (Violine); Ruth Elena Schindel (Viola); Peter Wöpke (Violoncello); Alexander Rilling (Kontrabaß); Moritz Eggert (Klavier)

23. (Matinee) und 25. Mai 2004

6. Kammerkonzert

Charles Koechlin: *Quatre petites pièces*
György Ligeti: Horntrio 1982 *Hommage à Brahms*
Johannes Brahms: Horntrio, Es-Dur, op. 40

Johannes Dengler (Horn); Markus Wolf (Violine); Julian Riem (Klavier)

XX/XXI – Neue Kammermusik in der Pinakothek der Moderne

plus Stimme

Seit die Bayerische Staatsoper mit Mitgliedern des Bayerischen Staatsorchesters 2001 die Konzertreihe mit Neuer Kammermusik ins Leben rief, wurden in den letzten drei Spielzeiten Klassiker der Moderne wie Kompositionen der jüngeren Zeit neu entstehenden Auftragskompositionen gegenübergestellt.

In der letzten Spielzeit fand die Konzertreihe im architektonisch und akustisch herausragenden Ernst-von-Siemens-Auditorium der Münchner Pinakothek der Moderne einen neuen Aufführungsort. 2004 wird das Programm nun das Verhältnis von Instrument und Stimme in der Kammermusik der letzten hundert Jahre widerspiegeln.

1. Konzert: 13. Februar 2004
2. Konzert: 12. März 2004
3. Konzert: 23. April 2004
4. Konzert: 14. Mai 2004

Werke u.a. von Thomas Adès, Luciano Berio, Harrison Birtwistle, Elliott Carter, Edison Denissow, Henryk Mikolaj Górecki, Paul Hindemith, Adriana Hölszky, Heinz Holliger, Carl Nielsen, Giacinto Scelsi, William Walton

Kompositionsaufträge an Annette Schlünz, Bettina Skrypczak und Valerio Sannicandro

Mit Unterstützung der Freunde des Nationaltheaters München e.V.

Genaue Informationen zu den Programmen entnehmen Sie bitte dem im Herbst 2003 erscheinenden Sonderprospekt.

Sonderkonzerte

28. Juli 2004 – Nationaltheater

Festspiel-Konzert

Werke von Georg Friedrich Händel

Leitung: Ivor Bolton
Solist: David Daniels
Das Bayerische Staatsorchester

4. Juli 2004 – Prinzregententheater

Festspiel-Kammerkonzert
des Bayerischen Staatsorchesters

Igor Strawinsky: *Die Geschichte vom Soldaten* (Text von Charles Ferdinand Ramuz)
Camille Saint-Saëns: *Karneval der Tiere* (Text von Loriot)

Leitung: Zubin Mehta
Sprecher: wird bekannt gegeben

Markus Wolf, Michael Arlt (Violine); Dietrich Cramer (Viola); Yves Savary (Violoncello); Michael Rieber (Kontrabaß); Olivier Tardy (Flöte); Jürgen Key (Klarinette); Holger Schinköthe (Fagott); Christian Böld (Trompete); Ulrich Pförtsch (Posaune); Raymond Curfs (Schlagzeug); Andreas Grau, Götz Schumacher (Klavier)

Liederabende

13. Mai 2004 – Herkulessaal der Residenz

Ben Heppner
Werke von Peter I. Tschaikowsky, Franz Schubert, Jean Sibelius und Francesco Paolo Tosti

27. Juni 2004 – Nationaltheater

Waltraud Meier
Nicholas Carthy, Klavier

Werke von Hugo Wolf, Franz Schubert und Johannes Brahms

16. Juli 2004 – Prinzregententheater

Violeta Urmana
Jan Philip Schulze, Klavier

Werke von Franz Schubert, Richard Strauss und Sergej Rachmaninow

20. Juli 2004 – Prinzregententheater

Petra-Maria Schnitzer/Peter Seiffert
Das Programm wird noch bekannt gegeben.

Weitere Liederabende sind in Planung.

Einführungsmatineen zu den Neuinszenierungen

12. Oktober 2003 – Max-Joseph-Saal der Residenz

Christoph Willibald Gluck: Orphée et Eurydice
Leitung: Peter Heilker

11. Januar 2004 – Max-Joseph-Saal der Residenz

Gaëtano Donizetti: Roberto Devereux
Leitung: Peter Heilker

18. April 2004 – Max-Joseph-Saal der Residenz

Alban Berg: Lulu
Leitung: Hella Bartnig

16. Mai 2004 – Max-Joseph-Saal der Residenz

Charles Gounod: Roméo et Juliette
Leitung: Ingrid Zellner

20. Juni 2004 – Max-Joseph-Saal der Residenz

Richard Wagner: Die Meistersinger von Nürnberg
Leitung: Hella Bartnig

11. Juli 2004 – Prinzregententheater

Benjamin Britten: The Rape of Lucretia
Leitung: Ingrid Zellner

25. Juli 2004 – Max-Joseph-Saal der Residenz

Claude Debussy: Pelléas et Mélisande
Leitung: Peter Heilker

Regisseure bei der Arbeit. Linke Seite: Jürgen Rose inmitten der Tierwelt im *Schlauen Füchslein*. Rechte Seite oben: Spaß bei der *Götterdämmerung* mit Juha Uusitalo, Matti Salminen, David Alden, Gabriele Schnaut, Nancy Gustafson und Stig Andersen. Rechte Seite, unten links: Robert Lehmeier (vorn) führt Christopher Robson durch Hans-Jürgen von Boses *K. Projekt 12/14*. Rechte Seite, unten rechts: Unter Anleitung von Hans-Peter Lehmann bereitet sich Peter Seiffert auf sein Siegmund-Debüt in der *Walküre* bei den Festspielen 2002 vor.

Macht der Gefühle – 350 Jahre Oper in München

Die Geschichte der Kunstform Oper in München begann im Jahre 1653 mit der Aufführung der Oper *L'arpa festante* von Giovanni Battista Maccioni im St.-Georgs-Saal der Residenz. 1654 wurde am Salvatorplatz in München das erste freistehende Opernhaus Deutschlands errichtet. Seitdem gehört die Oper zum Münchner Kulturleben. In keiner anderen Stadt im deutschsprachigen Raum, in kaum einer anderen Stadt in Europa – mit Ausnahme von Venedig und Florenz – kann die Kunstform Oper auf eine vergleichbare Kontinuität der künstlerischen und gesellschaftspolitischen Geschichte zurückblicken wie in München. 1753 wurde mit dem Cuvilliés-Theater eine der ersten festen Heimstätten des Münchner Opern-Ensembles eröffnet. Der 250. Geburtstag dieses Theaters fällt ebenso in das Jubiläumsjahr 2003 wie der 40. Jahrestag der Wiedereröffnung des im Zweiten Weltkrieg zerstörten Nationaltheaters sowie der 200. Geburtstag sowohl des Hofkapellmeisters Franz Lachner als auch des Architekten Gottfried Semper, dessen Pläne für ein Richard-Wagner-Festspielhaus in München bekanntermaßen nie verwirklicht wurden.

Zahlreiche Institutionen haben gemeinsam ein umfangreiches Programm entworfen, um dieses Jubiläumsjahr ausgiebig zu feiern und zu würdigen. Schirmherr dieses von Ulrike Hessler von der Bayerischen Staatsoper geleiteten Projekts mit dem Titel *Macht der Gefühle – 350 Jahre Oper in München* ist Hans Zehetmair, Bayerischer Staatsminister für Wissenschaft, Forschung und Kunst.

1. Bayerische Staatsoper

Richard Wagner: *Der Ring des Nibelungen* – die ersten beiden zyklischen Aufführungen der neuen Inszenierung von Herbert Wernicke/David Alden. Dirigent: GMD Zubin Mehta
Zyklus A: 30. April, 7., 15. und 23. Mai 2003; Zyklus B: 3., 11., 19. und 28. Mai 2003

2. Haus der Kunst

Theatrum Mundi – Die Welt als Bühne
Ausstellung, 24. Mai bis 14. September 2003

3. Architekturmuseum

Gottfried Semper (1803-1879) – Theorie und Werk
Ausstellung, 4. Juni bis 31. August 2003

4. Nibelungensäle der Residenz

Gehorsame Tochter der Musik. Das Libretto – Dichtung und Dichter der Oper
Ausstellung, 23. Juni bis 28. Oktober 2003

5. Bayerische Staatsoper: Münchner Opern-Festspiele 2003

Gegen.Welten. Zwischen Barock und Gegenwart
Nationaltheater, Cuvilliés-Theater, Prinzregententheater und andere Aufführungsstätten, 27. Juni bis 31. Juli 2003

6. Staatstheater am Gärtnerplatz und Verwaltung der Bayerischen Schlösser, Gärten und Seen

Mozart in München
Matinee im Haus der Kunst, 13. Juli 2003

7. Deutsches Theatermuseum

350 Jahre Oper in München – Kostbarkeiten der Erinnerung
Ausstellung, 18. Juli bis 28. September 2003

8. Institut für Theaterwissenschaft und Institut für Bayerische Geschichte der Ludwig-Maximilians-Universität München

Prof. Dr. Jürgen Schläder/Prof. Dr. Hans-Michael Körner
Wissenschaftliches Symposion *350 Jahre Oper – 250 Jahre Cuvilliés-Theater*
Haus der Kunst, 18. bis 20. Juli 2003

9. Münchner Stadtmuseum

Wagners Welt
Ausstellung, 10. Oktober 2003 bis 25. Januar 2004

10. Staatstheater am Gärtnerplatz und Verwaltung der Bayerischen Schlösser, Gärten und Seen

Giovanni Ferrandini: *Catone in Utica* zum 250. Jubiläum des Cuvilliés-Theaters
Premiere am 12. Oktober 2003. Weitere Vorstellungen am 14., 18., 25. und 28. Oktober 2003

11. Institut für Bayerische Musikgeschichte der Ludwig-Maximilians-Universität und Gesellschaft für Bayerische Musikgeschichte e.V.

Internationales Symposion *Franz Lachner und seine Brüder – Hofkapellmeister zwischen Schubert und Wagner*
Orff-Zentrum, 24. bis 26. Oktober 2003

12. Bayerischer Rundfunk

Sendungen und Übertragungen

13. Buch-Publikation

Macht der Gefühle. 350 Jahre Oper in München
360 Seiten mit ca. 600 Abbildungen. Henschel Verlag Berlin.
ISBN 3-89487-455-4

Mit freundlicher Unterstützung der Freunde des Nationaltheaters e.V. und der Gesellschaft zur Förderung der Münchner Opern-Festspiele e.V.

Richard Wagner, *Götterdämmerung*. Premiere am 28. Februar 2003 im Nationaltheater. Dirigent: Zubin Mehta, Inszenierung: David Alden, Bühne und Kostüme: Gideon Davey

Margarita De Arellano (Woglinde), Hannah Esther Minutillo (Floßhilde), Ann-Katrin Naidu (Wellgunde), Stig Andersen (Siegfried)

Hans Zehetmair

(Kultur-)Politik erfordert Weitsicht

Das Jahr 2006 wird in der Geschichte der Bayerischen Staatsoper eine Zäsur darstellen: Sir Peter Jonas geht nach dreizehn Jahren als Staatsintendant auf eigenen Wunsch in den Ruhestand, und Zubin Mehta will nach acht Jahren als Bayerischer Generalmusikdirektor wieder freischaffend tätig sein.
Aus dem Statement des Bayerischen Staatsministers für Wissenschaft, Forschung und Kunst bei der Pressekonferenz anläßlich der Vorstellung des künftigen Intendanten und des künftigen Generalmusikdirektors der Bayerischen Staatsoper am 3. Februar 2003 in München

Wer Entscheidungen zu treffen hat, mit denen Weichen weit in die Zukunft gestellt werden, ist gut beraten, sich zunächst gründlich über die Kriterien für diese Entscheidung Klarheit zu verschaffen. Im Mittelpunkt stand und steht dabei nur ein Ziel: die künstlerische Qualität der Bayerischen Staatsoper und ihre Position im Kreis der international führenden Opernhäuser zu festigen. Um dieses Ziel zu verwirklichen, bedarf es der Gewinnung von Persönlichkeiten der »ersten Liga«, die über internationales Renommee und Erfahrung in vergleichbaren Leitungspositionen verfügen. Die künstlerische Handschrift muß einerseits den großen Traditionen der Bayerischen Staatsoper Rechnung tragen, andererseits bedarf es auch der Bereitschaft, neue Wege zu gehen, ungewöhnliche Akzente zu setzen.
Wenn Sie dann noch in Betracht ziehen, daß der oder die Wunschkandidaten verfügbar, für die Aufgabe zu begeistern und letztlich auch bezahlbar sein müssen, schließlich und vor allem: daß sie zueinander passen, eine gemeinsame Philosophie von Musiktheater, einen »common sense« in ästhetischen und stilistischen Fragen entwickeln müssen, dann wird klar, daß es sich hier um eine komplexe Entscheidung handelt, die fast der Quadratur des Kreises gleicht. Um so mehr freue ich mich, daß wir heute am Ziel sind.
Staatsintendant ab 2006 wird Herr Christoph Albrecht sein. Er hat als Intendant der Sächsischen Staatsoper Dresden über viele Jahre mit großem Erfolg eines der bedeutendsten und traditionsreichsten Opernhäuser Europas geleitet, in der Zusammen-

Christoph Albrecht

arbeit mit herausragenden Künstlern ein spannendes und anspruchsvolles Programm realisiert und – heutzutage keineswegs selbstverständlich – dabei Fachwelt wie Publikum gleichermaßen überzeugt. Daß ich ihn schätze, ihn für eine der seriösesten Persönlichkeiten der Branche halte, wissen Sie spätestens, seitdem ich ihn mit Wirkung zum Herbst dieses Jahres an die Spitze der Bayerischen Theaterakademie August Everding berufen habe. Den Wermutstropfen, ihn damit nach nur drei Jahren von der Leitung der Theaterakademie wieder abzuziehen, muß ich in Kauf nehmen. Wir werden umgehend die Frage der künftigen Leitung der Theaterakademie in Angriff nehmen. Nun will ich ihm die noch größere Verantwortung am Max-Joseph-Platz übertragen, und ich bin sicher, daß es ihm dort wie in Dresden gelingen wird, den Spagat zwischen den Erwartungen der Feuilletons, des Publikums und des Rechtsträgers zu meistern. Christoph Albrecht bringt aufgrund seiner Erfahrung und seiner vielfältigen Verbindungen hervorragende Voraussetzungen mit, um die weltbesten Künstler nach München zu holen und einen Spielplan zu entwickeln, der den spezifischen Traditionen und Eigenarten der Bayerischen Staatsoper gerecht wird.

Christoph Albrechts wichtigster Partner bei der Umsetzung dieses ebenso ehrgeizigen wie schwierigen Ziels wird Kent Nagano sein. Mit Kent Nagano gewinnt die Bayerische Staatsoper, das Bayerische Staatsorchester, gewinnen München und Bayern einen der charismatischsten und begehrtesten Dirigenten der Gegenwart. Jede seiner Aufführungen ist ein Ereignis, durchdrungen von Intellekt, Gestaltungswillen, Suche nach neuen Ausdrucksformen, gepaart mit höchster technischer Meisterschaft und künstlerischem Ethos. Wer verfolgt, wie Kent Nagano die Oper Lyon in wenigen Jahren von einem Provinztheater zu einer ersten Adresse im internationalen Musiktheater gehoben hat, wer verfolgt, welchen Leistungssprung das Deutsche Symphonieorchester Berlin unter seiner Leitung innerhalb weniger Jahre geschafft hat, wer sein Wirken bei den Salzburger Festspielen, als Chefdirigent in Los Angeles oder wo auch immer weltweit beobachtet, der wird mir zustimmen, daß wir glücklich sind, diesen begnadeten Künstler an die Bayerische Staatsoper zu verpflichten. Ich halte ihn gerade auch deshalb für die ideale Wahl, weil er in seiner bisherigen Laufbahn gerade nicht den Schwerpunkt im »mainstream«-Repertoire gesetzt hat. Kent Nagano wird den Werken von Mozart, Wagner und Strauss und den anderen Säulen des Standardrepertoires manch neue Sichtweise abgewinnen und – dafür ist er ja bekannt – die Bandbreite des Spielplans vor allem auch in Richtung der Moderne erweitern.

Kent Nagano

Gesellschaft zur Förderung der Münchner Opern-Festspiele

SCHIRMHERR:

Dr. Edmund Stoiber
Bayerischer Ministerpräsident

EHRENPRÄSIDIUM:

Hans Zehetmair
Bayerischer Staatsminister für Wissenschaft,
Forschung und Kunst

Prof. Dr. Kurt Faltlhauser
Bayerischer Staatsminister der Finanzen

Dr. Otto Wiesheu
Bayerischer Staatsminister für Wirtschaft und Verkehr

Aufgabe der im Jahre 1958 gegründeten Gesellschaft ist es, die Münchner Opern-Festspiele durch wirtschaftliche und publizistische Maßnahmen zu fördern und so ihre Bedeutung im In- und Ausland weiter zu heben. Dies geschieht Jahr für Jahr insbesondere durch allgemeine Zuschüsse der Gesellschaft zur »Spitzenfinanzierung« hochwertiger Neuaufführungen im Rahmen der Festspiele und durch die Publikation des Jahrbuchs »Oper aktuell – Die Bayerische Staatsoper«, das anläßlich der Opern-Festspiele von der Gesellschaft in Verbindung mit der Intendanz der Bayerischen Staatsoper herausgegeben wird. Die Mittel hierfür werden durch Mitgliedsbeiträge aufgebracht, für Einzelmitglieder Euro 175,–, Mehrfachmitglieder (Einzelmitglieder mit bis zu zwei weiteren Familienmitgliedern) Euro 255,– bzw. Euro 335,–, Firmenmitglieder Euro 450,–. Die Mindestzuwendung fördernder Mitglieder ist derzeit auf Euro 1.500,– für Privatpersonen und Euro 2.600,– für Firmen bzw. Institutionen festgesetzt. Diese Beiträge sind steuerlich absetzbar. Über Einzelheiten informiert Sie die Geschäftsstelle der Gesellschaft (Maffeistraße 14, 80333 München, Telefon 37 82 46 47, Fax 37 82 51 92).

Dr. Dieter Soltmann
Erster Vorsitzender

Prof. Dr. h.c. Albert Scharf
Zweiter Vorsitzender

Dr. Dieter Soltmann überreicht den Festspielpreis 2002 an Christopher Robson (links)

Mit einem Festakt am 8. November 2002 im Cuvilliés-Theater beging die Gesellschaft zur Förderung der Münchner Oper-Festspiele e.V. ihre jährliche Mitgliederversammlung. Dabei wurden auch die mit jeweils 5.000 Euro dotierten Festspielpreise 2002 an den Countertenor Christopher Robson, an die Dramaturgie der Bayerischen Staatsoper (Hanspeter Krellmann, Ingrid Zellner, Peter Heilker, Rainer Karlitschek, Christian Geltinger) sowie an Bernhard Wildegger, Leiter der Statisterie, verliehen. Den undotierten Ehrenpreis erhielt die HypoVereinsbank für die Veranstaltung der »Festspielnacht« in den Fünf Höfen. »Die Münchner Opern-Festspiele 2002 waren ein ganz herausragendes Ereignis auf höchstem künstlerischen Niveau. Mit unseren Preisen zeichnen wir ganz verschiedene Mitwirkende aus, die jeweils in ihrer Position einen wesentlichen Beitrag zum großen Erfolg geleistet haben«, so Soltmann bei der Preisverleihung am 8. November 2002 im Cuvilliés-Theater. Der Festspielpreis wird seit 1965 jährlich von der 1958 gegründeten Gesellschaft zur Förderung der Münchner Opern-Festspiele verliehen.

Neben Christopher Robson, der sich mit dem »Planctus David« von Peter Abelard für die Auszeichnung bedankte, gestalteten zwei Nachwuchs-Ensembles den musikalischen Teil des Festaktes: Mitglieder der »Orchesterakademie« und des »Jungen Ensembles« der Bayerischen Staatsoper. Auf dem Programm standen Kammermusik von Mozart und Schulhoff sowie Ausschnitte aus Opern von Donizetti, Gershwin, Gounod, Rossini und Wagner.

EHRENVORSITZENDER

Erhardt D. Stiebner
Vorsitzender des Aufsichtsrates
der F. Bruckmann
München GmbH & Co. KG

VORSTAND

Dr.-Ing. Dieter Soltmann, 1. Vorsitzender
Persönlich haftender Gesellschafter i. R.
der Spaten Brauerei

Professor Dr. h. c. Albert Scharf, 2. Vorsitzender
Intendant des Bayerischen Rundfunks i. R.

Dr. Paul Siebertz, Schatzmeister
Ehem. Mitglied des Vorstands der
HypoVereinsbank AG

Michael Schilling, Schriftführer
Persönlich haftender Gesellschafter des
Bankhauses Reuschel & Co.

Volker Doppelfeld
Vorsitzender des Aufsichtsrats
Bayerische Motorenwerke AG

Dr. Klaus von Lindeiner
Selbständiger Berater
Geschäftsführer der Wacker Chemie GmbH i. R.

Dr. Wolfgang Doering
Ministerialdirigent
Leiter der Protokollabteilung
Bayerische Staatskanzlei

Dr. Michael Mihatsch
Ministerialdirigent
Theaterreferent im Bayerischen Staatsministerium
für Wissenschaft, Forschung und Kunst

Sir Peter Jonas
Staatsintendant
Bayerische Staatsoper

KURATORIUM

Dr. Karl-Hermann Baumann
Vorsitzender des Aufsichtsrats
Siemens AG

Karin Berger

Dr. Clemens Börsig
Mitglied des Vorstands
der Deutschen Bank AG

Hanns-Jörg Dürrmeier
Vorsitzender der Gesellschafterversammlung
des Süddeutschen Verlages

Dr. Heinz J. Hockmann
Ehem. Mitglied des Vorstands
der Commerzbank AG

Marlene Ippen

Christian Kluge
Mitglied des Vorstands der
Münchener Rückversicherungsgesellschaft AG

Dr. Stefan Lippe
Vorsitzender des Vorstands
der Swiss Re Germany Holding AG

Dr. Ingo Riedel
Mitglied des Vorstands
der Schickedanz-Holding AG & Co. KG

Dr. Helmut Röschinger
Geschäftsführender Gesellschafter
Agenta Internationale Anlagegesellschaft mbH

Christian Schnicke
Vorsitzender des Aufsichtsrats i. R.
KPMG Deutsche Treuhand-Gesellschaft

Senator Dr. Manfred Scholz
Geschäftsführer i. R.
Haindl Papier GmbH

Dr. Henning Schulte-Noelle
Vorsitzender des Aufsichtsrats
Allianz Aktiengesellschaft

Dr. Bernd W. Voss
Mitglied des Aufsichtsrats
der Dresdner Bank AG

Dr. Reinhard Wieczorek
Berufsmäßiger Stadtrat
der Landeshauptstadt München
Referent für Arbeit und Wirtschaft

Dr. Paul Wilhelm
Staatssekretär a. D. – MdL
Vorsitzender im Ausschuß des Bayerischen Landtages
für Hochschule, Forschung und Kultur

Manfred Wutzlhofer
Vorsitzender der Geschäftsführung
Messe München GmbH

GESCHÄFTSFÜHRER

Dr. Wolfgang Bassermann
Leiter Geschäftsbereich Süd
Firmenkunden
HypoVereinsbank AG

Nachstehende Persönlichkeiten und Firmen
haben finanziell zusätzlich zum Gelingen dieses Werkes
»Oper aktuell 2003/2004« beigetragen,
so daß ihnen die Herausgeber zu besonderem Dank verpflichtet sind.

Allianz Aktiengesellschaft, München
Bankhaus Reuschel & Co., München
Bayerische Landesbank, München
Bayerische Landeszentrale für neue Medien, München
Bayerische Rundfunkwerbung GmbH, München
Bruckmann-Stiebner-Stiftung
Dresdner Bank AG, München
Ernst & Young Deutsche Allgemeine Treuhand AG
KPMG Deutsche Treuhandgesellschaft AG
LfA Förderbank Bayern, München
LHI Leasing GmbH, München
Münchener Rückversicherungs-Gesellschaft, München
Papierfabrik Scheufelen, Lenningen
Balth. Papp Internationale Lebensmittellogistik KG, München
Schickedanz-Holding AG & Co. KG, Fürth
Siemens AG, München
TÜV Süddeutschland Holding AG, München

Autoren des Buches

Hella Bartnig, geboren 1956 in Leipzig. Studium der Musikwissenschaften an der Universität Leipzig. Erstes Engagement als Musikdramaturgin am Kleist-Theater Frankfurt/Oder. 1986 Promotion zum Dr. phil. in Leipzig. 1986 Dramaturgin, ab 1994 Chefdramaturgin der Sächsischen Staatsoper Dresden. Lehraufträge an der Hochschule für Bildende Künste und der Palucca Schule in Dresden. Seit 2002 Chefdramaturgin der Bayerischen Staatsoper München.

Matthias Gaertner, geboren 1954 in München. Studium der griechischen Philologie, Philosophie und Theologie. 1999 Promotion zum Dr. phil. Lebt in München.

Hanspeter Krellmann, geboren 1935 in Würzburg, studierte Musik in Düsseldorf, Musikwissenschaft, Theatergeschichte und Alte Geschichte in Köln (1966 Promotion mit einer musikwissenschaftlichen Arbeit). Ab 1957 Musikschriftsteller und -kritiker in Düsseldorf. 1976 Chefdramaturg am Staatstheater Darmstadt. 1982 an der Bayerischen Staatsoper in München Pressesprecher, 1984 bis 2002 Chefdramaturg. Buchveröffentlichungen über die Komponisten Ferruccio Busoni (Regensburg 1966), Anton Webern (Reinbek 1975), George Gershwin (Reinbek 1988) und Edvard Grieg (Reinbek 1999). Zahlreiche Buchherausgaben.

Hans Joachim Kreutzer, geboren 1935 in Essen. Studium der Deutschen und Lateinischen Philologie sowie der Musikwissenschaft in Hamburg, München und Zürich. Promotion in Hamburg, 1975 Habilitation in Göttingen. 1977 bis 2001 Ordinarius für Literaturwissenschaft an der Universität Regensburg. 1978 bis 1992 Präsident der Heinrich-von-Kleist-Gesellschaft. Wissenschaftliche Arbeiten vornehmlich über das 15. und 16. Jahrhundert sowie über Kleist, Hölderlin und Wissenschaftsgeschichte. Behandlung von Grenzfragen in der Literatur- und Musikwissenschaft, namentlich in Verbindung mit dem Werk Bachs, Händels, Mozarts, Schuberts und Hans Werner Henzes.

Thomas Kunst, geboren 1965 in Stralsund. Abbruch eines Pädagogikstudiums in Leipzig nach drei Monaten (1986). Seit 1987 Bibliothekarischer Mitarbeiter an der Deutschen Bücherei Leipzig. Veröffentlichung von drei Gedicht- und Textbänden 1991–1994. 1996 Dresdner Lyrikpreis. 2003 Villa Massimo-Stipendium, Rom.

Klaus Leidorf, geboren 1956 in Bonn, studierte Vor- und Frühgeschichte in Marburg. Er war an Universitäten und in der archäologischen Denkmalpflege tätig, bevor er sich 1989 als Luftbildarchäologe selbständig machte. Er lebt in der Nähe von Landshut.

Kurt Malisch, geboren 1947 in München. Studium der Geschichte, Germanistik und Politologie, Promotion in bayerischer Geschichte. Seit 1978 Tätigkeit im höheren Dienst der bayerischen Archivverwaltung. Freier Musikjournalist für verschiedene Medien.

Katharina Meinel, geboren 1965 in Salzwedel/Altmark. Studium der Theaterwissenschaft, Neueren Deutschen Literatur, Philosophie und Politischen Wissenschaft in München, später Filmregie an der Hochschule für Film und Fernsehen in Potsdam-Babelsberg. 2001 Promotion zum Dr. phil. Kunst- und Wissenschaftsberaterin in Berlin. Publikationen über das Münchner Nationaltheater und das Dramatische in der Literatur Franz Kafkas.

Hans A. Neunzig, geboren 1932 in Meißen. Autor musik- und literaturhistorischer Bücher (z.B. Lebensläufe der Deutschen Romantik, Veröffentlichungen über Johannes Brahms und Dietrich Fischer-Dieskau), Herausgeber (u.a. von Schriften und Briefen der österreichischen Schriftstellerin Hilde Spiel), Kritiker und Übersetzer.

Karl Pörnbacher, geboren 1934 in Schongau. Promotion zum Dr. phil. über den Barockprediger Jeremias Drexel 1963. Herausgeber zahlreicher Klassiker (u.a. Grillparzer, Hebbel, Stifter, Storm). Arbeiten zur bayerischen Geschichte und Literatur. Mitarbeiter von Rundfunk und Fernsehen.

Dieter Rexroth, geboren 1941 in Dresden. Studium der Musik, Musikwissenschaft, Germanistik, Geschichte und Philosophie in Köln, Bonn und Wien. Promotion zum Dr. phil. mit einer Dissertation über Arnold Schönberg. 1972 bis 1991 Gründungsleiter des Paul-Hindemith-Instituts in Frankfurt am Main. Mitbegründer der Frankfurt-Feste und deren künstlerischer Leiter bis 1994. 1995/1996 Intendant des Kulturbezirks der neuen niederösterreichischen Landeshauptstadt St. Pölten. 1996 bis 2001 Intendant der Rundfunkorchester und -Chöre GmbH (ROC) in Berlin. Künstlerischer Leiter des Berliner Sommerfestivals »young.euro.classic«. Autor und Herausgeber von Büchern u. a. über Beethoven, Mozart, Hindemith, Henze, Rihm sowie von Themenbüchern zu den Frankfurt-Festen.

Jürgen Schläder, geboren 1948 in Hagen. Studium der Germanistik und Musikwissenschaft an der Ruhr-Universität Bochum. 1978 Promotion in Musikwissenschaft mit der Dissertation *Undine auf dem Musiktheater. Zur Entwicklungsgeschichte der deutschen Spieloper*. 1986 Habilitation mit einer Arbeit über das Opernduett. Von 1978 bis 1987 wissenschaftlicher Assistent an der Ruhr-Universität Bochum. Seit 1987 Professor für Theaterwissenschaft, Schwerpunkt Musiktheater, an der Ludwig-Maximilians-Universität München. Buchveröffentlichungen über die Bayerische Staatsoper, das Prinzregententheater und Giacomo Meyerbeer. Einzelstudien zur Geschichte und Ästhetik des musikalischen Theaters. Mitherausgeber der *Studien zur Münchner Theatergeschichte*.

Uwe Schweikert, geboren 1941 in Stuttgart. Studium der Germanistik, Musikwissenschaft und Geschichte in Göttingen und München. 1969 Promotion über Jean Pauls Roman *Der Komet*. Lektor in einem Stuttgarter Verlag. Neben Editionen (Rahel Varnhagen, Ludwig Tieck, Hans Henny Jahnn) Veröffentlichungen zu Literatur und Musik, vor allem zur italienischen Oper des 19. Jahrhunderts. Mitherausgeber des *Verdi-Handbuchs* (2001).

Rudolf Wachter, geboren 1923 in Bernried/Bodenseekreis, gelernter Schreiner mit Meisterbrief. Studierte ab 1949 an der Münchner Akademie der Bildenden Künste und spezialisierte sich auf die Schaffung von Holzskulpturen. Nach Studienaufenthalten in Griechenland und den USA hat er ab 1967 international ausgestellt und zahlreiche Auszeichnungen erhalten, 1993 den Kunstpreis der Landeshauptstadt München. Viele Arbeiten Wachters sind im öffentlichen Raum, auch in und um München, installiert. Wachter lebt in München.

Nike Wagner, geboren 1945 in Überlingen. Studium der Theater-, Musik- und Literaturwissenschaft in Berlin, München und den USA. Von 1984 bis 1986 Mitglied des Wissenschaftskollegs zu Berlin. Seit 1999 Mitglied der Deutschen Akademie für Sprache und Dichtung. Wohnsitz in Wien. Wissenschaftliche Mitarbeit bei Kulturprogrammen, Symposien und Kolloquien. Aufsätze und Buchrezensionen mit den Schwerpunkten Kultur- und Geistesgeschichte der Jahrhundertwende in Wien und deutsche Zeitgeschichte, besonders die Geschichte Neubayreuths. Buchveröffentlichungen: *Geist und Geschlecht. Karl Kraus und die Erotik der Wiener Moderne* (1982), *Terre étrangère. Arthur Schnitzler, un guide pour Vienne* (1984), *Über Wagner* (1995), *Wagner Theater* (1998), *Traumtheater. Szenarien der Moderne* (2001). 2002/03 Produktionsdramaturgin bei der Neuproduktion von Wagners *Der Ring des Nibelungen* an der Bayerischen Staatsoper.

Monika Woitas, geboren 1961 in Köln. Studium der Musikwissenschaft, Publizistik und Philosophie in Salzburg. 1988 Promotion (*Leonide Massine – Choreograph zwischen Tradition und Avantgarde*, Tübingen 1996), 1990 bis 1995 Akademische Rätin am Institut für Theaterwissenschaft der Universität München: 1995 Habilitation mit einer vergleichenden Untersuchung zur Tanz-, Musik- und Schauspielästhetik zwischen 1760 und 1830. 1996 bis 1999 Privatdozentin an der Münchner Universität. Seit 1999 Hochschuldozentin für Musikwissenschaft an der Ruhr-Universität Bochum. Mitarbeiterin der Gluck-Gesamtausgabe. Publikationen zu Musik- und Tanztheater (Geschichte, Gattungen, Ästhetik), Musik und Politik, Neue Musik/Musik im 20. Jahrhundert.

OPER AKTUELL, BAND XXVI
DIE BAYERISCHE STAATSOPER 2003/2004

Herausgegeben anläßlich der Münchner Opern-Festspiele 2003 von der Gesellschaft zur Förderung der Münchner Opern-Festspiele e.V. zusammen mit der Intendanz der Bayerischen Staatsoper
Inhaltliche Konzeption: Hanspeter Krellmann
Bildauswahl und Redaktion: Ingrid Zellner, Hanspeter Krellmann
Redaktion und Gestaltung der Dokumentation (Münchner Opern-Festspiele, Rückblick, Vorschau): Dramaturgie der Bayerischen Staatsoper
Mitarbeit: Christian Cöster

Nachweise:
Die Artikel sind Originalbeiträge. Der Text »(Kultur-)Politik erfordert Weitsicht« ist ein Ausschnitt aus dem Statement des Bayerischen Staatsministers für Wissenschaft, Forschung und Kunst Hans Zehetmair bei der Pressekonferenz anläßlich der Vorstellung des künftigen Intendanten und des künftigen Generalmusikdirektors der Bayerischen Staatsoper am 3. Februar 2003 in München.

Abbildungen:
Klaus Leidorf, Buch am Erlbach (S. 4/5, 38/39, 49, 57, 64/65, 103, 112/113, 122/123, 142/143, 148/149). Wilfried Hösl, München (S. 8, 43, 47, 59, 74-85, 96-101, 139 links, 150-169, 176-213, 217). Nationaltheater. Die Bayerische Staatsoper, hg. von Hans Zehetmair und Jürgen Schläder, F. Bruckmann KG, München 1992 (S. 14, 22, 24, 28, 35). Festschrift »100 Jahre Theater am Gärtnerplatz 1865-1965«, hg. Bayerisches Staatstheater am Gärtnerplatz und EMHA Verlag München, 1965 (S. 17). Königsfreundschaft Ludwig II./Richard Wagner. Legende und Wirklichkeit, hg. von der Richard-Wagner-Stiftung Bayreuth 1987 (S. 19). Hans Rall: Die Wittelsbacher in Lebensbildern. Verlag Styria, Graz Wien Köln 1986 (S. 21, 26). The New Grove Dictionary of Music and Musicians, Second Edition, ed. by Stanley Sadie, Volume 17, Macmillan Publishers Limited 2001 (S. 25). Adalbert Prinz von Bayern: Die Wittelsbacher. Geschichte unserer Familie. Prestel-Verlag, München 1979 (S. 32). Sabine Toepfer/Archiv der Bayerischen Staatsoper (S. 42, 44, 45). Werner Rackwitz: Georg Friedrich Händel. Lebensbeschreibung in Bildern. VEB Deutscher Verlag für Musik, Leipzig 1986 (S. 52). Schott Musik International GmbH & Co. KG, Mainz (S. 61). Rudolf Wachter, München (S. 87-94). Kungliga Teatern AB, Stockholm 1992 (S. 105). Forschungen zur Villa Albani. Katalog der Antiken Bildwerke 1, hg. von Peter C. Bol, Gebr. Mann Verlag, Berlin 1989 (S. 106). Hatay Museum. Führer, Dönmez Offset, Ankara o.J. (S. 107). Leo Ewals: Ary Scheffer (1795-1858). Gevierd Romanticus. Ausstellungskatalog, Dordrechts Museum, Dordrecht 1995/96 (S. 111). Peter Gülke: Franz Schubert und seine Zeit. Laaber-Verlag, Laaber 1991 (S. 114). Bastei Galerie der großen Maler, Nr. 25: Claude Lorrain. Bastei-Verlag Gustav H. Lübbe, Bergisch Gladbach 1967 (S. 117). Walther Vetter: Franz Schubert. Akademische Verlagsgesellschaft Athenaion mbH, Potsdam 1934 (S. 118). Carl Dahlhaus: Ludwig van Beethoven und seine Zeit. Laaber-Verlag, Laaber 1987 (S. 125). Marcel Prawy: »Nun sei bedankt...«. Mein Richard-Wagner-Buch. Wilhelm Goldmann Verlag, München 1982 (S. 126). Attila Csampai und Dietmar Holland (Hg): Richard Wagner, *Tristan und Isolde*. Texte, Materialien, Kommentare. Rowohlt Verlag, Reinbek 1983 (S. 127). Constantin Floros: Alban Berg. Musik als Autobiographie. Breitkopf & Härtel, Wiesbaden 1992 (S. 130, 131). Meinhard Zaremba: Leoš Janáček. Zeit – Leben – Werk – Wirkung. Bärenreiter Verlag, Kassel 2001 (S. 133). Jens Malte Fischer: Große Stimmen. Von Enrico Caruso bis Jessye Norman. Verlag J.B. Metzler, Stuttgart und Weimar 1993 (S. 136, 137). Margret Wenzel-Jelinek und Karlheinz Roschitz: Große Sänger. Weltstars in Szene und Portrait. Schweizer Verlagshaus, Zürich 1989 (S. 138 links). Ferdinand Kösters: Peter Anders. Biographie eines Tenors. J. B. Metzlersche Verlagsbuchhandlung und Carl Ernst Poeschel Verlag GmbH, Stuttgart 1995 (S. 138 rechts). Hans Hotter, München (S. 139 rechts). Pierre Mendell, mit freundlicher Genehmigung (S. 170-175).

Alle Rechte für Nachdruck und Bildveröffentlichungen vorbehalten.
Urheber, die nicht zu erreichen waren, werden zwecks nachträglicher Rechtsabgeltung um Nachricht gebeten.
Einlage gedruckt auf holzfrei weiß mattgestrichenem Bilderdruck BVS, 100% chlorfrei gebleicht, Schutzumschlag gedruckt auf holzfrei weiß glänzend gestrichenem Bilderdruck BVS, 100% chlorfrei gebleicht, der Papierfabrik Scheufelen, Lenningen.
Diese Papiersorten sind umweltfreundlich, 100% chlorfrei gebleicht.
Redaktionsschluß: 5. Mai 2003